「小さな鉄道」の記憶

軽便鉄道・森林鉄道・ケーブルカーと人びと

旅の文化研究所［編］

七月社

［カバー図版］
表　魚梁瀬森林鉄道奈半利川線・立岡駅（寺田正撮影、昭和二五年）
（高知市立高知市民図書館所蔵寺田正写真文庫）
裏　魚梁瀬森林鉄道安田川線・不動駅（山本淳一撮影、昭和三七年頃）
［扉図版］魚梁瀬森林鉄道安田川線・服部駅（山本淳一撮影、昭和三七年頃）

「小さな鉄道」の記憶

軽便鉄道・森林鉄道・ケーブルカーと人びと

＊目次

［凡例］

- 引用文中の仮名遣いは原文の通りとし、漢字は原則として新字体に改めた。
- 資料や新聞等の引用にあたっては、読みやすさを考慮し、句読点、スペース、ルビを補ったものがある。
- 難読の地名には、可能な限りルビを施した。戦前における朝鮮半島や満洲の地名には、原則として当時の日本における呼称でルビを振った。
- 撮影者・提供者等の記載がない写真は、執筆者の撮影である。
- 引用文や聞き書き部分に、今日の人権意識に照らして不適切と思われる語句の使用があるが、時代背景を考慮しそのままとした。

序章

道の文化史

神崎宣武

本書は、「道の文化史」の一部をなすものである。

〝道〟は、あるいは〝路〟は、人類が営々と築いてきたより効率的な生活を支えるための重要な装置系である。いわゆる「けもの道」といわれるがごとくの、野生動物たちにも道づくりの歴史がある。が、それを大きく進歩させてきたのが人類における道づくりの歴史である。

街道（道路）・鉄道（鉄路）・海路・空路の歴史であり、その文化史がある。

そのなかで、日本においては、近代遺産というべきものが鉄道である。

そのなかに、軽便《けいべん》鉄道があり、森林鉄道がある。特殊狭軌鉄道といわれたもので、それらは、小さな地方における小さな鉄道であった。しかし、近代においては、まぎれもなく、地方の経済や人びとの移動を支えてきた「道」であった。

それが、現代においては、より大型で高速で安全な鉄路の拡張によって、さらに道路交通の発達によって、その使命をほとんど終えてしまったのである。

ちなみに、軽便鉄道とは、明治四三（一九一〇）年の「軽便鉄道法」によって敷設された鉄道である（翌、明治四四年に「軽便鉄道補助法」が公布されている）。

その構造上の特徴からいうと、特殊狭軌鉄道（ナローゲージ）である。レール幅（ゲージ）一〇六七ミリが狭軌、一四三五ミリが標準軌、そして七六二ミリが特殊狭軌とされる。が、それは、あくまでも分類上の区分というもので、とくに特殊狭軌には九一四ミリもあれば六〇九ミリ、五〇八ミリもある。特殊狭軌鉄道とは、あくまでもレール幅七六二ミリを基準として、とことわらなくてはならないのである。

もちろん、軽便鉄道（特殊狭軌鉄道）が先にありきではない。

日本における鉄道は、明治五（一八七二）年に開業した新橋―横浜間にはじまるのは、周知のとおりである。以来、比較的に規模の大きな都市を結ぶかたちで次々に鉄道が敷設された。日本鉄道、関西鉄道、大阪鉄道、山陽鉄道、九州鉄道など、私鉄もかなりの路線を拡張していた。国は、それらを買収して幹線路線の国有化を図った。明治三九（一九〇六）年の「鉄道国有法」がそうである。

しかし、幹線鉄道以外の地方《ローカル》鉄道の敷設までには手がまわらないところで、国からの補助金をもって簡便な軽便鉄道の促進をはかったのである。それによって、幹線鉄道につなぐべく小規模な軽便鉄道が、それぞれの地方の資金をも集めて開設されることになったのである。

明治期から大正時代にかけて、全国では二〇〇ともそれ以上ともされる路線の軽便鉄道の開設がなされている。そして、それぞれの地方の主要交通として機能していた。

その記録は、少なくない。廃線となるときに撮られた写真資料もある。ただ、その多くが、機関車や客車、そして駅舎などを対象としたものである。つまり、目につきやすい装置系がとりあげられているのだ。それも、現在《いま》となっては貴重な記録である。私ども旅の文化研究所の特定研究会「軽便鉄道の記憶」としても、十分に参考にさせてもらった。

ただ、「道の文化史」としたら、そこに人が介在していなくてはならないのである。制度系も重ねなくてはならないのである。

その地方では資産家であった出資者たち、鉄道で働く人たち、その鉄道の乗客や貨物を相手にさまざまな小商いをする人たち、そして、足代わりに鉄道を利用する不特定多数の人たち。その人たちの〝声〟を聞きたいところである。

しかし、その人たちの肉声を聞くには、すでに時期を逸している。多くが鬼籍に入られており、十分な追跡はできないだろう。が、その視点を共有して文献調査や臨地調査（フィールドワーク）にのぞめば、それなりの成果が期待できるのではあるまいか。それが、私どもの研究会の活動と本書をまとめるにあたっての基本的な姿勢であった。

中軸をなす対象は、軽便鉄道である。軽便鉄道を便利とした人びとである。

もう一方に森林鉄道がある。

森林鉄道とは、山で伐り出された材木を麓《ふもと》の町や港まで運ぶために敷設された専用鉄道である。そのほとんどは、国有林や御料林《ごりょうりん》からの木材搬出のためだった。明治末期から敷設され、当時の農商務省山林局や宮内省帝室林野局、内務省の地方庁が管理していた。

森林鉄道がもっとも重要視されたのは、戦後（第二次大戦後）の復興期である。昭和二二（一九四七）年、ＧＨＱによって、管理局・庁が統合され、森林鉄道は、林野庁の管轄になった。さらに、昭和二八年には「森林鉄道建設規定」が定められ、その鉄道網が拡大した。

そうした軽便鉄道や森林鉄道と人びとについては、本編の各章に詳しい。また、それに類する、日本が統治時代の海外の鉄道や寺社詣での便宜をはかったケーブルカーなどについても同様である。

さて、本論に入る前に、ここでは、鉄道が開通以前はどうであったかについても、ふれておかなくてはならないだろう。総じていうならば、陸上では街道交通ということになる。

人力や牛馬による人びとと物資の往き来である。太古から歴史を通じて、交通とは道（路）を往き来することであった。そして、鉄道が通じたからといって、すべてが急変するわけではない。鉄道が開通しなかった地方では、従来どおりに街道交通に頼らざるをえなかった。それは、昭和後半における舗装道路と自動車交通の発達まで続くのである。

鉄道以前の交通

街道交通が急速に発達するのは、近世、江戸期のことである。

その事由は、参勤交代の制度の実施にある。

参勤交代は、原則として諸大名の隔年江戸在中（隔年在国）を義務づけたものであるが、外様《とざま》大名と譜代《ふだい》大名、石高に応じてのさまざまな取決めがあった。それによって、二百数十年、二百七十余藩の大名行列がほぼ毎年上下行することになったのは、世界でも稀な統治制度といえる。

参勤交代を実施するには、主要な街道を整備しなくてはならない。宿場を設置しなくてはならない。江戸幕府の成立が慶長八（一六〇三）年、参勤交代の実施が寛永一二（一六三五）年。その間は、最優先事業として街道の整備が行なわれたのである。

その間、庶民は困窮をきわめることにもなった。年貢の供出だけでなく、助郷《すけごう》制度によって出夫が義務づけられ、農閑期になると木工事業に駆り出されたからだ。しかし、そうした整備事業が一段落したところで、年貢の徴収率もゆるんでくるのである。多くの藩で、六公四民が四公六民に、七公三民が三公七民に逆転するのだ。

大ざっぱには、「元禄」のころから、庶民の暮らしが変わってくる。

もとより、稲作以外の畑作や副業については、ほとんど年貢の対象外とされていた。そこで、農民は、農閑期を利用して大工や左官、杜氏《とうじ》や売薬などの「農間稼ぎ」に精をだすことにもなった。その副業収入があればこそ、村の氏神さまに神輿《みこし》を、御寺さんに梵鐘《ぼんしょう》を寄進することができたのである。

教科書では、町人文化の勃興としたが、それは農民社会にも及んだ、としなくてはならない。

そして、庶民の旅が発達した。

しかし、江戸の前期においての私用の旅は、タテマエ上は幕藩の禁足令や倹約令に反することであった。ゆえに、しかるべき方便が必要であり、それには天下泰平と五穀豊穣を主願としての寺社詣でがもっとも妥当であった。なかでも日本の祖神《おやがみ》とされた伊勢神宮への旅は、もっとも有効であった。そして、「講」を組んでの団体旅行であるのも、お上の黙認が得やすい対策であった。

一般に、講員は、講費を分担して積立て、それを講の運営にあてる。寺社詣での講の場合なら、旅費を積立てる。そして、それを毎年何人かの代参者が利用する。伊勢講の場合なら、代参者一人当たり一〇両もそれ以上も使った例も少なくない。一家の年間生活費にも相当する額であり、それで五〇日前後の旅が過不足なくできた。個人的な出費ならほとんど不可能だが、積立てた多人数の講費を少人数が代表で使うことで可能だったのである。

代参者は、輪番制で毎年かわっていく。したがって、一〇年か二〇年に一度は必ず誰もが行ける、という方式である。「一生に一度の伊勢参り」などという諺《ことわざ》も、そこから生まれたのだ。まことに実利的な庶民の知恵というものであった。

江戸中期の伊勢参宮は、年間で一〇〇万人前後。当時の推定人口からすると、十数人から二〇人に一人、という割合になる。これは、昭和後半の高度成長期における海外旅行の人口比にも等しいほどなのである。

ゆえに、「昭和元禄」という言葉も生まれたのだ（昭和三九年、東京オリンピックの年に、のちに総理大臣をつとめた福田赳夫氏が発言）。

つまり、社会、経済が安定したところで人びとは旅に出たがるのである。というか、社会、経済の安定があってはじめて庶民の旅は成立するのである。

江戸時代の多くは、徒歩の旅であった。しかし、馬に乗る旅人もいた。駕籠《かご》に乗る旅人もいた。たとえば、元禄のころからは、宿場（問屋場）ごとに伝馬（公用馬）以外にも駄賃馬の営業がはじまり、庶民も金さえ払えば自由に利用できるようになった。そのようすは、安藤広重『東海道五十三次』

女性の二人連れと荷を担ぐ従者（保永堂版『東海道五十三次』「原」部分）

などにも詳しい。

ここでは、物資の運搬に注目しておきたい。

もちろん、自分の持ちものは自分で運搬するのが原則であるから、必要なものを最小限に用意するのが常識というものであった。そして、それを身から離さず管理するのが常識というものであった。

『旅行用心集』（文化七＝一八一〇年）にも、「途中にて馬なき人、駄荷ある人に道連になり、譬《たとえ》知人にて風呂敷包等其馬に頼むべからず」、というがごとしである。

個々の運搬法は、小物なら振分け荷物が一般的である。ただし、それは男たちで、女たちは、腰に巻きつけるのが一般的であった。

従者がいる場合は、従者が挟《はさ》み箱をかつぐ。あるいは、風呂敷に包んだ箱を背負う。そうした運搬法を、これも広重『東海道五十三次』で確かめることができる（視覚的に確かめることができるということで、以下にも重用する）。

荷の運搬が仕事の一部か、それを専業としたかは別として、ある量の物資をある距離運搬する者の姿も多い。大名行列をのぞいて、ざっと拾ってみる。

籠《かご》や箱に入れた荷を天秤棒《てんびんぼう》で担う。樽《たる》や箱で梱包した荷を前後二人でかつぐ。人力での運搬となると、その二つの方法が一般的である。

馬の使用も多い。多くが、俵にしろ箱にしろ、振り分けである。あるいは、背にも山積みした場合もあるが、それは縄で厳重に巻いて荷崩れを防ぐ対策がとられている。

しかし、荷車の使用は、ひとつの例外を除いてはみられない。ちなみに、安藤広重の『東海道五十三次』は、保永堂版が天保四（一八三三）年ごろの刊行、という説が強い。総図は、五五枚。以来、その他にも数多くの刊行がみられる。五五枚が揃うものだけでも、「行書東海道」「隷書東海道」「堅絵東海道」（いずれも通称）がある。保永堂版を加えて、合計で、その絵柄は二二〇枚。そのなかで、保永堂版の大津（近江）にだけ米俵を牛に引かせる図が認められるのである。

それは、近江米を京都に搬入するところで、旧慣にしたがう特例として認められてのことである。京都に近江から米を搬入するのは、平安時代からのことで、京都は近江米によって暮らしが成り立ってきた、といっても過言ではないのである。その米の搬入は、長い間、陸路に頼るところが大きかった。

しかし、それも京都市中に入って、たとえば賀茂川の橋を渡ることは許されなかった。牛馬は、川原に降りて川を渡渉しなくてはならなかったのである。そのことは、たとえば、『伊勢参宮名所図会』（寛政九＝一七九七年）などの絵図からも明らかである。

「入り鉄砲に出女《でおんな》」といった。入り鉄砲とは、江戸への反逆。出女とは、情報の流出。それを恐れた幕府の江戸守護のための道中取締り、とくに箱根の関所あたりでの警戒事項であった。荷車の運行は、もとより厳しく禁じられていたのだ。橋の構造も、荷車の運行ができにくいものであった。中高であり、一気に駆け抜けることは困難であった。

そうすると、大量の荷物を陸路で運ぶには、人海戦術では限界がある。そこで、海運に頼ることになったのである。

新潟・酒田・秋田などから米を積み、大坂（大阪）に向かった北前船《きたまえぶね》。その北前船は、その帰り荷として、瓦や木綿を積んで東北に運航してもいた。瀬戸内を往き来する船は、石材や鉱石を運んだ。そうした船運があったからこそ、大坂が商都として発達をみたのである。

また、江戸へは、灘五郷《なだごごう》から酒が大量に運ばれた。江戸の町は、圧倒的に男性人口が多く、それも参勤侍や出稼ぎ商人などを含むと単身男性が多かった。そのため、酒の消費量が多いときには一〇〇万樽（四斗樽）にも達していた。もっとも、それは江戸にかぎったことであった。それを運んだのが、樽廻船《たるかいせん》であり、その酒が下り酒である。

江戸の町もまた、海運が支えなくては成り立たなかったのである。

近代になり、鉄道が開通。それまでの海上運搬の多くが鉄道運搬にかわっていくのである。

鉄道開通でのにぎわい

「文明開化」、とは目になじんだ、あるいは耳になじんだ言葉である。

三代目歌川広重「東京汐留鉄道御開業祭礼図」（明治5年）

そして、その象徴として「鉄道開通」がとりあげられてきた。それが、明治五（一八七二）年九月の東京—横浜間の開通にはじまることも、よく知られている。

その開通式の華々しさは、絵図を目にしてご存知の方も多かろうが、『風俗画報』（第二〇〇号、明治三二年）では、「鉄道開通式」を特集でとりあげ、『東京日日新聞』の記事を引きながら、次のようにいう。

> 入御の時は。勅任官弁各国公使、奏任官一同、琉球王子其重官とも皆列立して迎え奉り。井上鉄道頭閣下献図の式あり。了つて美麗なる十両の列車に被為召。勅任官、麝香の間一同、各国公使幷琉球王子及其重官とも之に供奉し。横浜へ臨幸あらせらる。第一字　還御便殿の高座に被為着　勅語あり。

そこには、天皇の臨席があった。

それに、太政大臣・東京市民代表数名などの祝詞があった。

天皇は、鉄道開通に業績のあった「工部省官員」と「御雇外国職長」へ、わざわざ勅語をくださされた。そして、横浜まで臨幸された。

その沿道のにぎわいも、詳しく報じられている。

此日。中外人民貴賤となく数万雲集して之の盛典を会慶し。均しく恩許に由り。延遼館、浜離宮を縦覧するを得るのみならず。盛儀を見て目を悦しめ。音楽を聴て耳を慰め。心に太平の至楽と受け。楽々自若として。聖化の中に浴すること即ち開化文明の運に際会する幸福にて。全国の日に隆盛に進歩することを卜し。真に喜悦に堪えるへざることと云べし。此夕延遼館に於て勅任官、各国大使に御祝酒を賜りしと云ふ。

此夜館内は勿論。浜御殿とも。数限りなき彩燈を点し。燦爛たる煙火の揚りしかは。月も光りを失ひ。夜も昼より美事なりき。

まさに、文明開化を象徴する国家行事であった。さらに、「神武創業以来の盛行にして。人民の康福を助る一大美事と仰ぎ尊むべきことこそあれ」、とまで称えて締めくくっているのである。

それから一〇年余、鉄道網は、全国に広がった。同じ『風俗画報』では、「爾来開業をなす者陸続として起り。（中略）今参考のために。目下開業せる官有私設の線路を付載すへし」とある。それを以下に挙げておく（後半は、単独路線。区間を略して会社名だけを記した）。

東京神戸間　高崎直江津間　大船横須賀間　大府武豊間　米原富山間　彦根八日市間　大津馬場間　青森白沢間　福島米沢間　砂川蘭留間　旭川美瑛間（官有鉄道）
品川赤羽間　上野青森間　上野仙台間　小山水戸間　小山前橋間　上野前橋間　宇都宮日光間　尻内湊間（日本鉄道会社）
神崎福知山間　尼崎長洲間（阪鶴鉄道会社）
湊町奈良間　天王寺大阪間　王寺桜井間（大阪鉄道会社）
五条橋本間　船戸和歌山間（紀和鉄道会社）
名古屋綱島間　亀山津間　柘植草津間　加茂大佛間　新木津木津間（関西鉄道会社）
神戸三田尻間　飾磨豆腐町間　岡山市津山間　広島宇品間（山陽鉄道会社）
門司八代間　小倉行橋間　鳥栖有田間　有田伊万里間　早岐佐世保間　早岐永崎間　若松大隅間　直方伊田間　小竹幸袋間（九州鉄道会社）
行橋宇佐間　行橋後藤寺間　香春夏吉間　後藤寺宮床間　後藤寺川崎間（豊州鉄道会社）
道後松山間　道後古町間（道後鉄道会社）
高浜森松間　立花横河原間（伊予鉄道会社）
豊川鉄道会社／豆相鉄道会社／中越鉄道会社／七尾鉄道会社／奈良鉄道会社／京都鉄道会社／西

成鉄道会社／南海鉄道会社／南和鉄道会社／河南鉄道会社／高野鉄道会社／参宮鉄道会社／尾西鉄道会社／播但鉄道会社／唐津鉄道会社／讃岐鉄道会社／南予鉄道会社／徳島鉄道会社／甲武鉄道会社／川越鉄道会社／青梅鉄道会社／総武鉄道会社／成田鉄道会社／房総鉄道会社／東武鉄道会社／太田鉄道会社／上野鉄道会社／佐野鉄道会社／北越鉄道会社／岩越鉄道会社

なお、この私鉄のうちの大半が、明治三九（一九〇六）年の「鉄道国有法」で、国有化されたことは、冒頭で述べたとおりである。

軽便鉄道開通のころ

国有化されたのは、いうなれば幹線鉄道である。旧街道に沿うかたちで敷設された路線も少なくない。

しかし、国有化したものの、国がそれ以上に鉄道網を広げるには問題があった。折しもの世界恐慌の余波もあった。そして、国は、軍事優先の国策のもとで、それにそぐわない鉄道の買収や敷設には消極的にならざるをえなかったのである。

そこで、それから外れた地方には、地元の資力を集めるかたちで、小規模な軽便鉄道が敷かれることになったのである。

軽便鉄道法（明治四三＝一九一〇年）が整って以降、明治四〇年代から大正時代（一五年まで）にかけてが、軽便鉄道が隆盛の時代となった。

その数については、岡本憲之『軽便鉄道時代——北海道から沖縄まで〝せまいせんろ〟の軌跡』がもっとも調査が行き届いているだろう。それによると、一二四路線がたどられている。そのうち、明治の開業が四一件、大正時代の開業が七八件である（残りの五件は、昭和開業）。ちなみに、もっとも古いのが、釜石鉄山鉄道（岩手県）で明治一七（一八八四）年、次いで磐城炭礦軌道《いわきたんこう》（茨城県）で明治二〇年、住友別子鉱山鉄道（愛媛県、明治二六年）と続く。

ここで注目したいのは、明治期に敷設されたそれらの軽便鉄道が、まずは物資の運搬を目的にしたことである。炭坑や鉱山とつないで敷設されている。右の三件以外にも多数があるが、ここでは、それを数えあげることをしない。

その当初が馬車鉄道であったところも少なくない。街道を振分け荷物を積んだ馬が往く、あるいは人を三人まで乗せた馬が往く、その延長上で発達した形態とみてよかろう。もちろん、明治期の開業であるが、角田《かくだ》馬車鉄道（宮城県）・吾妻《あがつま》温泉馬車鉄道（群馬県）・湘南馬車電車（神奈川県）・大宰府馬車鉄道（福岡県）などがある（前掲『軽便鉄道時代』より）。それらは一〇年ばかりを過ぎて大正時代に入ると、機関車の動力化を図り、その名称も「馬車」を除いて「軌道」とか「鉄道」に改称しているのである。

大正期に入ると、貨車に客車を連結して走る路線が多くなった。もちろん、一方で、もとから客車が中心の鉄道もあったが、多くが貨車運行をないがしろにしては営業ができなかった。そのはじめは、人も載せる軽便鉄道、としておこうか。

人の乗車は、本務にあらず。ということを最後まで明言してきたのは、森林鉄道である。あるいは、砂防軌道であった。

このような看板が立っていた。

乗車心得
一、運行区間、千寿ヶ原―水谷（一七・七粁）
所要時間、約二時間　乗車料金は無料。
一、便乗中万一事故が発生し、被災しても当方は一切その責を負わない。
（中略）
一、居眠りまたは体を車外へ乗出す等の行為があり、注意に従わない者は、その場にて下車させ、以後は乗車を断る。
（中略）
一、飲酒・酩酊者は乗車を禁ずる。
昭和四十四年五月
建築省立山砂防工事々務所長

さらに、その隣にもう一枚の看板があり、「一般登山者　立山温泉　湯治客の皆さんへ」とある。そこにも、乗車希望者は、「社会通念上止むを得ないものとして考慮する」とあり、「なお、便乗中万一事故が発生した場合も当所では一切その責を負いかねますので、予め御含みおき下さい」とあるのだ（今井啓輔『私が見た特殊狭軌鉄道』第二巻より）。

ここに引用した『私が見た特殊狭軌鉄道』の著者である今井啓輔氏といえば、昭和四〇（一九六五）年前後に、消えゆく軽便鉄道や森林鉄道を丹念に踏査した稀有な人である。今井さんは、そうしたさまざまな鉄道を「特殊狭軌鉄道」とした。ついでながらいうと、旅の文化研究所における本共同研究の準メンバーでもある。

その今井さんの著書の第一巻に、興味深い報告がある。北海道の浜中町営簡易軌道の項である。簡易軌道とは、北海道ならではのもので、最寄りの駅から辺境の地へ、農作物や牛乳、肥料や日常用品などを運搬するために設けられた。もちろん、それに人も乗る。昭和になってからの敷設例が多く、国が補助金を出して建設保有、そののち自治体が運営する例が多かった。

浜中町営簡易軌道は、根室本線の茶屋駅から別寒辺牛《べかんべうし》・西円朱別《にしえんしゅべつ》・上風蓮《かみふうれん》の三方面に運行するもので、昭和二（一九二七）年以降順次整えられた。昭和四九（一九七四）年に全線が廃止となった。『私が見た特殊狭軌鉄道』には昭和四〇（一九六五）年の時刻表が載っている。下り（茶内―東円）、上り（東円―茶内）ともに一五往復。そのうち、通学車が朝夕二本ずつの四本、客車が五本ある。そして、貨物車が三本、貨客混合が三本ある。まことに興味深い資料で、それが地方における軽便鉄道の実態というものであっただろう。

駅といっても、のどかなものであった。出発直前の貨客車に、線路上を走りながらかけこむ人の姿もめずらしくなかった。また、引込み線や車庫のまわりは、子どもたちの遊び場でもあった。もちろん、鉄道の安全運用ということではそれを認めるわけにはいかない。が、軽便鉄道がその土地の人たちの足であり、駅が庭場であった時代をしのんでいえば、それも許容されていたのである。

日本の駅は、軽便鉄道にかぎったことでなく往時の国鉄もふくんで、とくに地方の小規模な駅は、特異な風景を呈していた。古びてはいても、掃除が行き届いていた。たとえば、待合室の腰掛けには座布団が敷かれていた。男子便所の柱には、空き缶を打ちつけて吸い殻入れが設けられていた。そして、ホームの端には、山水とまではいわないが小庭がつくられていて花も植えられていた。全体に、小綺麗《こぎれい》だったのである。

これは、地元採用の駅員が多かったことと、地元利用者がそこを自分たちの庭場とみていたからに相違ない。専門の掃除職は、長く不要だったのである。こうした駅と駅まわりの風景は、世界でも類例が少ないのではあるまいか。

今は昔の軽便鉄道

さて、物資の輸送とそれに加えての通勤・通学者の輸送以外の目的で敷設された軽便鉄道にもふれておかなくてはならない。

上り坂をゆく豆相人車鉄道。車夫が懸命に人車を押している（絵葉書）

軽便鉄道の敷設目的のもうひとつは、起点となる大きな駅（町）から観光地へつなぐことであった。

　そのはじめとしてよく知られるのは、熱海鉄道である。明治四一（一九〇八）年に熱海—湯河原間が、その煙突の形から「ラッキョ」と愛称された蒸気機関車に引かれて客車が運行することになった。軽便鉄道としては、それをはじめとするが、じつは、それ以前があるのだ。プレ軽便鉄道とでもいうべき前史が存在するのである。

　明治二二（一八八九）年から明治四〇年までの豆相人《ずそうじん》車《しゃ》鉄道である。四、五人ほどしか乗れないような木製の車両に人を乗せ、レールの上を人が押して進める方式である。乳母車をひとまわり大きくしたようなもの、とでもいおうか。その写真も残るし、尾崎紅葉の『金色夜叉』でもそれにふれている。まことにほほえましい光景であった。

　なお、人車鉄道には、ほかにも、赤湯人車軌道（岩手県）・笠間人車鉄道（茨城県）・鍋山《なべやま》人車鉄道（栃木県）・

帝人人車軌道（東京）などがみられた。

軽便鉄道のうち、観光動員をはかったのは、箕面有馬《みのおありま》電気軌道である。明治四三（一九一〇）年に梅田―宝塚間が開業した。翌年、宝塚温泉（のちに宝塚パラダイス）ができるとにぎわうことになった。さらに動員が拡大したのは、大正二（一九一三）年、宝塚唱歌隊（のちの宝塚少女歌劇）が編成されてからである。

この宝塚における「遊園地と軽便鉄道」の成功は、東京でも飛鳥山遊園地と王子電気軌道（明治四三＝一九一〇年）、荒川遊園地と王子電気軌道（大正一一＝一九二二年）などにつながっていく。

東北地方では、花巻電鉄がそうであった。

大正四（一九一五）年に、西公園（花巻）―松原間が開業した後、順次延長された。これは、免許の関係で軌道線と呼ばれた。

ひとつは、志度平《しどたいら》温泉・大沢温泉・西船場温泉に通じるもの、もうひとつは、東北線花巻駅と花巻温泉を結ぶもので、大正一四（一九二五）年に開通、これは鉄道線と呼ばれた。

軌道線は、昭和四四（一九六九）年に廃止、鉄道線は、昭和四九年に廃止となった。

今井啓輔『私が見た特殊狭軌鉄道』（第一巻）には、昭和三八（一九六三）年に軌道線を訪ねたときの写真が豊富に掲載されている。

鉄路が砂利道と併行して路面にある。停車場も、多くはとくに駅舎があるわけではなく、乗降用の踏台が置いてあるだけだ。

電車は、他でもみかける縦横が安定してみえるサハ型やデハ型が多いが、通称馬面《うまづら》電車といわれる正面から見ると縦長な木造車や半鋼製車もある。

温泉場に行く女性客には、着物姿が多い。また、子どもたちは、砂利道でなく線路の上を歩いてもいる。半世紀少し前、前回の東京オリンピック（昭和三九年）の前年の風景である。

私にも、同時代の経験がある。

私は、吉備高原《きびこうげん》（岡山県）上の農村に生まれ育った。

町は、山麓にあって、いずれに行くにも遠かった。バスが通じたのは、小学校一年生のときである。井原《いばら》（現・井原市）に下るにしても成羽《なりわ》（現・高梁《たかはし》市）に下るにしても、一時間はかかる。子どもの眼には、井原も成羽も異次元の大都市に映った。

国鉄（当時）の駅までは、さらに遠く、井原からは笠岡《かさおか》（山陽本線）へ、成羽からは高梁（伯備線）にバスが通じていた。いずれも、三〇分少々かかった。

井原から笠岡へは、軽便鉄道も通じていた。これを、井笠鉄道といった。

井笠鉄道の開業は、大正二（一九一三）年。当時は、井原笠岡軽便鉄道といった。井原—笠岡間は、二〇キロ足らずだが、これも三〇分ばかりかけて走った。のちに、バスが通じるようになったが、砂利道を往くバスと鉄路を往く電車がほぼ同じ時間を要したことになる。もっとも、これはひとり井笠鉄道にかぎったことではなく、全国的な現象でもあった。

井原よりも笠岡の方が町は大きかった。そして、笠岡は、山陽本線が通じた町であり、笠岡諸島や四国への連絡船が通じる町であった。にもかかわらず、笠井鉄道とはいわず井笠鉄道といったのは、軽便鉄道の需要が井原側で大きかったからであろう。その開通があって、井原の繊維産業が発展することになったのである。

戦後（第二次大戦後）は、通勤者・通学者が多くなり、客車が多くなったが、以前は貨車と客車の混合車が多かった。これも、全国的に通じる軽便鉄道の歴史というものであろう。

私の記憶に残るところで、はじめて井笠鉄道に乗ったのは、小学校五年生を終えた春休みのことである。叔母が女学校で同級生だった人が笠岡の商家に嫁いでおり、そこに一晩泊りで遊びに行くとかで、私を誘ってくれたのである。

井原までバスで出て、井原駅前で昼食をとり、午後二時ごろの電車に乗った。ひどく緊張して乗った。

そのとき、ホームに数人のおばさんたち（その当時の印象のままに、この呼称をつかうことにする）がいるのが気になった。絣《かすり》のモンペに長靴、厚手の前掛けに、頭には手ぬぐいをかぶっていた。そして、四角い竹籠やらブリキ缶など、ひとりで運ぶには多すぎる荷物を銘々に持っていることが異様にみえたのである。

電車は、緑色に塗装されていた。車両は、木製ではなかったが、床や窓枠は木製だったか。その記憶に自信はない。窓を背に座ると、すぐ前に人の顔がある。ますます緊張を強いられた、その覚えがある。

笠岡の叔母の友人の家は、土間が店から裏庭まで通じているような大きな家で、柱も板戸も黒光りしていた。

夕食が印象に強い。皿鉢《さはち》に刺身が盛りつけられていたのである。そのころまでの私の郷里では、生魚《なまざかな》を口にすることはほとんどなかった。海から遠く、交通も不便なところでは、無塩《ぶえん》の魚は、ほとんど入ってこなかったのだ。刺身といえば、湯を通したタコ（蛸）に決まっていたのである。

あんなに何種類もの刺身を食べたのは、はじめてのことであった。

のちに、金浦という漁港から井原方面へ魚の行商が盛んだったことを知った。そして、井原の駅で出会った大きな荷物を持ったおばさんたちは、その行商人であったことも、遅ればせながら悟ることができた。民俗学のフィールドワークをするようになってから、そのことをあらためて確かめる機会を得たのである。

おばさんたちの行商は、井笠鉄道が開通してからはじまったのである。笠岡から井原まで、多いときには十数人もが乗りこんでいた、という。

早朝の六時ごろの列車に乗り、井原に着いてからは、銘々得意先を巡った。遠い所へは、二、三人でリヤカーを引いて行き、そこから分かれて得意先の農家を訪ねた。徒歩の行商であったが、午前中には終えた、という。それだから、昼過ぎの電車で帰ることができたのである。

私が出会ってから一〇年ばかりして、軽トラックが出まわりだした。それから徐々におばさんたちの井笠鉄道を使っての行商が姿を消していくのであった。

男たちの行商もあった。井笠鉄道が開通する以前は、男たちの行商であった。金浦を出て峠を越えてから七日市（井原市）に行く。平場を迂回して行く鉄道とは違って、ほぼ直線道である。

井原からは、北の農山村に山道を登って行く。私の郷里の八日市（井原市美星町《びせい》）にも通じていた。八日市は、中世の三斎市《さんさいいち》のひとつで、七日市と高山市《こうやま》（井原市・高梁市）の中間にある。八日市で金浦からの荷を継いで、魚を高山方面へ運んでいた老人に話を聞いたことがある。八日市までは、塩も薄めで間にあったが、北へはそれではもたないので、あらたに塩を加えることもあった、という。また、湯がいたタコもだれる（腐りやすくなる）ときがあるから、皮をしごいて取って白身だけを売ったこともあった、という。

海から離れた農山村への魚の行商は、時代をさかのぼってみても盛んだったのである。備中地方でのそうした行商の道を「トト道《みち》」、といった。トトとは、この地方での魚のこと、とくに幼児語ともいってよいほどの愛称である。

その後、何度か井笠鉄道に乗ったが、右に述べた初体験ほどの印象はない。最後に乗ったのが、昭和四一（一九六六）年の夏。大学での友だち三人が私の郷里の家に来たい、というので、笠岡駅に迎えに出たのである。

せっかく来たのだから、井笠鉄道に乗りたい、とT君が言った。T君たちは、都会育ちで、軽便鉄道を知らなかった。乗車してからはしゃいだこと、はしゃいだこと。乗客の誰彼もが、それを歓迎してくれたものである。

それから五年後、この井笠鉄道も廃止となった。今は昔のものがたり、となった。

あらためて思ってみると、私たち世代が軽便鉄道の実際を知る最後の世代となるだろう。十分な証言にはならないが、その立場での小体験を語ったしだいである。

令和二年現在、七六二ミリの軌間のままに残存する軽便鉄道には、黒部峡谷鉄道、四日市あすなろう鉄道、三岐《さんぎ》鉄道北勢線がある。したがって、そこでの沿革や運行については、聞きとり調査が可能であった。また、勤務や利用についての体験談も聞きとり調査が可能であった。よく残ってくれていた、と思う。共同研究のメンバーが、そこでのフィールドワークを共有できたことは、幸いなことであった。

軽便鉄道よ永遠なれ、とはいわない。しかし、私たちの記憶の狭間に落しこみたくない。三年間にわたっての旅の文化研究所「軽便鉄道の記憶」を終えて、あらためてそう思うのである。

コラム①

駅舎と執務

原 恭

駅とは、列車を停車させて、旅客の乗降や貨物の積み卸しを行う場所である。そして駅の建物である駅舎には、駅長室（駅事務室）のほか、乗車券類（切符）を発売する出札窓口、改札・集札を行う改札口、手小荷物取扱所、駅構内の信号取扱いを行う信号取扱所など鉄道の運転や営業の取扱いに関する施設のほか、駅係員の勤務中の生活の場である食堂、仮眠室や風呂等が設けられている。

駅の仕事は、昭和四〇（一九六五）年前後から機械化等の技術発展により大きく変貌を遂げた。この変貌の前後を中心に、近畿日本鉄道の駅でのいろいろな場面をご紹介する。

まず、社員の採用について触れたい。終戦まもない昭和二〇年代には三ヶ月に一回の頻度で採用があった。大陸からの引き揚げ者やシベリア抑留からの帰還者、南満洲鉄道（満鉄）の元社員もおられ、年齢的にも大変ばらついた新入社員であった。昭和三〇年代には炭鉱離職者の採用もあったそうである。

入社すると、担当業務としてまず割り当てられたのは掃除が多かった。ターミナル駅では、ホームや折返し列車の車内等の清掃が行われていた。当時は大きな駅以外はホームが舗装されていなかったため、雨の日には駅や板張りであった車内の床が泥だらけで、最終列車後にはホースでホームに水を撒きながら水切りを使ってきれいにしていた。また、禁煙でないため、ポイ捨てされた煙草の吸い殻も多く見られた。待合室に置いてある痰壺の清掃も日課であったが、今では痰壺なるものも見られない。

次に出札の仕事についてである。窓口においてかつては、駅係員が硬券の切符を乗車券箱から取り出し、発売日を刻印するダッチングマシン（Dating Machine）で日付を印字していた。発売の多い駅へは、着駅の駅名や金額があらかじめ印刷されている硬券の常備乗車券が用意されていたが、それ以外の駅までは、自駅名のみ印刷されていた乗車券に着駅や運賃を手書きで記入して発売していた。

私鉄でも、連絡運輸の契約の範囲内ではあるが、国鉄乗換えで全国の主な駅までの乗車券を発売していた。特にお盆や年末年始といった帰省客の多い時期は、手書きで大量に発券を行うこととなり、多忙を極めた。このような窓口であったが、時代とともに機械化が進み、近年では乗車券類発行端末機により発売することが一般化、硬券と呼ばれる切符を見ることはほとんどなくなった。

一方、ターミナル駅等では特急券の発売業務もあった。コンピュータによる座席管理システムがない時代、発売管理のもととなるのは、列車毎に用意された台帳である。あらかじめ過去の実績から駅毎の発売座席を事前に予測のうえ各発売駅に割り振っておき、旅客に特急券を発売する毎に座席を発売済みにしていく。残った座席は、電話連絡で次の停車駅に伝えるというアナログな仕組みであった。

このほか今では見られなくなった取扱いとして、手小荷物があげられる。かつては乗車券を所持する旅客を対象に、乗車駅から目的地の駅や自宅など指定場所まで手荷物を送る取扱い（「チッキ」と呼ばれていた）が行われていた。これにより、大きな荷物を混雑した車内に持ち込まなくても済んだ。列車に乗車することなく荷物だけを送る場合は小荷物として取扱った。

宅配便が存在しない時代で、手小荷物の取扱いも多く、これらの荷物切符の発売だけでもかなり大変なものであった。ある支線では、多いときには三〇分間隔で運行する旅客列車に毎回四〇個程度の小荷物を積まないとさばけない状態で、駅係員が総出で作業をしていた。他駅からの到着荷物もあり、その

鶴橋駅の改札口（昭和35年頃）（近鉄グループホールディングス株式会社提供、本コラムの写真は全て同じ）

上本町駅第一信号所（昭和31年）

仕分け作業にも手間がかかり、忙しいものであった。このほか、手荷物を一時的に駅で預けることもできたが、現在、その役目はコインロッカーに取って代わられた。

改札口ではかつては駅員が改札鋏《かいさつばさみ》で切符を入鋏《にゅうきょう》していたが、今では自動改札機が普及し、旅客が改札機に乗車券を投入し通過するほか、ＩＣカードが利用可能な区間は、改札機にカードをタッチするだけで通過ができるようになった。しかし都市圏等を除いて自動改札機はまだ設置が進んでおらず、駅員が改札鋏の代わりに切符に改札スタンプを押印しているケースが多く見られる。

次に列車運行に関する場面である。信号取扱所ではあらかじめ定められたダイヤに基づき、列車の到着および発車の取扱い（ポイントと信号の切替え）を行っている。かつては進路の安全確認を行ったうえで、線路の転轍機《てんてつき》（ポイント）と信号の切替えは、大きなレバーを人力で操作するという機械的なシステムであった。だるま転轍機と呼ばれる装置で、転換機の下部が円状となり、上半分白色が通常の進路となる定位、黒半分が上の場合は反位である。まさに人の手によって線路を切り替える転轍機であった。行き違いのある駅では、駅の両サイドに転轍機があるため、二人の転轍機操作の専従係員が必要となった。

その後、発条転轍機と呼ばれる、列車の車輪によりレールをこじ開けて通過し、スプリングにより自動で定位に戻る仕組みに更新され、転轍機操作担当者は不要となった。さらには信号と転轍機を電気的に連動させ、切替えを行うように進化し、係員は、照明軌道盤と呼ばれる装置の盤面のスイッチを操作することで進路を設定した。これにより安全性と省力化が図られた。また、駅とは離れた場所に設けられたセンターから遠隔操作できるＣＴＣが導入された線区もある。現在では、係員による操作でなく、あらかじめプログラミングされたコンピュータにより電子的に切替える設備も導入されている。

このように設備などは大きく変わったが、駅係員の勤務体系は基本的には大きく変わっていない。今も昔も日勤勤務のほか、一昼夜交代勤務という勤務形態がある。朝九時に勤務を引き継ぎ、翌朝九時までの一昼夜にわたり、深夜の仮眠を取りながらの勤務である。未成年の駅係員は、昼に出勤し、翌日の昼までの一昼夜交代勤務で、深夜労働ができないため、二一時になると仮眠時間に入ったそうである。

駅では、同じ勤務のメンバーとの共同生活となり、勤務の合間の食事、休憩、仮眠を含め職場内で過ごすこととなる。昔の駅での生活については今とは大きく異なっている。食事は、一勤務で昼、夜、翌朝と三回摂ることとなるが、昼食には自宅から弁当を持参する者や近くに食堂がある駅であれば食べに行く者もいた。また、夜と翌朝は職場で炊事をすることが多く、出前を取ることもあった。事務部門の職場が近くにある駅では社員食堂が近く、米を持って行くと、食券に代えてもらえたそうである。

仮眠前には風呂に入った。特に夏は勤務で汗だく

養老線・西大垣列車区事務室

西大寺駅の列車扱室

になった。当然宿泊所は今と違いエアコンはなく、夏には蚊帳を吊っていた。風呂の設備がないため、駅近くの銭湯の入浴券を庶務係から受け取り、交代で風呂に入りに行くといった駅もあった。

このように、かつての駅業務の多くは、人手で行っていた。そのため、今とは違い、旅客と直接対面することが多くあった。特に小さな駅では、出札や改札などで日常的に一人一人に挨拶が行われており、いつも利用する旅客は、どこの家の住人かもわかっているほどであった。

かつての人情味あふれる駅は、現在のシステム化された駅へと大きな変貌を遂げてきた。あらためて時代の流れとともに、昭和の時代の駅の人間臭さと、どこかなつかしい哀愁を感じる。これからの駅は、さらなる技術革新により進化し、駅係員の姿がほとんど見えない、しかし旅客にとっては今まで以上に便利で利用しやすいものになることが期待される。

コラム②

鉄道唱歌

成瀬純一

戦前に「鉄道唱歌」という歌があった。

明治三三（一九〇〇）年に「地理教育鉄道唱歌」として発表されたもので、鉄道路線ごとに駅名や地名、沿線風景などを歌詞に盛り込み、歌を楽しみながら地理や自然、歴史、民話、伝説、さらには産業や名産品などを知ることができる。さながら地域を学ぶための「旅の教科書」である。

七五調の歌詞で、テンポよく歌えることもあり、郷土意識と相まって長らく人気があった。全国各地で作られ、全五集・三三四番のボリュームをほこる。

作詞は大和田健樹《おおわだたけき》が担当した。大和田は旧宇和島藩の出で、国文学者であり、そのことが「鉄道唱歌」の内容に民俗学的傾向を与えたと思われる。当初、大和田の詞に複数の作曲家が曲をつけ売り出したが、多梅稚《おおのうめわか》の作曲した「第一集・東海道編」が断然の人気となり、定着していった。

「鉄道唱歌」で最も有名なのは、この「第一集・東海道編」で、戦後生まれの筆者でも「汽笛一声新橋を」で始まる冒頭第一番の歌詞は、聞き覚えがある。ボニージャックスの歌唱が有名である。

「鉄道唱歌」とはいかなるものか、東海道編の一部をご紹介しよう。さながら東京から神戸までの「三〇分の旅」である。

汽笛一声新橋を　はや我汽車は離れたり
愛宕の山に入り残る　月を旅路の友として

右は高輪泉岳寺　四十七士の墓どころ
雪は消えても消え残る　名は千載の後までも

窓より近く品川の　台場も見えて波白く
　海のあなたにうすがすむ　山は上総か房州か
梅に名をえし大森を　すぐれば早も川崎の
　大師河原は程ちかし　急げや電気の道すぐに
鶴見神奈川あとにして　ゆけば横浜ステーション
　湊を見れば百舟の　煙は空をこがすまで
（横須賀線に寄り道）
横須賀ゆきは乗替と　呼ばれておるる大船の
　つぎは鎌倉鶴が岡　源氏の古跡や尋ね見ん
八幡宮の石段に　立てる一木の大鴨脚樹
　別当公暁のかくれしと　歴史にあるは此蔭よ
ここに開きし頼朝が　幕府のあとは何かたぞ
　松風さむく日は暮れて　こたえぬ石碑は苔青し
北は円覚建長寺　南は大仏星月夜
　片瀬腰越江の島も　ただ半日の道ぞかし
汽車より逗子を眺めつつ　はや横須賀に着きにけり
　見よやドックに集まりし　我が軍艦の壮大を
（本線に戻る）
支線をあとに立ちかえり　わたる相模の馬入川
　海水浴に名を得たる　大磯みえて波涼し
国府津おるれば電車あり　酒匂小田原遠からず
　箱根八里の山道も　あれ見よ雲の間より

この後、最終六六番の神戸駅まで旅は続く。

明治四三（一九一〇）年の軽便鉄道法の公布により、鉄道の敷設が容易になり、大正期には全国に軽便鉄道が急速に広がった。この勢いを反映するように、多・大和田の作品を踏襲した「鉄道唱歌」が、各地で独自に作られた。奈良県に生まれた「大和《やまと》鉄道唱歌」もそのひとつである。大和鉄道は、大正七（一九一八）年に新王寺―田原本間で開通するが、それに合わせ「大和の生き字引」といわれた郷土史家の水木要太郎（十五堂）翁が長歌を作詞した。「東海道編」の東京―神戸間が約六〇〇キロ、全六六番なのに対し、「大和鉄道唱歌」はたった一〇キロで全四二番と、深い歴史をもつ地域の矜持《きょうじ》を感じさせる。

秋を彩るもみじ葉の　名所も今は狭まれど
　韓紅に水くくる　元の流れは大和川
汽車の窓より眺むれば　時鳥鳴く片岡の
　朝の原のほとりには　孝霊帝の御陵あり
由緒も古き放光寺　その跡をのみ残せども
　太子の建てし達磨寺は　今も伽藍の規模を見る
眼界頓に打ち開け　霞む鷲峯山春日山
　龍田につづく法隆寺　古き五重の塔高し
青垣山の立並ぶ　国の真中にたたずみて
　四方の景色を見渡せば　実に一幅のパノラマ図
南は近く畝傍山　天香山耳成の
　三つ山鍋の足のごと　神代ながらの姿せり
国の名を負う鉄道の　力に誰か頼らざむ
　発展すべき鉄道の　前途を誰が祝がざらむ

弥生時代最大級の環濠集落「唐古《から こ》・鍵《かぎ》遺跡」がある大和平野のど真ん中、「国中《くんなか》」の田原本を走る鉄道の、強く豊かな個性が表れている。地域の期待を受け、地域の力で敷設された鉄道の歌は、地元の色彩を鮮やかに紡ぎだし、民俗学的にも貴重な資料だ。

鉄道に無縁と思われがちな沖縄だが、大正三（一九一四）年から昭和二〇（一九四五）年まで、「沖縄県（軽便）鉄道」が走っていた。作詞者は不明だが、彼の地にも「沖縄県鉄道唱歌」が残っている。

開け行く世にめでたやな　陸に走る鉄道の
　那覇の港を立ち出れば　はや時の間に国場駅
待つひまも無く千代かけて　結ぶちぎりは浅からず
　識名の園に奥武山
南風原与那原はるばると　昔なつかし中城
　緑の影に護佐丸の　いさを仰ぐも尊しや

この時期の鉄道は、それ自体が「文化」ともいえる存在で、鉄道への驚きと期待、明るい未来への希望と熱情が歌われていることに、あらためて注目したい。

第一章 街道と鉄道

髙木大祐

明治五（一八七二）年、宿《しゆく》・助郷《すけごう》廃止により宿駅制度は終焉を迎え、一方で日本最初の鉄道が新橋と横浜を結んだ。江戸時代の交通を支えた街道に変化が訪れることが明らかになってきた。

それまで宿場町として栄えてきた街道沿いの地域は、鉄道が来るか来ないかで、命運が大きく左右されることになる。一番いいのは、街道に沿って幹線鉄道が通り、中核都市と結ばれることである。しかし、それは東海道など主要街道沿いに限られるし、徒歩が前提の街道と、勾配に弱い蒸気機関車牽引が前提の鉄道では、当然ルートも変わってくる。

そもそも鉄道の計画がされない、計画された鉄道がまったく違うところを通ってしまった、さて、どうするか。そこに、悲喜こもごも、それぞれの地域の「鉄道史」が生まれてくる。

幹線鉄道が通らなかった宿場町は、かつての街道に代わり、自分たちの力で鉄道を引くことにより地域の発展を願った。しかし、地元の有力者が出資して自分たちで引くことのできる鉄道では、規模には限りがある。そこで、軽便鉄道の出番となった。低コストで線路を引き、幹線鉄道と結ぶことで、新しい交通網の中に入っていこう……と。

ここでは、そうして作られた鉄道の変遷と、自力で鉄道を引くこともできず取り残されてしまった宿場町がその後どうなったか、という、街道と鉄道をめぐる物語を見ていこう。

中央本線から離れてしまった中山道御嵩宿と東濃鉄道

岐阜県可児《かに》郡御嵩《みたけ》町にある名古屋鉄道（名鉄）御嵩駅に降り立って、街を歩いてみる。がらがらの二両編成のワンマン電車で御嵩駅に着くと、出迎えらしい車が一台、二台と通るが、町に人の姿は少ない。近くの公共施設は新しく整備されているが、宿場町のままの古い建物も見え、そこにも人影が少ない。それでいてここには御嵩簡易裁判所がある。宿場町の名残を残す背の低い町並みの向こうに裁判所とは、あまり見かけない光景のような気がする。

しかし、この裁判所の存在は、かつて御嵩が可児郡の中心であった証《あかし》である。裁判所の先にある岐阜県立東濃《とうのう》高校は、岐阜県尋常中学校東濃分校として明治二九（一八九六）年に開校した、東濃で最初の旧制中学校である。かつて可児郡役所も御嵩におかれた。ところが、現在では、警察署や集配郵便局、大型商業施設などが集まる可児の方が地域の中心に見える。

そして、可児はＪＲ太多《たいた》線可児駅と名古屋鉄道広見線新可児駅が隣接する、鉄道の結節点である。名鉄広見線も新可児までは名古屋や中部国際空港から直通する列車がやってくる。ところがここから御嵩へはＩＣカードが使えないので、同じ名鉄なのに一度改札の外に出て、乗り換えなければいけない有り様とあって、御嵩が可児郡の中心であったということを忘れそうになる。

なぜこうなったのか。それを知るには、中山道ルートの幹線鉄道の計画が、御嵩ではなく多治見《たじみ》を通ってしまった、そこから始まる、この地域の鉄道史を見なければならない。

御嵩町の中心部は、旧御嵩宿であった。中山道の宿場町である。中山道と鉄道の関係といえば、計

東濃鉄道路線図

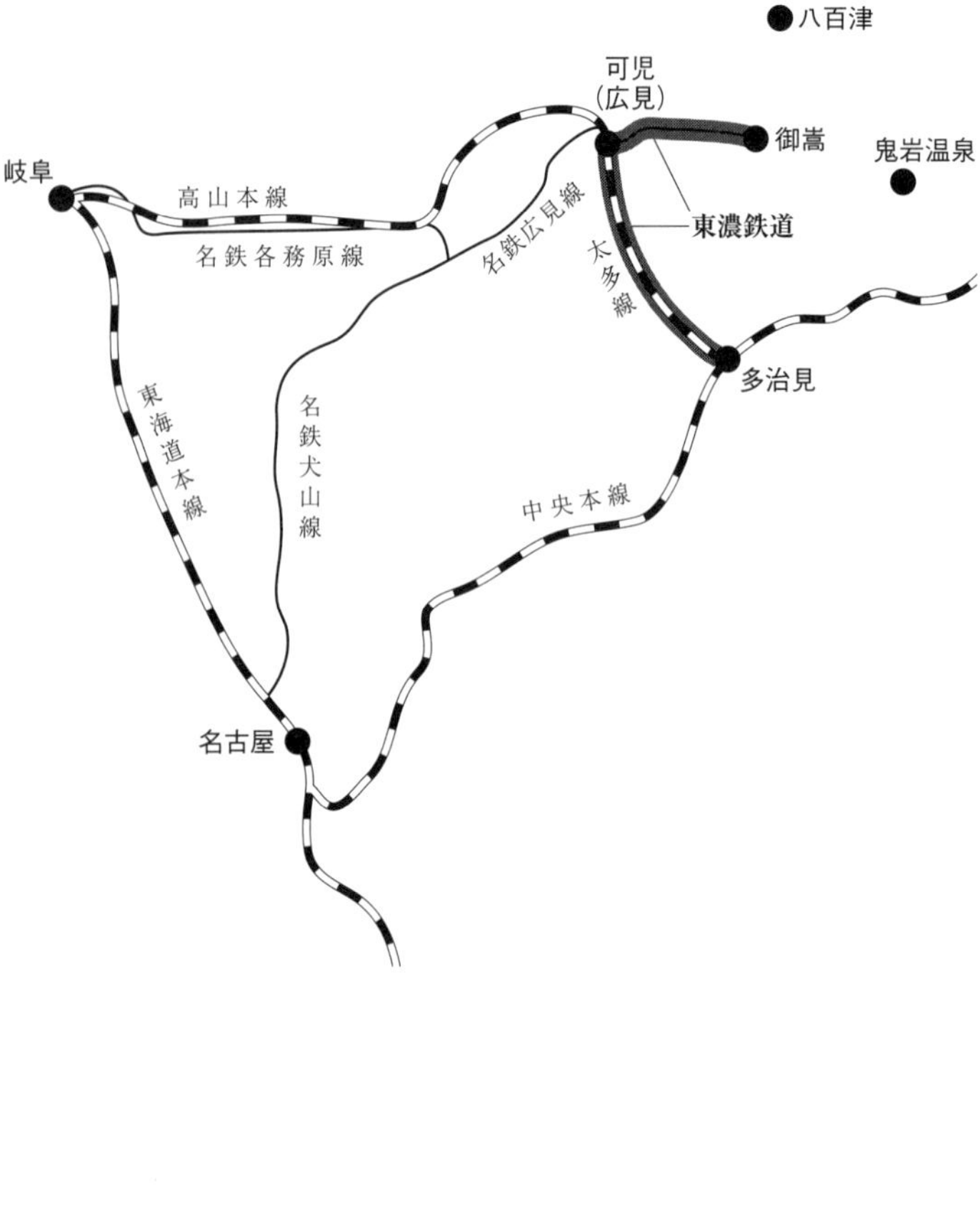
八百津
可児
(広見)
御嵩
鬼岩温泉
岐阜
高山本線
名鉄各務原線
名鉄広見線
太多線
東濃鉄道
多治見
東海道本線
名鉄犬山線
中央本線
名古屋

画だけなら東海道より古い。官設鉄道の計画当初は、海岸沿いの東海道ルートは軍事上望ましくないとされ、中山道ルートの方が東海道より先に建設される可能性があったからである。

しかも、現在の中央本線とは異なり、名古屋には向かわず木曾から岐阜に向かうルートで構想されていた。そもそも中山道は、恵那《えな》から御嵩宿を通り、御嵩宿の二つ先、太田宿の手前今渡《いまわたり》で木曾川を渡って岐阜に向かっていた。恵那から名古屋へ向かう道は、下街道《したかいどう》と呼ばれ、脇往還《わきおうかん》、つまりサブルートの位置づけであった。

したがって、最初の鉄道計画も中山道のメインルートに沿って考えられたのだろう。これなら御嵩を幹線鉄道が通った可能性はある。ところが、結局第一に開通した幹線鉄道は東海道本線となり、名古屋と岐阜の間に先に鉄道が通った。すると、この地域の計画も姿を変え、下街道に沿ったものになった。中央本線は、御嵩より南の土岐《とき》、多治見を通って名古屋に向かうルートで明治四四（一九一一）年に全通、御嵩を中心とする可児郡は幹線鉄道から取り残されてしまった。

そこで、自分たちで鉄道会社を設立し、官設鉄道につなぐ計画が作られる。もっとも、資金に限りのある地元資本の会社では、国や日本鉄道のような大私鉄が敷設する幹線と同じというわけにはいかない。そこで、先述のように軽便鉄道の出番となる。

大正三（一九一四）年、御嵩の隣村上之郷村の平井信四郎を中心に東濃鉄道株式会社が設立され、軽便規格で可児郡と官鉄線多治見駅を結ぶ鉄道が計画された。大正七年には、多治見から広見（現在の可児駅）まで、同九年には御嵩まで開通、可児郡はこの鉄道によって中央本線と連絡し、名古屋へ、そして東京へとつながることとなった。

全長四・五メートルという小さな蒸気機関車が客車、貨車混結の列車を牽引した。各地で、坂道を登りきれなかった、という伝承を生んだ軽便鉄道の非力な蒸気機関車、ここでもご多分にもれず坂を登りきれずに、乗客が降りて後押ししたという話が伝わっている（『みたけの鉄道九〇年史』）。部分開通翌年の大正八（一九一九）年に『東濃公論』という地方雑誌で、「自転車なれば汽車より先に行くと云ふ有様」「少し乗客貨物多き時には途中停車する事度々」と書き立てられてしまった（『可児市史』第六巻）。

広見・多治見間の所要時間は、四五分。気動車で運行する現在の太多線の同区間（可児・多治見間）が約二〇分だから、自転車で抜けるというのは一部区間の話だと思われるが、坂を登れない軽便、というところからこのような書きぶりになったのだろう。

とはいえ、自転車の保有者がそう多い時代でなし、頼りない軽便鉄道であっても、幹線鉄道とつないだ意義は大きかった。そのことは、東濃鉄道の一部が官鉄の一部に組み込まれた、という歴史が証明している。

鉄道省が多治見と美濃太田の間に路線を計画していたことから、その一部として東濃鉄道の多治見から広見までの間が国有化されることとなった。一方、同じ頃に名鉄が犬山から路線を延ばして広見を経由し八百津《やおつ》まで、大同電気がやはり広見から八百津までの路線を計画していた。しかし、これは二社の計画がかちあうだけでなく、開通すれば東濃鉄道の一部とも競合する計画であった。

そこで、鉄道省の周旋により、東濃鉄道、名鉄、大同電気の出資で東美《とうみ》鉄道が設立され、東濃鉄道は解散した（現在路線バスを運行する東濃鉄道は別会社）。こうして昭和三（一九二八）年、多治見と広見の間が切り離される一方で、広見駅は名鉄と接続する位置に移転、これが現在の新可児駅である。同時に、軽便規格の七六二ミリ軌間から、名鉄の他路線と同じ一〇六七ミリ軌間に変更され、名鉄の電車をもらい受けて運行し始めた。

このときもらい受けた電車は四輪単車、つまり、現在一般的な二軸の車輪を持つ台車二つを使った四軸ボギー車と異なり、二軸の大きな台車一つで走る、一両単行の電車である。だから、走行音も一般的によく言われる「ガタン、ゴトン」ではなく、「タン……タン」という、より単調なもの。音からしてのどかな鉄道だっただろう。

太平洋戦争中の交通統制では、発足時の経緯から東美鉄道は名鉄へ統合され、犬山から御嵩までの間が名鉄広見線となった。日中戦争期からは御嵩の鉱山から採掘される亜炭（炭化度が低い石炭）の輸送で繁忙を極めた。

一方、旅客輸送が全盛を迎えるのは、昭和四〇（一九六五）年、架線電圧一五〇〇ボルトへの昇圧とともに名古屋鉄道犬山線経由で岐阜、名古屋への直通運転が始まり、利便性が増してからである。岐阜、名古屋に直結するルートを準備した東濃鉄道の建設は、やはり先見の明があったといっていいだろう。

しかし、以降は御嵩の鉄道は衰退の道をたどる。中京地方のご多分にもれず、御嵩でもモータリ

旧御嵩宿の町並み。右が願興寺、奥の三角屋根が御嵩駅

ゼーションが急速に進展、鉄道利用者は昭和五〇年をピークとして、現在は半分以下にまで減った。一方で、世帯数の約二倍の自動車が交通手段となっている。

平成二〇（二〇〇八）年には、新可児・御嵩間のワンマン化にともない、新可児駅をまたぐ列車が全廃、御嵩は孤立した区間となってしまった。一方では、「乗って残そう広見線」の運動で、鉄道維持に向けた地元住民の努力も行われている。かつての宿場町の再興を鉄道に托しているのである。

御嵩宿の衰退を、不幸にして目に見える状態で示してしまっているのが、御嵩駅のほど近くにある願興寺である。その広い境内、国指定重要文化財となっている大きな本堂は、確かに御嵩宿の繁栄を今に伝えている。ところが、この本堂の老朽化が極度に進んでしまっている。旧御嵩宿の衰退で、檀家の寄進ではこの本堂を維持できなくなっているのである。願興寺は檀家だけでなく、広く寄付を募ることによって何とか本堂を修復しようと努力している。

この願興寺の広い境内の隅に、台座を入れて高さ三メートルはあろうかという立派な顕彰碑がある。この顕彰碑がその偉大さを伝えている人物こそ、御嵩に鉄道を引いた功労者、平井信四郎である。

その碑文を読んでみると、平井の功績は鉄道に留まらないことがわかる。碑文によれば、平井が取締役や社長として関わった企業は、広見銀行、美濃合同銀行、可児川電気株式会社、東濃鉄道株式会社、東美鉄道株式会社、東濃石材株式会社、鬼岩温泉株式会社と七つにも及ぶ。

平井は、明治八（一八七五）年、上之郷の酒造家の二代目に生まれた。二二歳の時家業を継ぐと、二四歳で上之郷村長に就任、以後村会議員一期、郡会議員二期を務め、若くして土地の名士として地方政界に活躍した。三七歳の時、可児川電気株式会社創設、そして四一歳で東濃鉄道社長に就任する。

願興寺境内に建つ平井信四郎之碑

つまり、このときすでに、議員としても電気事業の経営者としても実績を持っていたのである。それでいて、自らオートバイを駆って土地買収に奔走したといわれている。インフラ整備にかける土地の名士としての情熱が、平井を動かしていたのだろうか。

平井が会社を設立した鬼岩温泉は、御嵩の奥にある温泉地である。平井は後にこれを東濃鉄道の直営にしている。このことからすれば、鬼岩温泉の開発は、鉄道経営と結びつけたリゾート開発であったといっていいだろう。

さて、こうして平井の業績を振り返ってみると、銀行と鉄道に関わったという点では、第一国立銀行（のち第一勧業銀行、みずほ銀行の前身の一つ）と東北本線や常磐線を建設した日本鉄道の設立に関わった渋沢栄一のようであり、電力事業と鉄道に手を付けているところでは、「鉄道王」と称され数多くの軽便鉄道に関わった雨宮敬次郎のようであり、鉄道の終点の先に旅行客を呼び込む温泉開発を行った点では、箕面有馬《みのおありま》電軌（現在の阪急）の終点宝塚に温泉を開発し歌劇団を創設した阪急の小林一三《いちぞう》のようである。

鉄道が軽便鉄道であって、銀行も地方銀行であるから、スケールでは渋沢にかなわないが、しかし平井が目指したところは渋沢、雨宮、小林といった歴史に名を残した人びとと変わらないのではないだろうか。だからこそ、このような立派な顕彰碑が残るのだろう。

幹線鉄道に来てもらえなかったところに引かれた軽便鉄道の背景には、平井のような「地方版渋沢栄一」とでもいうべき人物がいたのである。

脇往還の町と名刹をつないだ浜松鉄道

浜松駅前を特徴づける円形のバスターミナル。多くのバスがやってきては客を乗せていく慌ただしい光景のなかに、姫街道車庫という妙に風情のある行き先表示がある。この姫街道と縁の深い鉄道が、すでに廃線となった浜松鉄道、のちの遠州鉄道奥山線であった。

この地域の東海道は、浜名湖と太平洋がつながる今切口《いまぎれぐち》を船で渡る必要があった。ここが通れないときに本坂通りという脇往還が利用された。しかし、平常時でも女性は船を嫌って本坂通りを多く利用した。そこでついた通称が姫街道である。

その関所が浜名湖の東北端、気賀に置かれていた。その隣、金指《かなさし》の先では三遠南信地域を結ぶ三信街道が姫街道と交差し、東海道への入り口になることから金指に番所が置かれていた。金指は宿場ではなかったが、旗本近藤氏の陣屋が置かれ、やはりこの地域の中心の町であった。

この気賀、金指を幹線とつないだのが浜松鉄道である。元がサブルートだけに、当然幹線鉄道が入ってくる見込みは薄かった。東海道本線は、今切口に鉄橋を架けて、東海道沿いに開通した。引佐《いなさ》郡と東海道本線をどう結ぶかが、インフラ整備の課題となった。いくつかの鉄道建設計画が失敗する間に、引佐郡と東海道本線を最初につないだのは汽船であった。

気賀と鷲津を結ぶ浜名湖巡航船会社の航路が明治四〇（一九〇七）年に開業、大正二（一九一三）年には四往復から六往復へ増便されている。それだけ利用が多かったのだろう。この航路の好調を横目に浜松軽便鉄道が設立されたのは明治四五年のことである。

その社長に就いたのが、金指の南、中川村の素封家伊東要蔵であった。伊東要蔵は、元治元（一八六四）年に浜名湖北岸の都築村で農家の三男に生まれ、上京して慶応義塾に学び教師などを経験してから伊東家に養子に入った人物である。

このときまでに、すでに村会議員、郡会議員を務め、浜松瓦斯《ガス》株式会社創立に参画して、地域のインフラ整備にも目を向けている。電力がガスになったと思えば、先の平井信四郎の経歴に近いものがある。ただ、平井が銀行経営に参画したのは鉄道を手がけたあとであったが、伊東の場合は、これまでに浜松信用銀行の取締役を務め、政治面でも衆議院議員に当選している。鉄道創設時の影響力は、あるいは平井以上に持っていたのではあるまいか。

明治四二（一九〇九）年、浜松軽便鉄道より早く、浜松と天竜川水運の拠点だった二俣町の間に、「天下の雨敬《あめけい》」の異名をとり、明治の鉄道王といわれる雨宮敬次郎率いる大日本軌道の手によって、のちの遠州鉄道二俣線が開業した。こうなれば引佐郡から浜松へ、地元資本で鉄道を引くことが悲願となる。この悲願は、伊東が社長に就任した浜松軽便鉄道によって果たされたのである。

ここにもやはり、地元のインフラ整備や銀行経営に尽力した「地方版渋沢栄一」というべき人物がいた。

浜松軽便鉄道は、まず大正三（一九一四）年に浜松の城下元城《もとしろ》と金指の間に通じて引佐郡と浜松を結んだ。導入されたのは軽便鉄道ではおなじみのドイツコッペル社製蒸気機関車三両と、客車四両、貨車六両である。遠州鉄道社員の回想によると、のちの奥山線には「らっきょう軽便」のあだ名が

浜松鉄道路線図

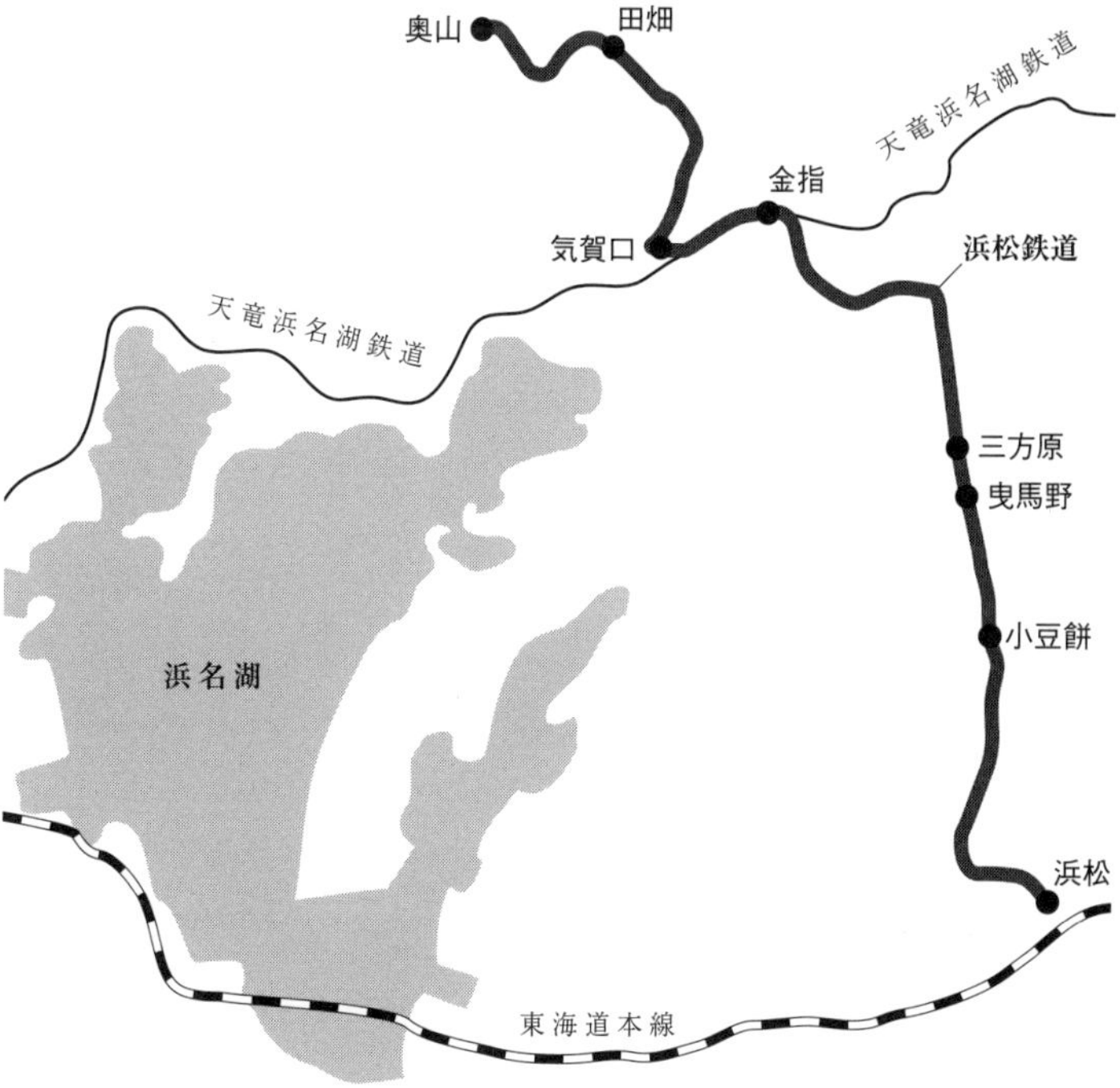
奥山
田畑
天竜浜名湖鉄道
金指
気賀口
浜松鉄道
天竜浜名湖鉄道
三方原
曳馬野
浜名湖
小豆餅
浜松
東海道本線

あったらしいが、「らっきょう」とはこのコッペルのことだろう（『奥山線の歴史展――廃線三〇周年』）。翌年に元城から浜松駅近くの板屋町へ、金指から気賀へと路線を延ばした。この年、商号を浜松鉄道に改めている。

ところで、浜松鉄道の気賀駅は、町外れにあった。のちに気賀口駅に改称するが、この名前の方が実態に近い。気賀の町には入らずにここで大きく北に進路を変え、奥山を目指したためである。

気賀と奥山の間は、大正一二（一九二三）年に開通した。奥山には臨済宗方広寺派の総本山方広寺がある。方広寺は神仏分離の打撃も残る明治一四（一八八一）年に全山が大火に見舞われて以来、再興のため熱心に布教をしていた。この大火のとき、鎮守半僧坊を祀る半僧坊真殿と方広寺開山の無《む》文元選《もんげんせん》を祀る開山御廟が焼失を免れたため、半僧坊が現れて開山大師を守ったとの伝承が生まれた。そこで、方広寺は火伏の効験を謳って半僧坊に人を集め、新たな信徒を獲得していった。各地に講が作られ、団体での参拝が盛んになっていた。

浜松鉄道としても、この参拝客の存在は重要である。気賀・奥山間の開業によって静岡・東京方面からは浜松で浜松鉄道に乗り継いで、名古屋方面からは、鷲津で汽船、気賀で浜松鉄道に乗り継いでの参拝ルートが確立することになった。当時は、月に十数組もの団体客が奥山駅へやってきたという（舩越清司『郷土創造　遠州鉄道物語』）。成田を目指した京成や、高尾山を目指した京王といった現在の大手私鉄と変わらぬ歴史が、ここにもあった。

全線開通の頃には、蒸気機関車六両、客車一四両、貨車一二両の陣容となった。昭和初期にはガソリンカーも導入される。当初二時間かかっていた浜松（板屋町）と奥山のあいだが、一時間二〇分前後に短縮された。現在浜松駅と奥山駅を結ぶ路線バスが六〇分から七〇分前後、気賀を通らないバスと比べ浜松鉄道のルートが少し迂回することを考えれば、軽便鉄道としては十分なスピードといえる。後年の廃止の原因が、バス以上にマイカーの普及であったことをうかがわせる。

天竜浜名湖鉄道金指駅。右の空き地がかつての浜松鉄道ホーム跡

　さて、奥山、気賀、金指には人の流動があったが、そこから浜松までの沿線には人は少なかった。この区間は、古戦場で名高い三方原《みかたはら》である。三方原は、江戸時代まで農作に不向きな土地であった。明治維新後、ここに旧幕臣たちが入植したのを皮切りに開拓を進め、大茶園が開発されていった。

　このような地域性であるから、集客につながる要素が少ない一方、手付かずの土地も残り、大規模開発には向いている。大正一四（一九二五）年、三方原の南、小豆餅《あずきもち》駅を最寄りとする土地に陸軍飛行第七連隊の基地が開かれた。また昭和初期から三方原のさらなる開拓の計画が立てられ、各地で松の伐採がはじまった。この松の積み出しも輸送に加わった。

昭和恐慌の時期からは浜松鉄道の経営は悪化し、しばらくは無配に転落するなど苦しんだ。しかし、陸軍飛行第七連隊の存在が利いて、太平洋戦争の開戦とともに、輸送人員、収益とも大幅に増えていくこととなった。ただし、陸軍の存在は空襲の標的になることも意味する。浜松も空襲をうけ、浜松鉄道にも大きな被害が出た。

このような状況で、浜松市街から気賀方面へ疎開した人びとも運ぶのだから、大変な混雑になった。

こんなことがあった。無蓋貨車を増結して客を乗せてもたりず、客車の上に勇ましい学生が登りはじめてしまう。すると、「バネがいっぱいだよー、降りてくれー」と駅長の声が響く（『奥山線の歴史展――開業一〇〇周年廃線五〇周年』）。

定員をはるかに越える客を乗せると台車のバネが縮んだまま戻らない状態になってしまう。この状態では振動や揺れを台車が吸収してくれないので、危ないのである。

しかし、駅長の叫びにも、次の列車がいつになるかわからないので客は誰も降りない。仕方なくそのまま発車していったという。

戦争が終わり昭和二二（一九四七）年、かつての大日本軌道であった二俣線を運行する遠州電気鉄道を含めて戦時統合で誕生していた遠州鉄道に吸収合併され、伊東要蔵に始まる浜松鉄道としての歴史を閉じた。

これにより遠州鉄道奥山線となって後は、途中の曳馬野《ひくまの》まで電化されるなど、積極策がとられた。

昭和二九（一九五四）年に導入された二両のガソリンカーは積極策の白眉である。キハ一八〇三号は正面の三枚窓のうち中央の窓が大きくとられた見栄えのいい外観、もう一方のキハ一八〇四号は、正面が若干の傾斜のついた大型二枚窓、国鉄八〇系電車にはじまる、当時流行の湘南型といわれるスタイルで登場した。両方とも軽便鉄道の車両としてはすぐれたデザインのものである。奥山線に注力する遠州鉄道の姿勢が伝わる。

しかし、こうした策もモータリゼーションにはかなわず、昭和三八（一九五三）年部分廃止、昭和三九年に全線廃止となった。一方、大正一二（一九二三）年に電化とともに一〇六七ミリ軌間への改軌を終えていた二俣線は生き残り、現在も遠州鉄道鉄道線として運行している。軽便規格のまま全線電化・改軌の余力を持たなかった奥山線は、クルマとの競争にかなわなかったのである。

ところで、奥山線廃線後、現在まで残った金指と気賀を通る鉄道は天竜浜名湖鉄道、かつての国鉄二俣線である。奥山線とは対照的にこちらは「国策」による鉄道である。戦争となれば東海道本線の天竜川や今切口の鉄橋が破壊されるかもしれず、その迂回路線が必要になる。そこで、東海道本線の掛川駅と新所原《しんじょはら》駅の間を浜名湖北岸を通るルートで、満州事変後の昭和八（一九三三）年に計画され、太平洋戦争直前の昭和一五年に全通した。

そして戦争が終わると、単線非電化の二俣線が迂回路線と期待されることもなくなり、ローカル輸送が主体の路線となった。その後、国鉄改革により昭和五九（一九八四）年には廃止対象となって、第三セクターの天竜浜名湖鉄道に移管されることとなった。

浜松鉄道のコンクリート橋遺構。下の線路は天竜浜名湖鉄道

地元の人たちの熱意で作られた浜松鉄道が、軽便規格であることも影響してモータリゼーションのなか姿を消す一方、戦争を背景に国策で作られた二俣線が、地元自治体が支える第三セクター鉄道としてローカル輸送を担う。歴史の皮肉である。

浜松鉄道の遺構の一つに、金指駅西側で国鉄二俣線の線路を越えたコンクリート橋がある。相手は戦争を見すえた国策路線とあって、先に開通していた浜松鉄道の方にコンクリート橋が新設され、二俣線の方は勾配を上り下りすることなく直進するように作られた。その名残である。このすぐ横には国道が走り、日中一時間に上下一本ずつ、だいたいは一両きりの気動車が通る天竜浜名湖鉄道の線路を尻目に、多くのクルマが行き交う。この光景に、この地域の交通の歴史が詰まっているようにも思える。

平成二七（二〇一五）年、沿線の人たちの奥山線への愛着を表す佳話が生まれた。遠州鉄道渾身の新車であったキハ一八〇三号は、奥山線廃線後、石川県の尾小屋《おごや》鉄道に譲渡された。尾小屋鉄道は非電化軽便鉄道としては最後まで残った。尾小屋鉄道キハ三となったキハ一八〇三も、軽便規格の気動車として一番最後まで活躍する幸運に恵まれたのだった。

現在、「なつかしの尾小屋鉄道を守る会」の手によって尾小屋鉄道の車両は保存活動が行われ、もと奥山線キハ一八〇三も小松市のポッポ汽車展示館でその姿を見ることができる。奥山線廃線五〇周年を迎えた平成二六（二〇一四）年、守る会により奥山線時代の姿に復元された。折りしも、かつての奥山線沿線では観光鍾乳洞竜ヶ岩洞《りゅうがしどう》の支配人小野寺秀和氏が、廃線五〇周年の機会に展示を開催しようと動いていた。そこで、奥山線時代の姿に復元されたキハ一八〇三を見に行った。

竜ヶ岩洞は、かつての石灰石採掘場にあった洞窟を元地権者や小野寺氏など三人で探検し、探遊路を整備して昭和五八（一九八三）年に開場した鍾乳洞である。かつてここから採掘された石灰石は、奥山線田畑駅から積み出されたという縁もある。

実物を見た小野寺氏は、竜ヶ岩洞でキハ一八〇三の先頭部分の実寸大レプリカを作り、これを目玉として、奥山線の展示を開催することに決めた。こうして、かつて浜松と奥山を結んだ、キハ一八〇三の姿が、奥山線沿線に戻った（栗原景「手作りで故郷に甦った軽便鉄道遠州鉄道奥山線」）。

かつて軽便鉄道への期待を込めて登場したキハ一八〇三は、今は追憶の気持ちを込められ、小松と浜松、遠く離れた二つの町で大切にされているのである。

日光御成街道の再興を果たせず終わった武州鉄道

東武野田線は、東京の郊外を横断する形で走るため、高架化された区間は少ない。しかし、岩槻《いわつき》と東岩槻の間には、単線だった昔から盛土で高いところを走り、大して広くもない道路と立体交差する場所がある。事情を知らない人が見ると、なぜ前後の道路は踏切なのにあそこだけ、と見えるが、実はここ、かつては鉄道同士の立体交差だったのである。今は失われた、野田線の下を横切った鉄道が武州鉄道であった。

脇往還だった姫街道沿いの町村が望んだのが浜松鉄道、のちの奥山線だったように、やはり江戸時代の街道としてはサブルートの沿線に鉄道を引こうとしたのが武州鉄道である。武州鉄道のルートは、日光御成《にっこうおなり》街道に沿っていた。そもそも日光御成街道とはどんな道であったか。

寛永七（一六四〇）年の徳川家光による日光東照宮参拝以降、将軍の日光詣では途中岩槻、古河、宇都宮に宿泊する慣例であった。古河、宇都宮は、家康のときに開かれた日光街道に沿っているが、岩槻だけが外れている。そこで、江戸の外れ、隅田川に面した（現在は荒川と隅田川の分流点）岩淵から、川口、鳩ケ谷、大門、岩槻と五つの宿場を経て、幸手《さって》で日光街道に合流する道が開かれた。これが日光御成街道である。

さて、宿駅制が廃止され明治の世になる。将軍が宿泊した城があり、御成街道沿いでは中心といえる岩槻には、幹線鉄道が来る可能性があった。中山道ルートには、現在の高崎線として実現した大宮回りのほかに、明治一四（一八八一）年には岩槻・忍《おし》（行田）ルートも提案されていたのである。ところが、現在の路線図を見れば明らかなように、高崎線、東北本線を建設した日本鉄道は大宮ルートを通ってしまった。

このことから、幹線鉄道が通らないところによくみられる「鉄道忌避伝説」が岩槻にも生まれた。「汽車が通れば地面がゆらぎ作物が出来なくなったり、鶏が卵を生まなくなるといって反対したから、鉄道は大宮にいってしまった」という。「鉄道忌避伝説」の多くがあくまで「伝説」に過ぎず、史実とは考えられないことはすでに青木栄一氏が明らかにしている（青木栄一『鉄道忌避伝説の謎――汽車が来た町、来なかった町』）。岩槻の場合もやはり、確認できる史料はないという（菊池丕ほか『岩槻城と町まちの歴史』）。

むしろ、岩槻からはすぐに鉄道建設への動きが始まった。明治二九（一八九六）年一二月には岩槻町と周辺七ヶ村により逓信大臣宛に請願を出し、この年六月に仮免状を受けた東武鉄道が岩槻を経由するように訴えている。東武鉄道のルートは現在の伊勢崎線にあたり、千住から杉戸までは日光街道に沿う計画である。やはりサブルートの日光御成街道は計画から外れていた。

日光御成街道に沿った鉄道の建設も計画された。その名は中央電気軌道株式会社。明治四一（一九〇八）年に軌道敷設の特許を申請したが、かなわ

武州鉄道路線図

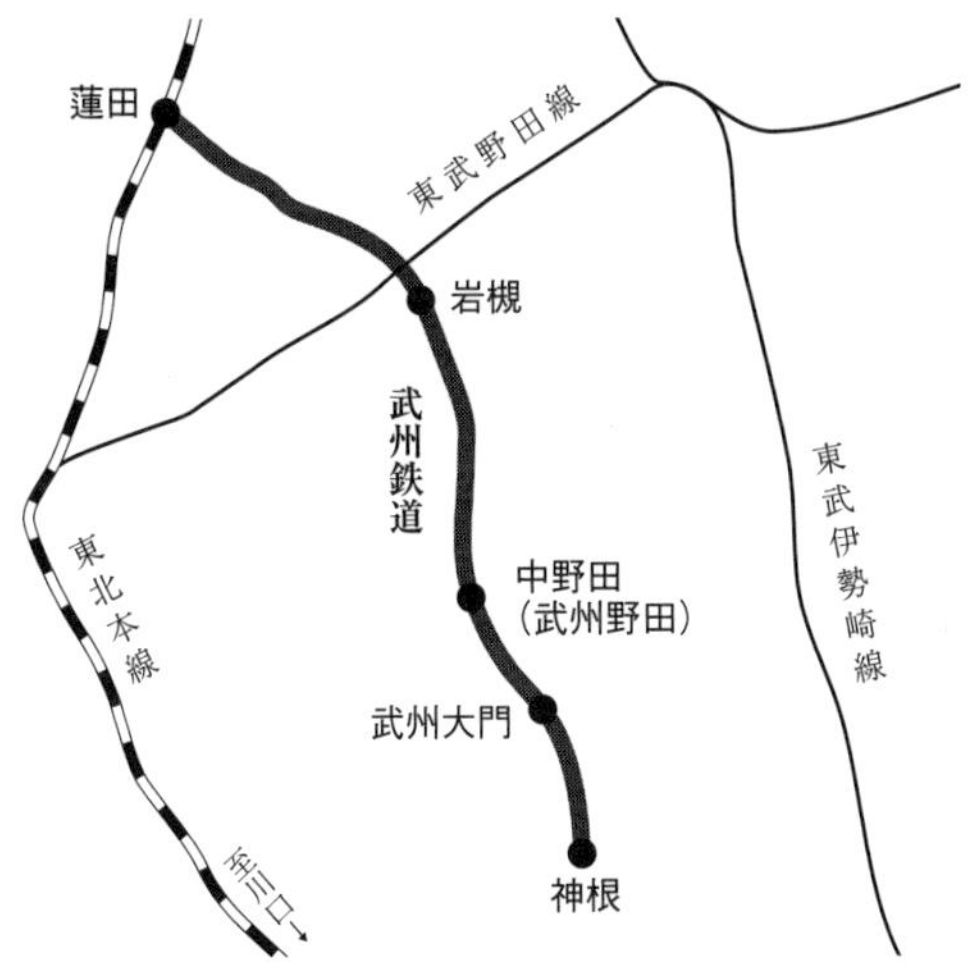

ないまま明治四三年の軽便鉄道法の制定を迎えた。さっそく中央軽便鉄道と名を改め、敷設許可を得た。

許可されたのは川口町（現・川口市）から春岡村大字宮ケ谷塔《みやがやとう》（現・さいたま市見沼区宮ケ谷塔）までの軽便鉄道である。しかし、実は創立趣意書には「東京日光間の交通を益々敏活ならしめ」と掲げていた（風間進『武州鉄道』）。日光御成街道を意識したのは間違いない。

この計画の終点、宮ケ谷塔は岩槻の隣村にあたる。明治四四年には社名を「中央鉄道」に変更し、蒸気鉄道の計画に変更された。明治四五年には岩槻町を終点とする計画に復した。終点が岩槻の町外になったり戻ったり、電気から蒸気鉄道に変更されたり、一筋縄では行かない鉄道計画の動揺ぶりが見える。

このとき起点も変更された。その場所は川口の「荒川堤防際」である。ここから官鉄（東北本線）川口駅を通り、鳩ケ谷に向かう計画となった。これが認められると次に兼業認可申請を出し、川口から品川町海岸までの曳船営業許可を求めた。つまり、旅客は官鉄川口駅に降ろし、貨物は荒川の水運につないで品川の港へ運ぼうという計画であった。

その建設が進んでいた大正二（一九一三）年、早くも路線延伸の許可をうけている。岩槻から更に北上、ここからは御成街道を離れ、蓮田、加須《かぞ》を通り忍（現・行田市）に至る計画となった。計画は拡がったが、工事はなかなか進まない。この間、大正八年には武州鉄道株式会社と改名し、大正一三年一〇月一九日、ようやく岩槻・蓮田間の開通を迎えた。結局、当初計画の川口ではなく、日光御成街道からそれて官鉄との接続を目指した蓮田で、城下町岩槻を鉄道網につなげることとなった。

軽便鉄道法による敷設だが、線路は一〇六七ミリ軌間で開通した。用意された車両は、鉄道王雨宮敬次郎の創業にかかる雨宮製作所の蒸気機関車二両のほか、客車二両、貨車四両。この態勢で七往復の運行を行った。岩槻・蓮田間わずか一五分のミニ鉄道である。平坦な地形のおかげか、いまクルマで移動するのと所要時間はそう変わらない。しかし、延伸工事を続けるに足りる収益は上がらなかった。昭和二（一九二七）年には鉄道省から財政状態改善通牒を出され、減資に追い込まれた。

それでも、岩槻駅前には一坪ほどの売店があり、飴や煎餅を売っていたという。わずか七往復の汽車が発着するだけとあって、店員の女性が裁縫をし、列車待ちの客と世間話をしながらの、のんびりとした光景が見られた（『岩槻城と町まちの歴史』）。

昭和三（一九二八）年、ようやく岩槻から川口方面に武州大門までの延伸が実現、日光御成街道沿いに初めて鉄道が通った。ガソリンカーも初めて導入された。鉄道空白地帯の沿線地域には大きなできごとである。武州野田駅では、地元の青年団が道路の改修を行い、期待をこめて開通を迎えた。中野田の重殿社《じゅうどのしゃ》という神社境内に、そのことを伝える石碑が残る。

子どもたちにも鉄道は目新しい存在だった。列車が通ると麦畑や田んぼのあぜ道を走って、列車に向かって手を振っていた（『岩槻城と町まちの歴史』）。武州鉄道に投入されたガソリンカーも四輪単車、タン……タン……という単調な音を立てて畑の中をのんびり走る列車を子どもが追いかける、そんな光景が展開されていたことだろう。

武州大門駅からは、穀物、肥料のほか、苗木、植木が出荷された。江戸の伝統を継ぐ植木村、安《あん》行《ぎょう》の最寄り駅となったのである。有名な安行の植木も武州鉄道は運んだのだった。この珍しい植木村を放っておく手はない、武州鉄道は神根《かみね》にある通称「女郎仏」の参拝と安行のツツジ観賞をセットにした団体旅行を企画し、臨時列車も運行した。沿線に有名寺社を持たない武州鉄道が工夫を凝らした、一風変わった集客イベントとなった。

昭和一一（一九三六）年に神根まで達したものの、結局川口で水運と結ぶことも、またこれに代わる計画として赤羽や蕨《わらび》で東北本線につなぐ計画も実現できなかった。その間、武州鉄道の収入を支える岩槻町には、昭和四年に北総鉄道が開通した。現在の東武野田線である。この路線は岩槻と東北本線の大宮駅を直結し、しかも、武州鉄道とは乗り換えできない場所に駅を構えた。さらに北の蓮田でしか幹線に接続しない武州鉄道が苦境に追い込まれるのは当然であった。

北総鉄道の開通以降、武州鉄道の収入は減り、昭和一三（一九三八）年八月には廃止、会社は解散となった。武州鉄道はかつての日光御成街道に沿いながらも東京とつなぐことができず、北端でのみ幹線鉄道と接続した、異色の路線のまま終わることになった。

神根から蓮田を結ぶ武州鉄道の路線図をいま見た人は、なぜこんなルートで鉄道が引かれたか、と疑問に思うだろう。そこには、幹線鉄道から取り残された日光御成街道の宿場を、何とか東京につなげようという軽便鉄道の計画があったのである。

鉄道が通らなかった中山道妻籠宿・馬籠宿

幹線鉄道が通ることもなく、自力で鉄道を引くこともできなかった地域はどうなっただろうか。かつての中山道と現在の中央本線のルートを地図で比較して、そういう地域を探してみると、二つの著名な観光地があることに気付く。妻籠《つまご》と馬籠《まごめ》である。二つながらに、かつての宿場の街並みが残る場所として人気の観光地である。鉄道が通らなかったのになぜ人気の観光地となることができたのか。

松本盆地の最南端、塩尻から山あいに入った中山道は、奈良井宿の先で鳥居峠を越えると木曾谷に入り、ほぼ木曾川に沿う形で中津川宿に向かう。中津川からは木曾川の峡谷を避けて再び山あいの道をとり、御嵩宿で平地に出る。この木曾川に沿って進む鳥居峠から中津川宿の間で、唯一木曾川を離れるルートをとったのが馬籠峠である。

現在の南木曾《なぎそ》町にある三留野《みどの》宿の先から、木曾川は西に向かって進み、信濃・美濃国境を越えるところでほぼ直角に南に向きを変え、落合川との合流点に至る。この落合川の段丘上に落合宿がある。この間、木曾川沿いに進むと、直角三角形の直角側の二辺を通るような形で遠回りになる。最短距離の一辺に当たるルートが馬籠峠越えであり、中山道はこの最短ルートを通り、鳥居峠以来の山越えとなる馬籠峠の前後の休み場所が妻籠宿、馬籠宿であった。

しかし、蒸気機関車が貨車、客車を牽引することが前提の鉄道は、勾配に弱い。勾配の途中で止まった場合に、蒸気機関車の力だけで動き出さなければならないからである。しかし、それまでの

中央本線と妻籠・馬籠の位置

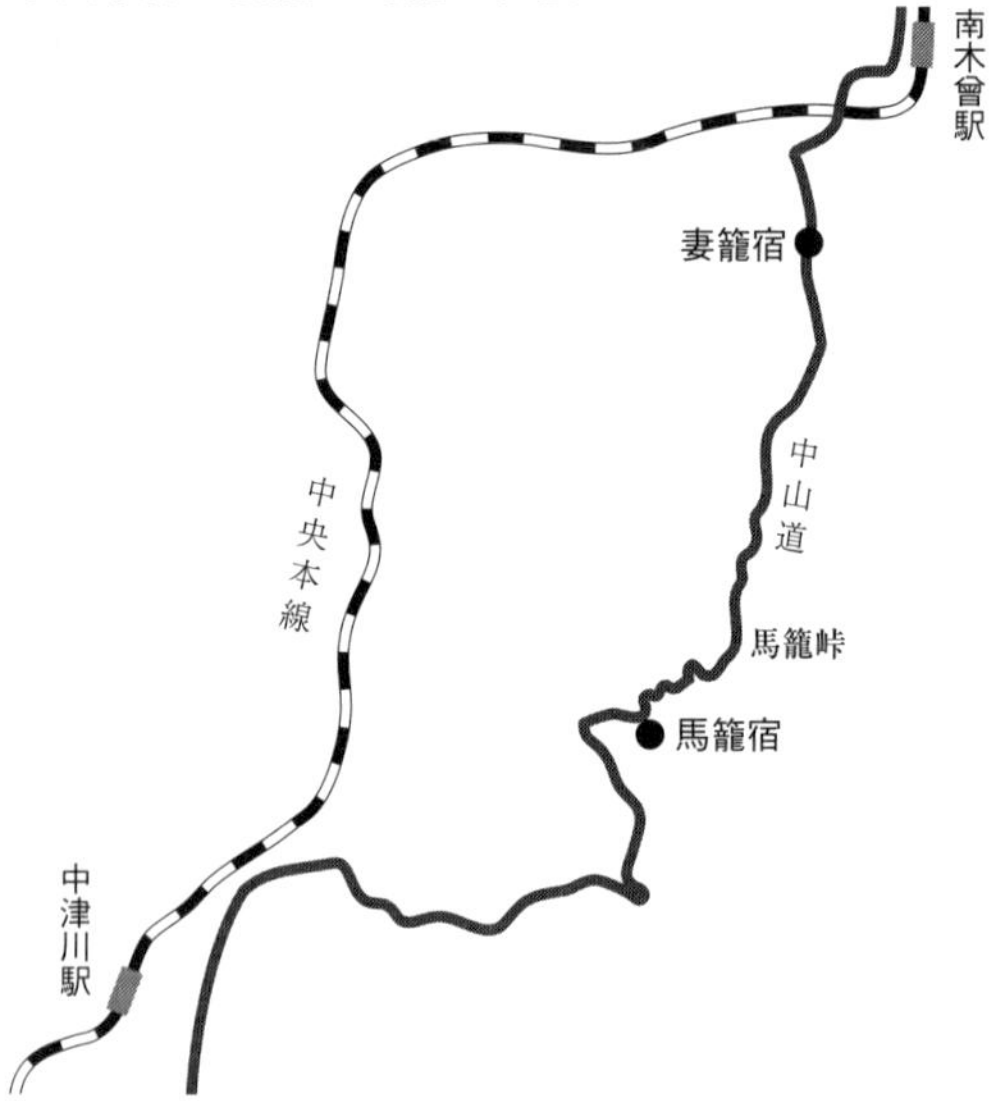

徒歩や馬と比べれば極めて速い。となると、たとえ遠回りになっても勾配の緩いルートを通るのが得策となる。徒歩が前提の中山道とは、合理的なルートの条件が変わってしまったのである。

当然、峠越えのルートは避けることとなり、中央本線は木曾川沿いの坂下を経由するルートで建設された。この地域の中央本線は明治四一（一九〇八）年以降、名古屋から塩尻方面へ段階的に延伸されていき、明治四四年に全通した。その上、現在の国道一九号線にあたる新道も鉄道より先に坂下経由のルートで整備されていた。主要な交通路の変化によって馬籠峠を越す人は少なくなり、妻籠宿、馬籠宿は取り残されることになった。

すでに中央本線の一部が開通していた明治四三年に刊行された『木曾案内』という本がある。この本には、明治維新後の宿場町の盛衰や鉄道の影響が時折記述されている。妻籠・馬籠はこの本でどう書かれたか。

妻籠については、「往時は往来の旅客多かりしが、新道は木曾川に沿うて田立村に出で、加之《しかのみならず》鉄道も、此地を経由せざれば、益々寂寥を極むるに至れり」と説明する。ずいぶんと強い表現である。一方の馬籠は、「山間の一村落となり、一層の寂寞を極め、行きかふものは薪負ふ樵夫《きこり》と銃を肩にせる猟夫《かりうど》のみなり」と、きこりと猟師ぐらいしか行き交うものがないという表現が加わって、妻籠にも増してその衰退ぶりが強調される。

しかし、取り残されたことで道路の整備も遅れ、街並みの雰囲気は残った。馬籠宿は明治維新以降二度にわたり大火に見舞われ建物は残っていなかったが、馬籠峠に向かう勾配上に家が建ち並ぶ独特の景観は残った。

そんななか、昭和二二（一九四七）年に馬籠の人たちが勤労奉仕で作った施設ができる。馬籠出身の文学者島崎藤村《とうそん》の生家跡に建てられた藤村記念堂である。昭和二五年にはその運営母体として財団法人藤村記念郷が設立され、昭和二七年に文学館としての運営が始められた。この間、濃飛《のうひ》バスにより中津川駅から馬籠までの路線が開業したが、本数はたった四往復。その先馬籠峠まではまだ車道も通っていない時代である。それでも、徐々に観光地への地ならしが進んでいた。

一方、島崎藤村のような人を呼び込める材料を持たない妻籠では、衰退への危機感が高まっていた。そこで、専門家を入れて街並みの保存に向けた学術調査や観光診断を実施し、昭和四三（一九六八）年から妻籠宿保存事業に着手した。折しも明治百年の記念事業が展開されているところであり、長野県の事業に採択されて、三年間をかけ、宿場の町屋を解体復元・大修理・中修理・小修理に分類し、復原・修景を実施する大規模なものである。

同時に、妻籠の全住民が参加する妻籠を愛する会が発足した。昭和四六年には「妻籠宿を守る住民憲章」が制定され、「保存をすべてに優先させるために、妻籠宿と旧中山道沿いの観光資源（建物・屋敷・農耕地・山林等）について、『売らない』『貸さない』『こわさない』の三原則を貫く」と宣言された。

馬籠でも街並み保存の取り組みが始まった。昭和四七（一九七二）年に「神坂地区保存に関する決議」を行い、保存委員会を発足させた。ところが、妻籠の町並み保存のスタートとはうって変わって、馬籠観光協会ではその背景に昭和四五年以降の急激な「俗化」と土地ブローカー、外部資本の出現を挙げている。そこまで状況が急変したのか。

二通直美氏が調査した観光客入れ込み数の推移をみると、妻籠は昭和四三（一九六八）年の年間一万九〇〇〇人が同四九年には二六万九〇〇〇人に、馬籠は昭和四四年の一〇万六〇〇〇人から同四九年の三八万九〇〇〇人まで、一気に観光客を増やしている（二通直美「保存修景観光集落についての一考察――長野県　妻籠・馬籠を例として」）。昭和四五年にはおんたけ交通が三留野から妻籠を経由し馬籠に至るバス路線を開設するが、これも妻籠、馬籠を巡る観光客の増加に対応してのことである。この時期に何があったのか。

実は、明治百年が強調された昭和四三年前後、日本の古いものに目を向ける動きが次々と起こっている。昭和三八年からNHKが新日本紀行の放映を開始、特に昭和四四年からは、一つの土地に一つのテーマを設定するようになり、より印象に残る番組となった。そして、昭和四四年一一月に「木曾妻籠宿」が放映される。まさしく、観光客が激増する初期の頃である。

二つ目は、女性雑誌『アン・アン』と『ノン・ノ』の創刊である。両誌が昭和四五年、同四六年に相次いで創刊されると、まもなく旅行特集が頻繁に組まれるようになった。女性ファッション誌であるから日本の古いものに目を向けようという意図を持ったものではなく、北海道など普通の観光地も紹介しているのであるが、萩、津和野、飛驒高山、倉敷など古い街並みが取り上げられると、それに影響を受けた若い女性たちがこれらの土地に大挙して旅をするようになり、「アンノン族」という言葉が生まれ、社会現象となった。

『ノン・ノ』は創刊の一年後、昭和四七年の第一二号で「木曾路のひとり旅」を特集している。妻籠、馬籠も古い街並みが残る「木曾路」の一部として目を向けられたのである。

そして、国鉄が展開した「ディスカバー・ジャパン」キャンペーンである。大阪万博終了後の旅客減少を見越し、国鉄と電通が国内観光を盛り上げるキャンペーンとして昭和四五年から実施したものである。これは特定の場所への列車や旅行商品を宣伝するのではなく、旅の一場面を写しただけのポスター・CMで、旅行意欲を喚起しようとした斬新なキャンペーンであった。そのポスターには古い日本のイメージを喚起させるような光景が多用され、古いものが残る土地への旅を促した。

昭和四六年には、イラストレーターの女性が宿場町を歩くテレビCM「木曾路編」が放映されている。鉄道が来なかったことで寂れた妻籠と馬籠であるが、いまや南木曾駅から妻籠を通って馬籠へ、中津川駅から馬籠へとバス路線も整備されている。「ディスカバー・ジャパン」キャンペーンは大いに観光客の急増を後押ししたことだろう。

現在も妻籠には年間三八万四〇〇〇人の、馬籠には六八万八〇〇〇人の観光客が押し寄せる（ともに平成二九年の数字）。鉄道が来なかったために寂れた町が、取り残されたゆえに古い街並みのまま残る結果となり、それが鉄道利用者を増やそうとするキャンペーンのなかで観光地として見出されていった。

近代の地域史には、街道と鉄道の関係をめぐる悲喜こもごもの物語が深く関わっていたのであった。

●参考文献

青木栄一『鉄道忌避伝説の謎――汽車が来た町、来なかった町』吉川弘文館、二〇〇六年
風間進『武州鉄道』私家版、二〇〇一年
可児市編『可児市史　第六巻（資料編　近・現代）』可児市、二〇〇八年
菊地丕ほか『岩槻城と町まちの歴史』聚海書林、一九八七年
栗原景「手作りで故郷に甦った軽便鉄道遠州鉄道奥山線」『鉄道ジャーナル』六〇〇号、鉄道ジャーナル社、二〇一六年一〇月
津島壱城編『木曾案内』明倫堂、一九一〇年
中山道みたけ館編『みたけの鉄道九〇年史――平成二二年度中山道みたけ館特別展』御嵩町教育委員会、二〇一一

〇年
二通直美「保存修景観光集落についての一考察――長野県 妻籠・馬籠を例として」『学芸地理』三一号、東京学芸大学地理学会、一九七七年二月
浜松市立中央図書館編『奥山線の歴史展――廃線三〇周年』浜松市立中央図書館、一九九四年
浜松市立中央図書館・浜松読書文化協力会編『奥山線の歴史展――開業一〇〇周年廃線五〇周年』浜松市立中央図書館、二〇一四年
舩越清司『郷土創造　遠州鉄道物語』遠州鉄道、一九八三年

コラム③

「駅前」の誕生と賑わい

山本志乃

鉄道の敷設は、街道と宿場を基本としてきたそれまでの陸上交通を、根本的に変えた。とりわけ、物資運搬の要となる駅は、広い敷地を必要とすることから、家屋が密集する旧来の町場を避けて設けられる。何もなかったところに駅ができ、人と物とが集散し、新たな町ができていく。幹線にしろ、軽便にしろ、駅と駅前の賑わいは、まぎれもなく鉄道がもたらした新しい生活文化であった。

宮城県北部の築館《つきだて》（栗原市）は、旧奥州街道の宿場町で、かつては築館薬師の門前町としても栄えた。ここに軽便鉄道が敷かれたのは大正一二（一九二三）年のこと。東北本線の瀬峰駅に接続する仙北鉄道築館線が開通し、築館駅が開業した。昭和初期の回想では、町の東のはずれの畑の中に駅があり、家は五～六軒、運送業が三軒あった。駅前の大通りはとても広く、祭りの広場となったり、満洲事変戦勝祝賀会の会場となって歌を歌ったり、出征兵士の見送りに大勢の人が集まったりもした。

同じく宮城県北部にあった栗原軌道（後のくりはら田園鉄道、通称「くりでん」）は、東北本線の石越駅と栗駒山麓の細倉鉱山とを結ぶ軽便鉄道として大正一〇（一九二一）年に開業した。鉱山がもっとも栄えた昭和三〇年代から四〇年代にかけて、沿線でとくに賑やかだったのは、旧城下町の岩ケ崎にあった栗駒駅。ただし、駅が置かれていたのは旧来の市街地ではなく、その一筋南側にあった軽辺川の対岸だ。川沿いには飲み屋が並び、駅前の道から橋を渡って馴染みの店へと入る。ここにやって来るのは、多くが細倉鉱山で働く人たち。最盛期の細倉には鉱山関係者が二万人ほども住んでいたといい、その大半を占める鉱員たちは稼ぎもよかった。細倉にも飲食店はあったが、電車やバスを使って栗駒に飲みに来る人が多かった。

鉱山の町、細倉の住人は、全国各地から集まってきた人たちだ。民俗学者の柳田国男は、『明治大正史世相篇』（一九三一年）のなかで、「酒を要する社交」と題してこんなことを書いている。

酒は我々の世に入ってから、たしかにその用途が弘くなって来た。（中略）明治の社交は気のおける異郷人と、明日からすぐにもともに働かねばならぬような社交であった。（中略）根本は人が互いに知り、速かに全国感覚の統一を図ろうという志にあったので、言わば世間知識の授業料の覚悟をもって、この第三生活費の膨張を厭《いと》わなかったのである。

（『柳田國男全集』二六、ちくま文庫、一九九〇年）

柳田はまた、「町が酒飲みを多くした」ともいう。駅前という新しい町に異郷人が集まり、そこに社交の場となる酒場ができるのは、むしろ必然であった。そしてそれは、駅周辺の人の流れとともに駅裏やガード下へと広がって、猥雑さをも加えていくことになる。

さて、駅前の広場は、各地からやってくる行商人が荷ほどきをする場でもあった。先述した仙北鉄道でも、ほうき、屏風、金魚、海産物などを売る行商人たちが、沿線の中心地だった佐沼駅に降り立ち、待合室の人ごみの中で荷を広げて売っていたようすが記憶されている。昭和三〇年代の話である。また同じころ「くりでん」でも、石巻や塩釜などの港町からガンガン（ブリキ缶）を背負った魚屋が岩ケ崎の方へとやってきたり、沿線の農家の人たちが細倉まで野菜を売りに行ったり、ナンバン売り（七味唐辛子売り）のおじさんが沿線各地を売り歩いたりした。遠いところでは、島根県の大根島《だいこんしま》から、花売りの女性が籠を背負って売りに来た。「植木屋さん」とよばれ、会社や駅、役場などを得意先にしていて、年に一回は来ていた。そうした行商人が利用する安価な宿が、くりでん沿線の各駅前にもあったという。

神奈川県のJR横須賀駅の近く、旧浦賀街道沿いに平成二二（二〇一〇）年まであった「逸見館《へみかん》」もまた、かつて多くの行商人が利用した旅館だった。創業は、官鉄の横須賀線が開業した明治二二（一八八九）年ごろ。海軍の施設が集まる横須賀は、新興の軍港都市であり、全国各地から生活の糧を求めて人がやってきた。逸見館の初代女将も青森出身で、海軍兵だった夫について横須賀に来たのが始まりだったようだ（『新横須賀市史 別編 民俗』横須賀市、二〇一三年）。

三代目女将の金田とし子さん（昭和二年生まれ）は、仙台生まれ。父が海軍工廠で勤めることになり、九歳のときに一家で横須賀に出てきた。たまたま逸見館の隣りにあった借家に住んだことから旅館の家族と懇意になり、第二次世界大戦後の昭和三〇年代に嫁入りした。

とし子さんの記憶では、逸見館には先代の女将のころから行商人がよく出入りしていた。行商人たちは、到着するとまず、駅留めのチッキ（託送手荷物）として送っておいた荷物を横須賀駅まで取りに行く。そのためのリヤカーが旅館に常備されていた。旅館前の道はまだ舗装されておらず、雨になればドロドロで、駅との往復だけでもお客さんの下駄の歯に泥がつまってしまう。先代女将の夫が、翌朝までに下駄を洗って囲炉裏で干し、さっぱりしたものを履かせて送り出していた。

戦後になっても、ほうき、布団、古着、セルロイドの風鈴など、さまざまな品物を売る行商人がやってきた。戦中戦後の配給制の時代には、米持参で来て、一日当たり三合ほどを滞在する日数分持ってくる。それを旅館で炊いて、おにぎりにして持たせた。毎年やってきたのは、栃木の行商人。農家の人で、農閑期の出稼ぎとしてさまざまなものを売りに来る。富山の薬屋も、戦後毎年来るようになった。来る時期は決まっていて、年三回、田植え後、稲刈り後、冬の積雪期と、やはり農閑期だった。

こうした行商人たちとのやりとりは、たいていが手紙だった。逸見館には、戦前から電話が引かれていたが、全国的には戦後になってもまださほど普及しておらず、昭和四〇（一九六五）年ころまでは手紙がもっとも確実な連絡手段だった。雨が降ると、駅までお客さんを迎えに行くが、手紙で日程と名前はわかっていても、顔がわからない。「逸見館」と書かれた番傘を広げ、目立つようにくるくる回して、到着したお客さんに知らせた。

戦前から戦後にかけて、電話での連絡が一般的ではなかったこの当時には、宿泊客をすべて宿帳に記録して、駅前の交番に持っていくのが決まりになっていた。宿帳には、服装・履物・荷物・髪の長さなど、身体的な特徴もあわせて記録する。それにより、警察でもどのような人物がどこに泊まっているのかを把握していたようだった。宿帳の提出は昭和四〇年くらいまでだったが、その後も警察から「こういう人が泊っていなかったか」と聞かれることがあった。さまざまな人が出入りする駅の周辺にあって、旅館は保安上の重要な拠点にもなっていたのである。

かつては主要な駅ならどこでも目にした駅前旅館。映画『男はつらいよ』のシリーズに馴染みのある方なら、初期の作品にその情景がよく描かれているのをご存知だろう。

そんな駅前旅館も、ビジネスホテルの普及などで、近年ではあまり見かけなくなった。先述した大根島の行商人たちも、全国へと売り歩いたのは平成一〇（一九九八）年ごろまで。時代の移り変わりとともに、さまざまな人やモノが雑然と行き交う駅前の賑わいは、もはや過去の情景となった。

コラム④

駅弁のさまざま

黒田尚嗣

栃木県の宇都宮は、今日では餃子が有名で、筆者もしばしばその餃子を食する目的で訪れるが、「餃子のまち」の基礎を築いたのは宇都宮陸軍第一四師団の人たちである。交通の要衝《ようしょう》であった宇都宮には、戦前、旧陸軍第一四師団が置かれ、満洲における関東軍の主力として活躍し、陸軍最強部隊と呼ばれていた。その兵士たちが満洲滞在中に当地の中国人たちから餃子作りを学んだ。そして、戦後、復員・帰国して、彼らの故郷である宇都宮で満洲仕込みの餃子づくりを始めたのが、今日の「餃子のまち宇都宮」の由来となったのである。

しかし、あまり知られていないが、餃子のまち宇都宮は、一説に駅弁発祥の地とも言われている。すなわち、明治一八（一八八五）年七月一六日、日本鉄道の嘱託を受けた旅館「白木屋」（後の「白木屋ホテル」）が、この日開業した日本鉄道宇都宮駅でタクアンと握り飯二個を竹の皮に包んで販売したのが、駅弁の最初とする説である。そのため七月一六日は「駅弁記念日」とされるも、諸説あって確定は難しいが、その発祥年代はおおよそ明治一〇年代ということになっている。

そして明治二〇年代になって東京～神戸間の東海道本線が全線開通し、鉄道網が全国に広がるに伴い、駅弁の販売も普及していった。例えば明治二一（一八八八）年、国府津《こうづ》駅で東海道線初の駅弁「握飯駅弁」が売られ、翌年には姫路駅で「幕の内弁当」が販売されている。

駅弁は、本来「駅構内で販売される弁当」の意味だが、日本国有鉄道（国鉄）時代には、白飯と焼き魚、肉料理、卵焼きなどの一般的な惣菜を使用した、いわゆる「幕の内弁当」系列の「普通弁当」と、それ以外の「押しずし」などの「特殊弁当」に区分されていた。さらに国鉄は「米飯が入っていないものは駅弁ではない」としたために、大船駅の「サンドウィチ」などは国鉄末期まで駅弁としては認められなかった。

駅弁の発祥ともいわれる宇都宮の駅弁

大正時代に入ると、大正デモクラシーの新しい文化が花開き、人々の意識も高まりを見せて、駅弁の「掛け紙」も世相を反映した斬新なデザインの傑作ラベルが多く現れ、駅弁ブームが到来した。「掛け紙」とは駅弁を包んでいる一種の包装紙だが、そのデザインによって駅弁の生まれた土地の文化的風土が表現されており、駅弁の歴史を知る材料にもなる。

日清戦争、日露戦争で勝利した日本は、樺太《からふと》や朝鮮半島などの大陸方面にも勢力を伸ばし、朝鮮や満洲（南満洲鉄道）などにも駅弁が登場した。昭和に入ってからは、昭和四（一九二九）年の世界恐慌のあおりを受け、不況の中で次第に主食の米や食糧が欠乏しはじめた。政府は節米政策、続いて砂糖の配給統制、飲食店での米飯提供禁止などを実施して、ついに駅弁も米飯に雑穀が混入されたり、「おいも弁当」や「蒸しパン」などの代用食となった。

戦時中には、出征先に向かう兵隊さんの鉄道輸送時の食事に供する軍用弁当、いわゆる「軍弁」が登場する。この軍弁こそ、先の宇都宮第一四師団の戦地に向かう兵隊さん用弁当として、宇都宮で駅弁業者が大量に供給していたものである。すなわち、戦地に向かう兵隊さんの食欲を満たした軍弁は、戦争を通じて駅弁と大いに関連があったのである。

そして戦争末期の昭和二〇（一九四五）年七月か

らは食糧統制により、外食券制度でしか駅弁が買えなくなってしまった。しかし、終戦後の昭和二一年、駅弁業者の団体である社団法人日本鉄道構内営業中央会が設立され、昭和二七年に駅弁業者が米の生産地と交渉して屑米《くずまい》（等外米）の配給を受け、主食である米の入った弁当「等外米お弁当」を売り出し、ようやく駅弁らしい駅弁が復活ということになった。そして外食券制度は、食糧事情が好転した昭和三一年に廃止されたのである。

この昭和三一（一九五六）年には東海道本線の全線電化が完成、昭和三三年には特急「こだま」にビュッフェ車が登場し、横川駅では有名な「峠の釜めし」が売り出された。そして、昭和元禄《げんろく》と呼ばれた昭和三九年、東海道新幹線が開通し、空前の旅行ブームの波に乗り、駅弁も多様化して特殊弁当が多く売り出されるようになったのである。

駅弁もこの頃がピークで、全国各地の主要な駅では、到着した列車の窓を開けて立ち売りの販売員から駅弁を買うという姿がいたるところで見られた。

しかし、東海道新幹線の開業は、鉄道高速化時代の幕開けとなるも、一方でのんびりと列車で旅しながら各地の駅弁を食べるという、鉄道の旅の楽しみが消えていく契機ともなった。一説には「東海道新幹線ホームで駅弁の立売をするのは危険である」との理由で、駅弁販売が禁止されたとも言われている。

在来線においても特急の停車時間が短くなり、車両の窓も開かなくなったことで、駅弁がホームでは買いにくくなったことも一因である。

駅弁は時代遅れの「過去の産物」として追いやられ、特に昭和五〇年代以降の自家用車の増加による鉄道離れ、さらには安価なファーストフードやコンビニ弁当の普及などによって駅弁を買う客が激減した。しかし、駅弁業界の衰退を食い止めようと、駅弁屋さんもいろいろな工夫を試み、地域の産物を生かした名物弁当づくりや駅弁大会などの各種イベントへの参加、さらに客のニーズに合わせた加熱式や保温式駅弁、キャラクター駅弁などが開発され、今日では町おこしや村おこしの期待を背負った駅弁など、さまざまな駅弁が売られている。

　また、駅弁は、コンビニ弁当などの「ファーストフード」に対して、「スローフード」という、環境や健康を害さない安全で手間暇かけて作られる食品の代表とみなされるようになった。すなわち、今日の駅弁業界では、素材にこだわって無添加を売りにする駅弁や栄養のバランスを考えた駅弁など、「スローフード」としてさまざまな商品が生まれ、駅構内の駅弁コーナーだけでなく、デパートの店頭にも並ぶようになったのである。

秋田駅構内の代表的駅弁コーナー

　このような現状を見ると、駅弁は今や駅で客を待って販売するのではなく、駅から飛び出してビジネス客や一般の買い物客にもアピールする時代になったような気がする。駅弁本来の意味は失われた感じがするも、駅弁の存在は旅を忘れつつある忙しい私たちに旅の本質を教えてくれる。なぜなら駅弁は、その土地の気候、土壌、水、植生などの「風土」に即したもので、駅弁を食べることは、すなわち駅弁の文化的風土や精神的風土を体感することにもなるからである。

　台湾においても「臺鐵便當《たいてつべんとう》」と呼ばれる駅弁が、台北、七堵、台中、高雄、花蓮の主要駅で販売されているが、食材の深味もあってしみじみと味わいがあり、バラエティに富んでいる。なお、そこでの売り子の掛け声は、「べんとー」であった。

　駅弁はどこで食べるにしても、味覚だけでなく、盛り付けや彩《いろど》りなどから、その土地の風土を感じ、視覚・触覚・嗅覚さらには聴覚をも研ぎ澄まして、調理人のごとく五感で味わうべきである。

第二章　産業の振興と軽便

山本志乃

汽車の窓からハンケチ振れば　牧場の乙女が花束投げる……

昭和二九（一九五四）年に発売された「高原列車は行く」。岡本敦郎《あつお》の伸びやかな歌声とはつらつとした歌詞、そして古関裕而《こせきゆうじ》作曲による軽快なメロディーが、日々の暮らしに平和と希望が満ち始めた時代によく合って、大ヒットを記録した。

作詞した丘灯至夫《おかとしお》は、福島県中通りの小野町出身で、体が弱かった少年期に、父に連れられよく猪苗代へ湯治に行った。その折に乗った沼尻軽便鉄道の思い出が、この歌のもとになったという。

磐越西線《ばんえつさい》の川桁《かわけた》から、磐梯山麓東方の沼尻まで、川沿いにゆるやかな弧を描く沼尻軽便鉄道は、鉱山事業を手がけていた日本硫黄株式会社が大正二（一九一三）年に開業した、一五キロあまりの路線だ。当初は馬車軌道で、翌年早々に蒸気機関車が導入された。

発端こそ、鉱山の貨物輸送が目的だが、働く人が集まればおのずと生活の場ができる。「マッチ箱」の名で親しまれた小さな列車は、通勤通学の足となり、荷を背負った行商人が乗り降りした。沿線の温泉には湯治客が憩い、冬になればスキー板を担いだ若者たちで賑った。鉱山の衰退とモータリゼーションの影響で、昭和四三（一九六八）年に廃止されたが、残されたたくさんの写真には、軽便鉄道とともにあった暮らしの確かな息遣いが刻まれている。

ここでは、産業振興策としてモノを運ぶために生まれた軽便鉄道が、その土地の生活文化を育みながら走り続けた日々の記憶を、地域の人々の姿からたどってみたい。

河川から鉄路へ

仙台平野の北、宮城県北部から岩手県南部にかけての一帯は、仙北《せんぽく》地方とよばれ、藩政期以来の穀倉地帯として知られる。北上川とその支流が網目をなし、江戸時代には水運でもって米が集められ、石巻から江戸へと送られた。江戸の米消費のじつに三分の一程度が仙台藩産米でまかなわれていたというほどで、藩の重要な財源だった。

その仙北地方に、国鉄の培養線として軽便鉄道が敷かれたのは、大正一〇（一九二一）年のこと。東北本線の瀬峰《せみね》駅から北上川西岸の登米《とよま》までの二八・六キロが、仙北鉄道登米《とめ》線として開通した（二年後には瀬峰から東の築館《つきだて》までの一二・五キロが同築館線として開通）。

終点の登米駅から二駅手前、同じく北上川の西岸に、米谷浅水《まいやあさみず》という駅（昭和二二年に米谷駅に改称）があった。多少の土地勘のある人なら、この駅名に首をかしげるに違いない。駅の住所は浅水（登米市中田町）なのに、駅名には、対岸の地名である「米谷」が入っているからだ。

米谷（登米市東和町）は、三陸方面と北上川の水運とを結ぶ交通の要所で、古くからの商人町だった。仙北鉄道の敷設にあたっては、米谷の有力者が株主となり、駅も米谷に作る計画だったが、東北きっての大河である北上川を越すことは難しく、駅名にその思いを残して断念した。

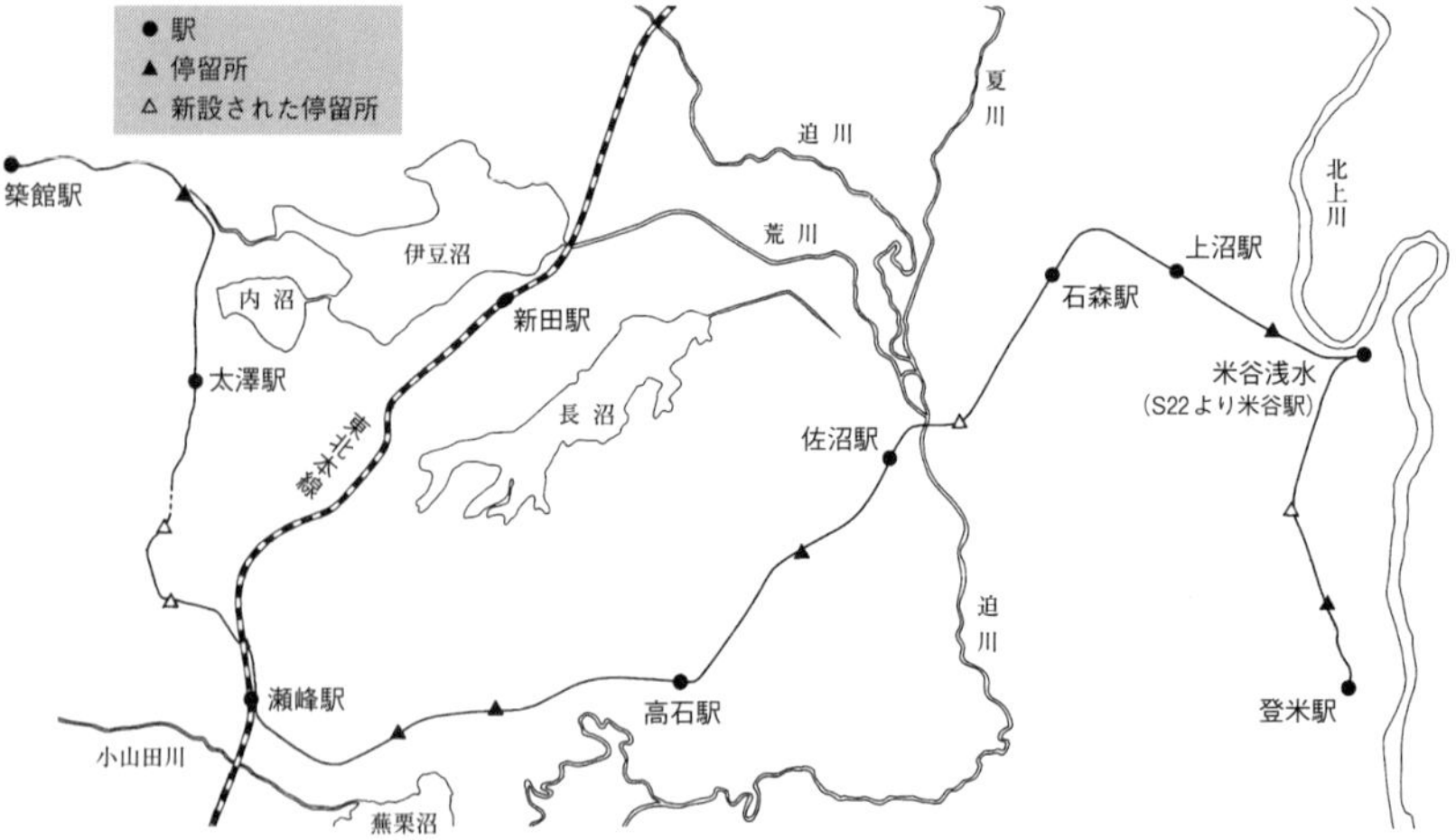

仙北鉄道路線図（迫町歴史博物館編『鉄道とくらし――仙北鐵道がゆく』に掲載の図をもとに作成）

米谷浅水駅は、スイッチバック式になっていて、貨物用のホームと上屋《うわや》（柱と屋根だけの建物）もあった。鉄道敷設が困難な三陸地方では、大正時代からすでに自動車の便が発達していて、三陸方面からトラックで運ばれてきた物資が米谷を経由し、川を渡り、貨物に載せられ、仙北鉄道から東北本線へと送られた。後年、この近くに橋が架かり、トラックが渡れるようになって米谷は素通りとなったが、それまでは、旧来の水運と陸運、そして鉄道との連携で地域の経済が動いていた。

おそらく幹線鉄道なら、川を越え、山を削り、一直線に鉄路が敷かれていくのだろうが、軽便鉄道はそれに耐えうる装備を持たない。川に沿い、山を迂回し、その土地の地形や景観に寄り添うように小回りの利く列車が走る。新しい時代の新しい乗り物ではあっても、船や牛馬が担っていた役割にとってかわるというよりは、それらを引き継ぎ、補強する意味合いのほうが強い。

さて、河川交通との関わりから誕生した路線のひとつに、吉野軽便鉄道（現在の近鉄吉野線）がある。日本有数の林産地である吉野の材木を運ぶ目的で、大正元（一九一二）年に開業した（翌年に吉野鉄道と改称）。軽便鉄道法のもとで認可を受けたが、軌間は官鉄と同じ一〇六七ミリ。鉄道院和歌山線吉野口駅が起点であることから、貨車が直通可能なつくりになっていた。特産の材木は、吉野の山中に張り巡らされた索道や吉野川を使って運ばれ、吉野川北岸の下市口で汽車に載せられて官鉄へと送られた。

吉野山は、桜の名所でもある。季節になると、臨時の観桜列車が仕立てられ、関西本線や和歌山線からの直通で、京阪方面の旅客が訪れた。開業当時の終点は吉野駅（現在の六田《むだ》駅）。吉野川の「柳の渡し」に近い場所だ。乗客は、そこから仮橋もしくは渡船で川を渡り、吉野山への二里ほどの道のりを、人力車や徒歩で上って行った。昭和三（一九二八）年には路線が延長されて吉野山へと乗り入れ、さらに翌年には吉野山架空ケーブルが開通。大阪鉄道との直通運転が始まり、大阪阿部野橋駅からおよそ二時間で、吉野山下千本《しもせんぼん》の上部まで行くことができるようになった。

吉野鉄道の本社は、終点に近い上市町に置かれていた。川の源流が山にあるのと同様に、吉野鉄道敷設の原点も、山の材木と桜にある。伸びた路線が幹線へと接続すれば、あたかもそこが起点のように映るのだが、本当の起点は、じつのところ終点にあったのだ。

終点が起点であった例は、ほかにもある。

かつての阿下喜の町並み（『桑名の100年』より）

三重県北部、七里の渡しでも知られる旧城下町の桑名（駅名は西桑名）と阿下喜《あげき》（いなべ市）とを結ぶ三岐《さんぎ》鉄道北勢線は、後述する四日市あすなろう鉄道とともに、生活路線として現役で活躍している希少な軽便鉄道だ。明治四五（一九一二）年に北勢軽便鉄道株式会社が設立され、大正三（一九一四）年に大山田（現在の西桑名）と楚原《そはら》間で営業を開始。翌年には桑名市街へと乗り入れを果たし、紆余曲折を経て、昭和六（一九三一）年に阿下喜まで全通した。

明治四四（一九一一）年の「北勢鉄道敷設免許申請」には、「三重県員弁郡《いなべ》ハ、面積拾方里人口五万ヲ有シ、物産頗ル豊冨ナル大郡ニシテ、東ハ桑名郡ニ隣シ、其桑名町トハ古来密接ノ関係ヲ有シ、物資ノ需要供給商取引ハ概ネ同町トノ間ニ行ハル、ノ慣習アリ」と書かれている。ここにあるとおり、広大な土地をもつ員弁郡は産物が豊富で、古くから商業都市である桑名町との関わりが深かった。関西線の桑名駅は旅客や物資集散の門戸だが、ここを結ぶ陸路が濃州《のうしゅう》街道（員弁街道）のみであるため、牛馬による運搬にたいへんな混雑をきたしている、とその続きにある。

かつての員弁は、美濃・近江・伊勢の各国との接点にある要所で、中心地の阿下喜は、運輸と商業の町として発展してきた歴史がある。その員弁と桑名との行き来を結んでいたのは、員弁川の水運だった。江戸時代には高瀬舟が往来し、阿下喜に集められた薪や木炭などが、水運を利用して下流へと運ばれた。この員弁川に沿う道が濃州街道であり、北勢鉄道もまた、川や道に沿って建設された。

開業から六年後の大正九（一九二〇）年当時、北勢鉄道の株主六七五人のうち、員弁郡が四六三人・五六〇九株、桑名町が一六八人・三二八七株、桑名郡が三三人・八一四株、ほかは三重郡、四日市市、津市、県外がそれぞれ数名となっていて、員弁郡を筆頭に、桑名町とで大部分を占めていることがわかる（西羽晃『北勢線九〇年小史』）。土地の人たちの間では「員弁は桑名のお客さま」ともいわれ、こうした両者の密接な関係が、鉄道敷設の原動力となっていた。

昭和初期には、軍需工場や飛行場、鉄道、道路などの建設工事が増加し、そこで使用する砂利の需要が急増した。北勢鉄道も、員弁川の砂利輸送に力を入れ、昭和六（一九三一）年からは砂利採集にも携わるようになる。砂利採集機械船を持ち、貨物自動車で運搬するなど、多角的な経営へと展開し、昭和九（一九三四）年には定款に「石材、礫砂利、土砂ノ採取、販売並ニ埋立工事ノ請負」を追加するまでになった。

こうした貨物輸送の一方で、開業当初から、この地域の人たちにとっては貴重な足でもあった。なにしろ、列車という公共の乗物に初めて接する人ばかりである。そこで、「乗車の心得」と題したこんな文言が時刻表に添えられ、配られた。

阿下喜駅前の軽便鉄道博物館に展示されている昭和6年製の北勢鉄道の車両

四日市銀行が発行した北勢鉄道ほか三重県内の鉄道の時刻表（軽便鉄道博物館所蔵）

㈠必ず発車時間より少しく前に行き切符を買求め慌て騒がざるの余裕を存して失敗せぬこと
㈡預け入手荷物の外自身携帯して車室に入る物品は成るべく一つに纏《まと》め幾つにも分け持たざるを好しとす　必ず棚又は腰掛の下に置き他に迷惑を懸けぬこと
㈢濫《みだ》りに汽車の窓より首を出し唾を吐きなどすべからず　又無暗に物を抛《ほう》り棄てぬこと
㈣座席は乗客の込み合はぬ時にても漫《みだ》りに広く取るべからず　込み合ふ時は必らず老人小供に席

を譲ること
㈤切符は財布と共に内懐に入るべく帽子等に挿《はさ》むなどハイカラの真似を為し紛失して大騒ぎをせぬこと
㈥酒に酔ひ睡眠して乗越をせぬこと
㈦車を下る時は必らず（アトミヨソワカ）と云ふ呪文を称ふること

切符の買い方、乗車のマナーに加え、生活感あふれる注意書きが並ぶ。カンカン帽が流行った当時、帯に切符を挟んで気取ってみせる人がいたのだろう。酔って乗り過ごす失敗は、今も同じ。最後の「アトミヨソワカ」は、忘れ物がないかをよく確かめて降りよ、との警告か。緊張やとまどい、歓喜など、鉄道という新しい文化に接した人たちの心の動きが伝わってくる。

開業まもない大正の初め、阿下喜尋常高等小学校に通っていた一三歳のとしさんは、軽便に乗って修学旅行に出かけた。まだ阿下喜までは開通していないころで、夜明け前に出発して、楚原まで六キロほどの道のりを歩いた。駅に着くと、真っ黒い壁みたいなものが立っていて、窓がついた家かと思えば、それが汽車だった。こわごわ乗り込み、友達と並んで腰掛けに座る。太い煙突からもうもうと煙が流れ、外の景色が後ろへ後ろへと飛んでいく。ピーッという汽笛の音、シューっという蒸気の音がものすごく、ガタンガタンと揺れるたびに、車両のつなぎがガシャガシャ鳴った。

軽便ができる以前の修学旅行は、員弁川を高瀬舟で下って行った。としさんたちの親の代の話である。下流の坂井橋（桑名市）まで竹竿で舵をとりながらゆっくり下るので、先に行った上級生たちが橋の堤で待ちくたびれるほど時間がかかった。そこから桑名駅まで歩いて行き、国鉄の汽車に乗ったという（以上の回想は、やまどり民話サークル『北勢線を語る』による）。

開業時に作られた「北勢鉄道唱歌」は、楚原に近い員弁町下笠田の実業家・和波鑛太郎《わなみこうたろう》が、おなじみの鉄道唱歌の旋律に乗せて作詞した。全二〇番の歌詞には、自然、産物、社寺、そして鉄道も、地域の「文化」としてうたいこまれている。としさんたちは、この歌をみんなでよく歌った。

やがて昭和六（一九三一）年に、ようやく阿下喜まで全通。戦争が始まると、駅は出征兵士の見送りの場となり、名古屋からの疎開学童を迎える場ともなった。終戦後は、会社員や学生に交じってヤミ物資を運ぶ行商人たちでごった返し、高度経済成長期に差しかかった昭和三二年には、高校生を乗せた満員電車が脱線転覆、死傷者を出す大事故も起きた。昭和四〇年に近鉄路線の一部となるが、このころをピークに乗客が減少。存続を求める地域の人たちの強い思いに支えられ、平成一四（二〇〇二）年からは三岐鉄道北勢線として運行。一〇〇年を超える歴史を刻みながら、今なお走り続けている。

農村から近代産業の町へ

三重県内には、先述した三岐鉄道北勢線のほかにもうひとつ、生活路線としての歩みを一〇〇年あまり続けてきた軽便鉄道がある。四日市市内を走る、四日市あすなろう鉄道だ。

いわゆるナローゲージと称される特殊狭軌の軽便鉄道が、紆余曲折はありながらもこうして現役で活躍するには、それなりの理由がある。北勢線もあすなろう鉄道も、沿線に住宅地が途切れることなく続き、通勤通学の足となっていること。並行して走る道路の渋滞回避策となっていて、モータリゼーションに凌駕されなかったこと。そして、いずれもかつて近鉄の路線であったこと。この最後の理由は、近鉄本線と同じ素材を用いたレールや、基準を同じくする車両整備など、ハード面での安定感に依るところ大、ということらしい。

四日市あすなろう鉄道は、大正元（一九一二）年に三重軌道として開業し、三重鉄道、三重交通を経て、昭和四〇（一九六五）年からは近鉄内部《うつべ》・八王子線として運行。平成二六（二〇一四）年に公有民営方式となって現在に至る。

四日市を発し、日永《ひなが》で八王子線と内部線に分岐する。路線の距離でいえば、旧東海道に沿って走る内部線のほうが長いのだが、先に開通したのは八王子線。距離が短いのは、昭和四九（一九七四）年の水害で西日野駅から先が廃止されたからであって、今はもう線路がないこの区間こそが、じつのところ三重軌道の発端だった。

八王子線が敷かれていたこの地域は、四郷《よごう》とよばれる。もとは八王子村・室山村・西日野村・東日野村（いずれも伊勢国三重郡）という、笹の川（後の天白川《てんぱくがわ》）沿いの四つの村だった。政治的にも地理的にもひとつのまとまりある地域であり、明治二二（一八八九）年に合併して四郷村となる。四郷という村名は、古くからこの地が「余吾谷山《よごたにやま》」もしくは「四郷谷」などとよばれてきたことに由来する。県は「日野谷村《ひのだに》」としようとしたが、村の総代人の意見によって、古来の地名にゆかりのある村名に決められたという（『四郷・ふるさと史話』）。この行政区分は、昭和一八（一九四三）年に四日市市に合併するまで存在していた。

江戸時代の四郷地区は、水田稲作を中心としたごく一般的な農村地域だった。川沿いであることからしばしば水害に見舞われ、山崩れによる被害も頻発して、そのたびに水系を同じくする四か村が共同で復旧にあたった。

領主もたびたび変わったが、幕末期に忍藩《おし》（埼玉県行田市）の飛び地となったことで、異国船警備のための御用金を課されるなど、時代の変化に直面せざるを得なくなった。それは一方で、管轄の大矢知《おおやち》代官所（四日市市大矢知）に出仕した村の役人たちが、広く情報収集をする機会ともなった。

室山村の豪農、五世伊藤小左衛門（一八一九〜一八七九）は、幕末期に代官所に出仕した役人のひとりである。祖父の代から味噌の醸造を手がけ、代官格大庄屋をつとめる村の重鎮だった。小左衛門は、同じく室山村の重鎮だった九世伊藤傳七とともに代官所に出向き、そこで開港した横浜での貿易の情報を得る。

生糸や茶が重要な輸出産物となっていることを知った小左衛門は、文久二（一八六二）年に製糸に着手。明治六（一八七三）年、横浜で二〇〇円という大金を払ってアメリカ製の手回し紡績機を手に入れ、翌明治七年に小規模ながらも器械による製糸業を始めた。こうして、五世小左衛門が試行錯誤のうえ開業にこぎつけた家内工業的な器械製糸を、後継者の六世小左衛門と甥の小十郎がさらに

明治40年ごろの伊藤製糸場。右に旧工場、左に新工場が並ぶ（四郷郷土資料館所蔵）

発展させていく。明治一六（一八八三）年には小十郎が、横浜の石川口製鉄所に発注して蒸気機関を導入。本格的な工場生産を開始した。

一方、五世小左衛門と同時期に村役人として活躍した九世伊藤傳七（一八二八～一八八三）は、輸入品として増え続ける綿糸に着目する。紡績について研究を重ね、明治一五（一八八二）年に四郷の北に位置する川島村で紡績所を創業。この事業自体は長続きしなかったものの、後継者の一〇世伊藤傳七（一八五二～一九二四）が、渋沢栄一の援助を受けて技師を招き、新たな機械を導入して、三重紡績会社を発足させる。これが軌道に乗り、後の大正三（一九一四）年には大阪紡績と合併し東洋紡績株式会社となって、東洋一と称される紡績工場をもつまでに発展した。また一〇世傳七は、名古屋で設立した伊藤メリヤス会社の工場を室山に移設して村人の働き場を提供したり、終生にわたって本籍を室山の実家においたりと、物心両面で地域に貢献している。

なお、現在四郷郷土資料館として利用されている建物は、もともと四郷村役場として大正一〇（一九二一）年に建てられたものだ。木造二階建ての棟続きに三階建ての塔屋をもつ洋風建築で、これもまた一〇世伊藤傳七の寄付を受けて完成した。昭和の戦後には老朽化により取り壊しの話も出たそうだが、地元の人たちの熱心な働きかけで残され、四日市市の有形文化財にも指定された。ここの管理・運営を託された四郷郷土資料保存会の方々が、歴史の掘り起こしや情報発信などの活動をする拠点ともなっていて、地域の発展を切に願った先人たちの思いを今に伝えている。

こうした先覚者たちの活躍を軸に、明治期の四郷は、製糸や紡績を中心とした近代産業の町へと変貌を遂げた。ほかにも、輸出品としての茶に注目した五世小左衛門が栽培を奨励したことで、製茶業もまた本格化する。周辺には古くからの茶の産地が多く、これらの茶を集めて横浜から輸出するなど産業化が進んだ。醤油や酒の醸造業も、同じころに地域の産業として大きく成長している。

明治末から大正にかけての産業振興を具体的な数値でみると、例えば養蚕業と製糸業の場合、繭の生産農家数と生産量は、明治二二（一八八九）年では三戸・一八石だったのが、三〇年後の大正八（一九一九）年には三四五戸・一万七石と激増。生糸の生産量も、明治一七年の六二八貫から大正八年には三万一〇二九貫と、桁違いに増えている。また大正三年当時、四郷村にあった製糸工場は一五を数え、これは三重郡全体の約半数を占めるほどだ。これらの工場が法人化して経営面での近代化も進み、明治三三（一九〇〇）年のパリ万博に出品した株式会社伊藤製糸部の生糸が金賞を受賞するなど、品質においても国際的な評価を得るまでになった。

こうした発展のなかで、鉄道敷設の動きが現れる。

発端となったのは、海外視察に行った株式会社伊藤製茶部の主任伊藤六治郎が、蒸気機関車で物資を運搬する欧米と、苦力《クーリー》の荷運びに頼る東洋との差に衝撃を受けたことによるとされる。六治郎の旅程は不明だが、日本郵船の欧州航路、シアトル航路が開設されたのが明治二九（一八九六）年だから、明治の末ならこれらの船便を利用しての洋行だったはずだ。とりわけ欧州航路は、上海、香港、シンガポール、ペナン、コロンボといったアジア各地に寄港しながらヨーロッパへと至る。二〜三ヶ月もの船旅の途次、港湾で働く人たちと間近に接するなかで、東洋と西洋との文化の違いも自ずと印象付けられたのであろう。

コッペル社製の蒸気機関車（四郷郷土資料館所蔵）

帰国した六治郎は身近な人に相談し、明治四三（一九一〇）年に有志による発起人協議会が発足。同年一二月に三重軽便鉄道株式会社が設立され、翌年には三重軌道株式会社と改称して、室山から線路敷設と停車場建設の工事に着手した。設立当時の記録によれば、社長は四日市の政治家で実業家の九鬼紋七《くきもんしち》、取締役には、伊藤小左衛門、伊藤傳七といった室山の有力者たちが名を連ねる。それまで荷車を使って搬出していた室山の産物を、四日市まで鉄道で運ぶというのが主な目的であった。

工事の進捗や近況も、たびたび新聞などに掲載された。たとえばドイツのコッペル社にレールと機関車を注文し、それがいつ四日市港に到着する予定である、とか、日本車両に注文する客車は最新式で車掌台が普通より広く、車中燈も九州鉄道で使用中の特許品、などと、通常の鉄道よりも低規格の軽便とはいえ、当時の最先端技術を結集させて開業しようという、関係者の並々ならぬ熱意と期待が伝わってくる。工事には、地元の農家の人たちも駆り出されていたようだ。製茶や養蚕の農繁期には人手が足らず、工事を「暫時延期せざるべからざる状態」といった記事もある。

まさに地域の総力をあげて作り上げるうちに、貨物運搬が目的とはいえ、人を乗せることへと力が注がれるようにもなっていく。

開業を間近に控えた明治四五（一九一二）年七月一九日の伊勢新聞の記事には、待合室や便所を備えた終点の八王子駅舎の設備や、飴色の塗装にビロード張りの客席で仕上げた五〇人乗りの客車など、胸も躍るような紹介文が並ぶ。さらには「八王子駅東北方の高陵《こうりょう》は、里俗岡山《りぞくおかやま》と呼び、伊勢海の煙波を一眸《いちぼう》の裡《うち》に収むべき勝地にして、山麓に梅林、柑橘園等あり。会社は爰《ここ》に設備を加へ茶亭《さてい》を設け遊園地となす計画なり」とあって、終点の奥の景勝地を利用して、遊覧の乗客まで呼び込もうとしていたことがわかる。

この翌月、元号が大正へと変わった八月一四日、八王子から日永までが開業。当初はこの間に、伊藤製糸場前、室山、役場前、西日野、東日野の各停車場が置かれていた。その後、日永から四日市の市街、さらに港湾部へと向けて路線が敷かれ、用地買収などに苦労しながらも、大正二（一九一三）年五月に諏訪・日永間が開通。翌々年一二月に四日市まで開通して、官鉄の関西線への接続を果たした。

諏訪駅から四日市駅までのおよそ五〇〇メートルは、四日市鉄道（現在の近鉄湯の山線）の線路と並行する形で敷設されていた。四日市鉄道は、三重軌道と同時期に、菰野《この》村（現在の菰野町）で製糸業を営む伊藤新十郎らが中心となって、湯の山温泉と四日市とを結ぶ路線として計画された軽便鉄道だ。開業は大正二年、社長は三重軌道と同じ九鬼紋七である。こうしたことから、随所で両者の連携がはかられていたようで、三重軌道が四日市駅へと乗り入れた後の大正五年三月、構内に四日市鉄道との共同駅舎が完成している。

同じ年、三重軌道は三重鉄道へと改称。伊勢新聞の記事によれば、その後、終点の八王子駅からさらに西方の水沢村（現在の四日市市水沢）や椿村（現在の鈴鹿市と四日市市の一部）へと延長して、この周辺で採掘される石材の運搬にあたる計画もあったようだ。水沢の北には湯の山温泉があり、いずれは二つの路線をつないで周遊するという遠大な構想まであったという。

八王子線の延長は実現を見なかったが、一方で、日永から分岐して鈴鹿郡深伊沢村（現在の鈴鹿市）へと至る新線が計画され、大正八（一九一九）年六月に敷設免許を得た。大正一一年に内部まで開通。旧東海道沿いの住人の足となるとともに、内部川の砂利運搬に利用された。ただしこの新線も、開通はここまで。免許にあった深伊沢村までの路線は、ついに建設されなかった。

その理由のひとつと思われるのが、この時期に相次いだ水害である。大正九（一九二〇）年八月の豪雨で、室山・西日野間の線路が破壊され、四日市鉄道沿線でも被害が大きかったことから、「両社共非常の大打撃たるべし」と新聞にも書かれている。そしてまた、大正一二年九月にも台風による

昭和49年の集中豪雨で被害を受けた八王子線（四郷郷土資料館所蔵）

甚大な被害が発生した。天白川の堤防が決壊し、線路下の土砂がすっかり浚《さら》われて、まるで梯子のようにレールと枕木が浮き上がっている、といった惨状が、やはり新聞記事にある。復旧には巨額の費用がかかることから、新線延長よりそちらを優先せざるを得なかったのだろう。

こうした被害は、むしろ当然のことでもあった。というのも、西日野から八王子までの線路は、用地確保や建設費用の節約などのため、天白川の堤防上に敷設されていたからである。天白川の旧名は笹の川といい、たびたび水害に見舞われたことから、水神との関わりが深い「天白」にわざわざ改めたといういわれもあるほどだ。四郷に暮らす人たちは、かつてまだ鉄道が敷かれていなかったころから、水害のたびに力を合わせて復旧にあたってきた。水害と復旧は、この土地で繰り返されてきた避けることのできない習わしのようなもので、それを差し引いても余りあるほどの価値があったからこそ、ここに鉄道を敷いたのである。

水害には弱くても、川沿いの車窓には風情があった。沿線に植えられた桜並木が、春になればいっそう彩りを加え、乗る人を楽しませた。昭和に入り、三重交通、三重電気鉄道、そして近鉄八王子線と路線の名前は変わっても、「ケイベン」の愛称で、通勤通学の足として親しまれた。

何度も水害を乗り越えてきた八王子線だが、昭和四九（一九七四）年、産業の変化やモータリゼーションの普及と時期を同じくして、集中豪雨による壊滅的な被害を受けた。もとの西日野駅から少し東寄りの場所に駅舎を建てなおすのが精いっぱいで、その先は廃線となった。

線路は消えたが、四郷の人たちの記憶の中に、天白川の河川敷を走るケイベンの姿は今なお鮮やかに残る。四郷郷土資料保存会の皆さんが中心となって、西日野駅前や、元の駅の場所に看板を設置したり、パンフレットを作成したりと、誰もがその痕跡を偲《しの》んでたどれるように、さまざまな取り組みが続けられている。

鉱山の馬車軌道から人も乗せる鉄道へ

宮城県の北西部、岩手県境に近い栗駒山麓に、軽便鉄道を発端とする路線が比較的近年まで走っていた。くりはら田園鉄道といい、以前の名称である栗原電鉄のころから「くりでん」の愛称で知られていたが、経営難により、平成一九（二〇〇七）年三月末で惜しまれながらも姿を消した。

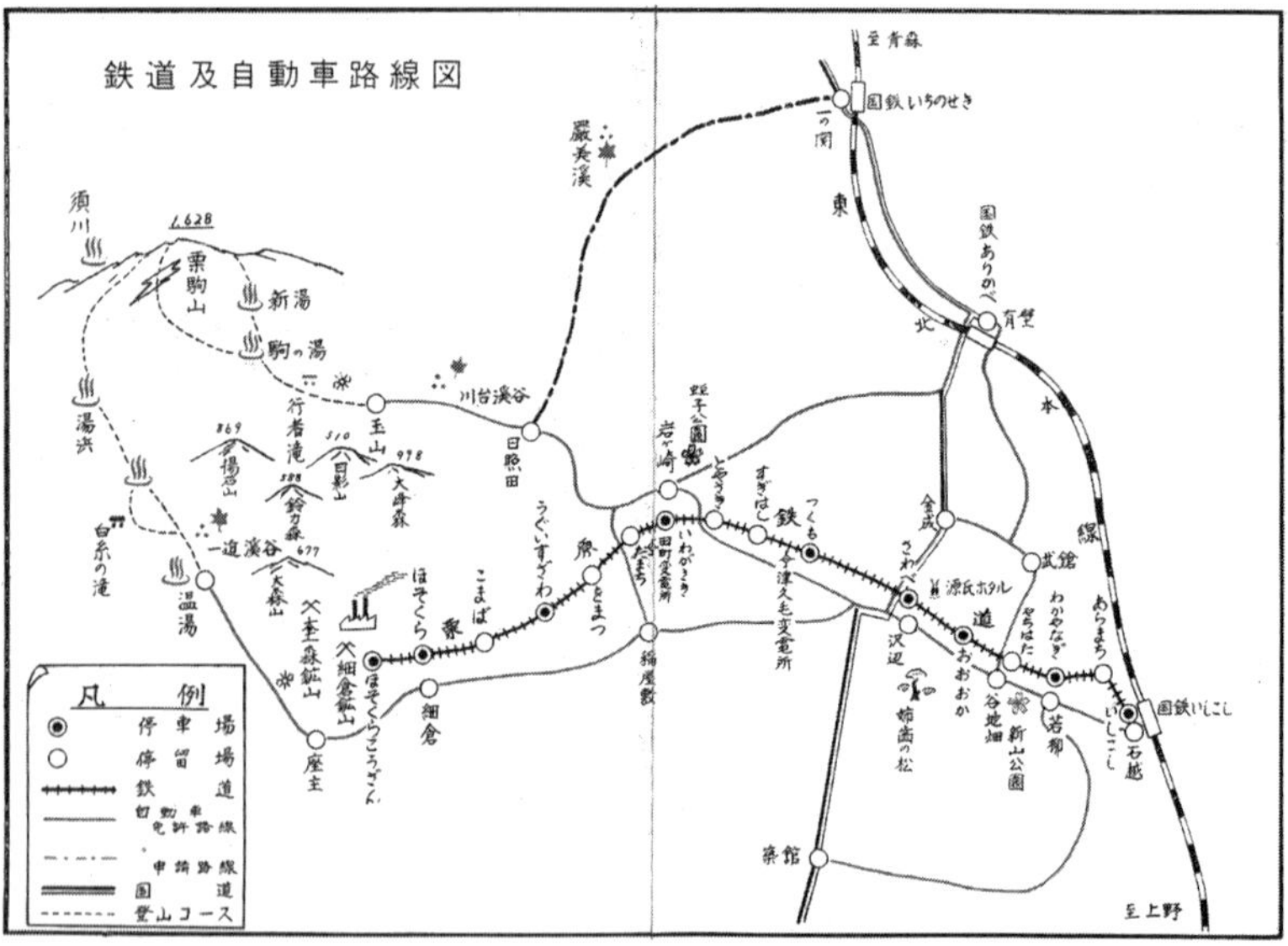

改軌竣功時（昭和30年）のパンフレットに記載された栗原電鉄路線図（くりでんミュージアム所蔵）

くりでんは、大正一〇（一九二一）年、東北本線の石越駅と旧宿場町の沢辺とを結ぶ栗原軌道として開業した。翌年には、旧城下町の岩ケ崎（昭和三八年に栗駒駅に改称）まで延長。岩ケ崎の西方には、江戸時代から銀や鉛の採掘で栄えた細倉鉱山があり、旅客の輸送を主目的としながらも、そこで産出される鉱石と、米や大豆などの農産物を運ぶ役割が大きかった。

発案者は、当時の岩ケ崎町長で、旧岩ケ崎城主の家系にあった中村小治郎。明治元（一八六八）年生まれの小治郎は、若いころから西洋文明に強いあこがれを持ち、明治一九年に単身で渡米。明治二三年に帰国するまで、欧米各地で見聞を広め、帰国後は仙台第二中学校や早稲田大学で英語を教える。一一年間の教職を経て岩ケ崎に戻り、大正二（一九一三）年に町長に就任すると、上水道、電灯、電話などの近代化を推進。その流れのなかで、鉄道敷設の運動を始める。

当時、細倉鉱山は高田鉱山と呼ばれていた。鉱山経営は浮き沈みが大きく、明治二三（一八九〇）年に発足した細倉鉱山会社が、相場の変動などから解散ののち、出資者のひとりである高田慎蔵が明治三二年に事業を引き取った。以来昭和の初めまでは高田鉱山として運営が続く。その間に幾度かの危機にみまわれながらも、明治末から大正初めにかけて亜鉛の精錬で大きな利益をあげた。そして大正四（一九一五）年、細倉と石越を結ぶ軌道が敷かれ、馬力による鉱山用の荷物運搬が始まる。

小治郎が目をつけたのは、この馬車軌道だった。軌道を岩ケ崎方面へと迂回させ、一般の荷物や住人も運ぶことができるようにすれば、東北本線から外れたこの地域の発展につながるのではないかと考えたのである。だが、「金をかけて鉄道に乗るより、少々早く家を出て、お昼には茶屋で温かいツユコで昼飯でも食ったほうがええ」とか、「荷馬車なら店先まで荷物を運んでくれるが、停車場は店から遠くてかえって不便」（『サヨナラ！ くりでん』掲載の中村小治郎の回想録より）などと反対する人もいて、理解を得るまでが一苦労だった。小治郎は資金集めに奔走し、鉱山側の協力もあって、大正七（一九一八）年に既設の馬車軌道を改築するかたちで敷設の許可を得る。同年に栗原軌道株式会社が発足。その後も資金難で路線縮小を余儀なくされたが、馬力から蒸気機関車へと動力の近代化をはかるなどして、先述のとおり大正一〇年に開業にこぎつけた。

一方、高田鉱山は、第一次世界大戦後の不況や大正一二（一九二三）年の大火災のあおりを受け、昭和三（一九二八）年に共立鉱業株式会社へと経営が変わる。と同時に、細倉鉱山の名称が復活。さらなる経済恐慌で、昭和九年には三菱礦業株式会社の傘下となった。こうしたことから、栗原軌道の貨物も、当初はどちらかといえば農産物が中心だったようだ。また終点の岩ケ崎と細倉との間の輸送は、昭和三年に営業を開始した乗合自動車に委ねられていた。

三菱礦業となった昭和九年以降の細倉鉱山の生産量と従業員数の推移をみると、昭和九年の粗鉱産出量が四万九三〇〇トン、従業員数は職員四七人、鉱員六二四人であったものが、二年後の昭和一一年には産出量、従業員数ともに倍増し、その五年後の昭和一六年にはさらに倍増と、昭和一〇年代の後半にかけて急増していく。これはいうまでもなく軍需を反映してのことであり、合わせて栗原鉄道（昭和一六年に改称）の岩ケ崎・細倉間の延伸が認可され、昭和一七年に開業した。石越から細倉まで開通したことで、貨物も旅客もさらに増えた。岩ケ崎が終点だった昭和一六年度の旅客は三五・九万人、貨物は四万五八四トン。細倉まで延伸された翌年の昭和一八年度は、旅客七三・二万人、貨物一三万二九六八トン。旅客は倍増、貨物は実に三・三倍増という急伸ぶりである（寺田裕一『栗原電鉄』上）。

昭和二〇（一九四五）年八月一〇日、空襲により、細倉鉱山の事務所や運鉱場、亜鉛精錬所など多くの施設が被害を受け、操業を停止せざるを得なくなった。直後に終戦となり、しばらくは混乱が続く。そうしたなか、燃料不足で自動車の交通がままならなかったことから、旅客の足が鉄道へと向いた。運行本数は限られていたが、昭和二〇年から二三年にかけて、貨物半減の一方で旅客は一〇〇万人前後と、戦前を上回る数を記録している。

この鉄道への需要の高まりは、栗原鉄道の関係者に新たな構想を芽生えさせたようだ。終戦後まもない昭和二一（一九四六）年四月、貴族院・衆議院の両議長にあてて、奥羽本線への延伸を願い出ているのである。

当初は、細倉から秋田県の院内（湯沢市）へと路線を延ばし、東北本線と奥羽本線とを結ぶという計画だったが、地形上の問題で、これより北側の湯沢駅へと進路を変更。石越と湯沢とを結ぶことから「石湯線《せきとう》」と名付けられ、期成同盟会も結成された。この石湯線は、栗駒山麓開発鉄道とも呼ばれ、湯沢からさらに西進して羽後本荘《うごほんじょう》（秋田県由利本荘市）へ、石越からは東進して三陸沿岸の志津川（宮城県の南三陸町）へと、東北の日本海側と太平洋側とを鉄路で結ぶという壮大な構想にまで広がっていた。

石湯線の請願は、昭和二五（一九五〇）年に衆議院で採択され、地元の期待も高まった。しかし、相次ぐ台風の被害で復旧に追われるなどして、ついに具体的な免許の申請がなされないまま、幻に終わった。

石湯線は実現しなかったものの、細倉鉱山の増産や農産物の出荷増などから近代化への対応が急務となり、昭和二五年に電化が完成。軌間は七六二ミリの特殊狭軌のままだが、東北本線の仙台・盛岡間の電化より一五年も早い。そして昭和三〇年、改軌工事が完了して、国鉄との貨物直通運転が開始され、栗原電鉄へと称号も変わった。

くりはら田園鉄道OBの鎌田健さん（昭和二一年生まれ）は、昭和四〇（一九六五）年三月、当時の社名では宮城中央交通（昭和三九年に陸前乗合自動車と合併し改称。昭和四四年にバス部門を分離して「栗原電鉄」に戻る）に、駅務員として就職した。栗駒駅、細倉駅、細倉鉱山駅（鉱山製品のための貨車専用）などでの勤務と、二〇年弱の車掌勤務を経て、廃線になった平成一九（二〇〇七）年三月まで若柳の本社に勤めた。

鎌田さんが入社した昭和四〇年は、乗客数のピーク（一八三万人）の年で、翌々年の昭和四二年は貨物輸送のピーク。旅客列車が一六往復、貨物が三往復、二三〇人を超える従業員をかかえ、最盛期を迎えたころにあたる。

当時、鉄道収入の八割を占めていた貨物の多くは、細倉鉱山に関するものだが、搬出する鉱石のみならず、発破用の火薬が搬入されたり、異動の時期になると、社員の引っ越し荷物を貨車の貸切で運んだりもした。また、三〇キロ以下の小荷物の扱いも多かった。その大半は米だが、食糧管理法（一九四二～一九九五年）の関係で、「大豆」や「小豆」といった名目で持ち込まれてくるのを、暗黙の了解でもって発送したという。発送先は日本全国だった。

各駅に配置されていた駅員は、おおよそ一四～一五人に予備が一人。午前と午後の二交代制で、日中は七人程度が勤務する。その主な仕事は、切符の販売（主に女性）、荷物の発送と到着それぞれの取り扱い、貨物、小荷物それぞれの係、そして操車係といって、車両の入れ替えを指示する旗振りという役割もあった。また、車両同士の衝突を防ぐタブレット操作は「運転」といい、これは資

細倉鉱山と駅（栗原市提供）

格がある助役か駅長しかできない重要な仕事だった。

沿線の駅のなかでも、栗駒駅（旧岩ケ崎駅）の活気は格別だった。駅前の軽辺川沿いに飲み屋が軒を並べ、仙台随一の繁華街の名を借りて、「県北の国分町《こくぶん》」とか「栗分町《くりぶん》」などと呼ばれていたほどだ。ダンスホールや映画館もあり、細倉在住の鉱山関係者たちで賑った。また栗駒山からトラックで木材の原木が運ばれてくる拠点にもなっていて、栗駒駅には原木線という搬出専用の貨車のための線も敷かれていた。このほか、栗駒山の登山口にあたることから、とくに秋になると登山客の利用も多かった。栗駒駅は、沿線で唯一のバスの発着所にもなっていて、各方面へとバスの便が出入りする。まだ自家用車が普及していなかったころは、登山客もたいていが国鉄の石越経由で栗駒まで来て、バスで途中まで行くのが一般的だった。

終点の細倉は、鉱山関係者の社宅が立ち並び、ひとつの町を成していた。沿線各所から通勤する人も多く、朝一番の細倉方面行き列車は、そうした人でいっぱいだった。通勤時間帯には、通常の改札の脇に別の改札口を用意して、二人で業務した。駅は少し高い場所にあり、下の道路へと降りる坂道が人で埋まっていた光景が忘れられないと、鎌田さんはいう。

鉱山が最盛期だった昭和三〇〜四〇年代の細倉は、社宅に住む鉱員や職員、下請け業者の寮に暮らす人、商店経営者、旧来の地元住人など合わせて、二万人ほどが住んでいた。主に鉱員の社宅（長屋）が集まる場所には、森下・秋法《あきのり》・柳沢・北沢向・荒町の五つの集落、職員の社宅（一戸建て）が

上：細倉駅の乗降客、中：細倉の通勤風景、下：細倉の祭り（栗原市提供）

細倉鉱山の鉱員用の社宅（栗原市提供）

ある場所にも佐野・宮下・三月平という三集落があり、それぞれに集会所のような詰所とよばれる建物があった。こうした住人の日常生活をまかなうため、個人商店のほか、会社直営の購買（スーパー）や共同浴場があり、映画上映や催し物の会場に使われる会館、病院、そして小中学校などが建っていた。

鉱員の社宅のうち、もっとも東に位置する森下で生まれ育った藤嶋信さん（昭和二六年生まれ）は、祖父の代に若柳から細倉へと移り住み、閉山後もこの地に残って根を下ろしたひとりだ。祖父と父が鉱山で働いていて、子どものころの細倉の賑わいや社宅の暮らしを今なお鮮明に記憶している。長屋になった社宅には、だいたい四〜五家族が住んでいたが、電気代や水道料金、共同浴場もすべて無償。どの家にもテレビなどの家財道具が揃っていて、当時最先端の生活水準にあったという。細倉鉱山はカネヤマの異名もあったほどで、「穴かせぎ」と呼ばれた坑内作業にあたる人は、大卒一般社員の約一〇倍もの収入があった。鉱山は二四時間稼働していて、鉱員は三交代で作業にあたる。魚屋の二階にあった座敷で毎日のように酒宴が繰り広げられ、映画、パチンコ、ビリヤードなどの娯楽も事欠かず、「眠らない町」と呼ばれていた。

昭和五〇年代以降の鉱山の低迷、さらに昭和六二（一九八七）年の閉山は、細倉の町と、そして栗原電鉄に大きな打撃を与えた。社宅は撤去され、地元の鶯沢《うぐいすざわ》町から住宅地の提供を受けて定住した人を除き、大半の住人が細倉を去った。また、貨物取扱が廃止され収入が半減した栗原電鉄は、沿線にある学校への通学や栗駒山の観光など、旅客のみでの存続に命脈をつなぐ。だが、平成二（一九九〇）年に東北新幹線のくりこま高原駅が開業。旅客の流れが一変し、平成五年に第三セクターへと移行するも、モータリゼーションの発達などから、先述したとおり平成一九年、九〇年の歴史に終止符を打った。

鉱山の閉山後、跡地を利用した観光施設「細倉マインパーク」が平成二年に開館した。これに隣接する細倉鉱山資料館に、令和元（二〇一九）年六月、新たな展示が加わった。先述した藤嶋信さんが四年の歳月をかけて作り上げ、そして栗原市へと寄贈した、細倉の町の巨大なジオラマである。

写真や記憶を頼りに設計図を書き、社宅や町並みを再現。屋根の色、商店の看板、桜並木、駅を往来する人の波など、細部にわたる描写にもこだわった。圧巻なのは夜景。館内の照明を消し、暗幕を張ると、家々から明かりがこぼれ、街灯に照らされた夜の町が浮かび上がる。まさに二四時間眠らなかったという細倉の情景が、目前に広がる。

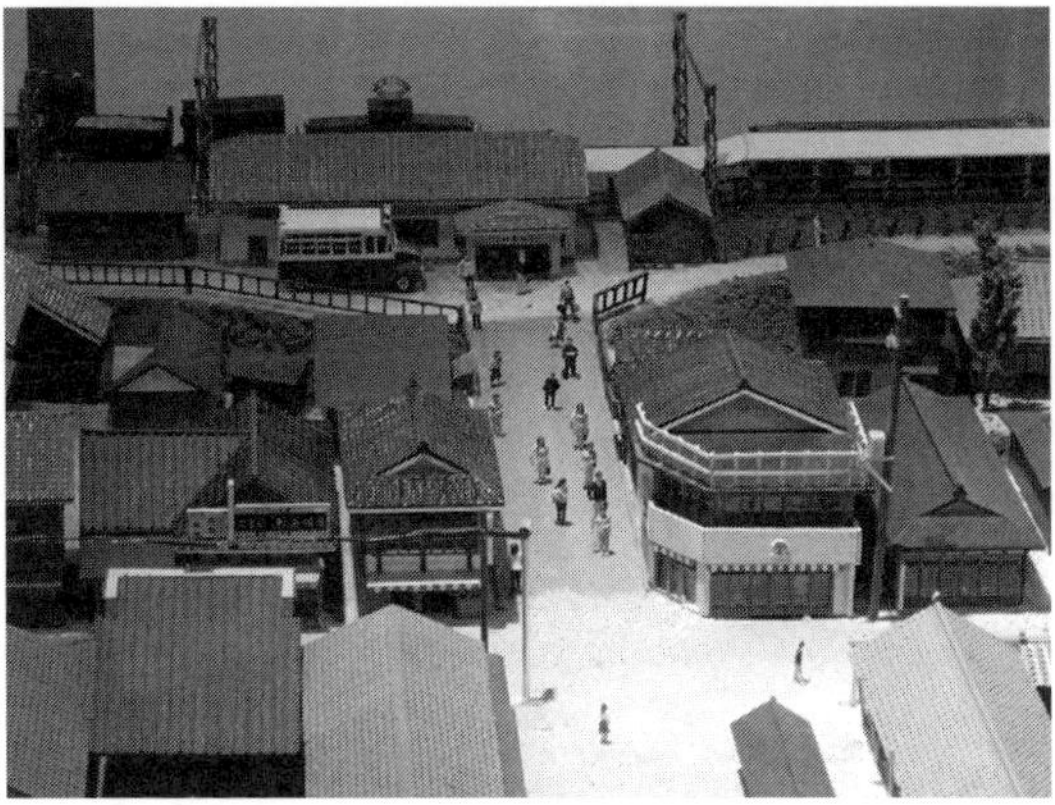
細倉駅や町並みが丁寧に再現されたジオラマ

「細倉に住んでいた人たちの〝実家〟を作りたかったんです」と藤嶋さん。鉱山の閉山で家並みがなくなり、住んでいた人も全国へとちらばった。社宅であっても、生まれ育った家は「さと」であることに変わりはなく、故郷に帰って昔の仲間と語り合いたいという思いは誰しも持っている。中学校の同級会である「細倉会」で集まった折にそういう話になり、実物の町を作ることはもはや不可能なので、ジオラマにしたのだという。

ジオラマ公開後、かつての細倉の住人が何人も見学に訪れた。中には涙を流す人もいて、そうした人の眼には、ジオラマそのものでなく、そこで暮らしていた自分自身や家族の姿が映っているのだろう、と藤嶋さんは語る。

くりでんの線路は、部分的に遺構を残して姿を消したが、開業当時の鍛冶場がある機関車庫や客車庫、詰所などが、平成二六（二〇一四）年に栗原市の有形文化財に指定された。そして平成二九年、若柳のくりはら田園鉄道公園内に「くりでんミュージアム」が開館し、創業から廃線までの膨大な資料とともに、これらの文化財が公開された。廃線跡を利用したレールバイクや、実物の車両を使った乗車会も定期的に開催され、親子連れで楽しめる新たな拠点へと生まれ変わった。

かつて沿線随一の繁華を誇った栗駒駅前も、暗渠《あんきょ》と化した旧軽辺川のほとりに並ぶいくつかの飲食店が、昔の名残りを留めるばかりとなった。その一方で、岩ケ崎中心部の六日町では、近年新たな動きが生まれつつある。商店街の空き店舗を活用しようという試みのなかで、起業を志す若者が、地域の内外から移り住むようになったのである。

旧来の山車《だし》祭り（七月）や夜市（六〜八月）などのほか、春先には各家に眠っていたひな人形をお披露目する「商家のひな祭り」、九月にはクラッシックカーを集めた「みんなでしあわせになるまつり」など、世代を超えた新旧住人が一緒になって、新たな賑わいの場を作り出す。そのようすは、かつてこの地に鉄道という近代文明を呼びこもうと奔走した、先人たちの意気を思い起こさせる。

くりでんの遺産は、形あるものばかりではない。鉄道とともにあった豊かな暮らしの記憶は、この土地の風土と人びととの心に深く刻み込まれ、新たな時代に立ち向かうための確かな礎となって生き続けているのである。

◉参考文献

ASITA北勢線とまち育みを考える会編集・発行『軽便鉄道博物館へようこそ』二〇〇九年
鶯沢町史編纂委員会編『鶯沢町史』宮城県鶯沢町、一九七八年
MGブックス企画・編集『サヨナラ！くりでん「くりはら田園鉄道」公式メモリアルブック』エムジー・コー

ポレーション、二〇〇七年
栗駒町誌編纂委員会編『栗駒町誌』宮城県栗原郡栗駒町役場、一九六三年
武部宏明「今昔・近鉄吉野線」『まほら』四六、旅の文化研究所、二〇〇六年一月
寺田裕一『栗原電鉄』上・下、ネコ・パブリッシング、二〇一七年
登米市歴史博物館編『仙北鐵道資料集』登米市歴史博物館
『懐かしの沼尻軽便鉄道』編集委員会編『写真でつづる 懐かしの沼尻軽便鉄道 沿線 人々の暮らし・よろこび』歴史春秋社、二〇〇〇年
『懐かしの沼尻軽便鉄道』編集委員会編『写真でつづる 続・懐かしの沼尻軽便鉄道 思い出の学び舎と沿線の記録』歴史春秋社、二〇〇一年
西羽晃『北勢線九〇年小史』桑員ふれあいの道協議会、二〇〇四年
迫町歴史博物館編『鉄道とくらし――仙北鐵道がゆく』迫町歴史博物館、二〇〇二年
日永郷土史研究会編『古くからの日永の人々のくらし』日永郷土史研究会、二〇〇六年
松藤貞人『奈良県の軽便鉄道――走りつづけた小さな主役たち（増補版）』やまと崑崙企画、二〇〇四年
三重県立博物館編『三重の軽便鉄道――廃線の痕跡調査』三重県立博物館、二〇一一年
やまどり民話サークル『北勢線を語る』二〇〇二年
「四郷・ふるさと史話」編集委員会編『四郷・ふるさと史話』四郷地域社会づくり推進委員会、一九九九年
『仙北鉄道社史』仙北鉄道株式会社、一九五九年
『宮城バス社史』宮城バス株式会社、一九七〇年

コラム⑤

失われた沖縄の鉄路

坂下光洋

平成一五（二〇〇三）年、「ゆいレール」（沖縄都市モノレールの愛称）が開業し、令和元（二〇一九）年一〇月一日には開業時より延伸し四駅増えて、「那覇空港駅」から「てだこ浦西駅」までの全一九駅、総延長一七キロでの営業が始まった。

しかし歴史を振り返ると、沖縄県は第二次世界大戦中の住民を巻き込んでの激しい地上戦により、県民の二五％が戦死するという人的被害と同時に、交通を含めた社会資本基盤もほぼ全てを失ってしまった。戦後は約二七年もの長きにわたり自動車王国アメリカの施政下にあって車社会が形成され、「ゆいレール」が開業するまでの六〇年近く、一般市民が利用できる軌道交通がなく、沖縄県は日本で唯一の「鉄道の無い県」だった。

そのためか「昔、沖縄県に鉄道があった」と言うと、驚く人が多い。多くの人が描く沖縄県のイメージは「車社会」であり、私鉄を含めて「鉄道が無い」遠い南の小さな島……ということなのかもしれない。

「昔、沖縄県に鉄道があった」、それは事実である。大正三（一九一四）年から、沖縄戦となった昭和二〇（一九四五）年までの三〇年余の間、沖縄県が経営する鉄道「沖縄県鉄道」があり、那覇を起点に「軽便鉄道」（レール幅七六二ミリ）が三路線も敷設されており、蒸気機関車が走っていた（昭和初期にはガソリン動車も）。沖縄県民は「軽便」を「けいべん」ではなく「けいびん」と読み、汽車ポッポは「ケービン」の愛称で呼ばれて親しまれた。三路線および那覇駅から那覇港の連絡線などを含めた総延長は四八・〇三キロで、駅は合計三二駅、昭和一八（一九四三）年には一一八台の車輌を保有していたという。「与那原《よなばる》線」（那覇―与那原）は大正三（一九一四）年開業の九駅、約九・八キロ。「嘉手納《かでな》線」（那覇―嘉手納）は大正一一（一九二二）年開業で、与那原線古波蔵《こはぐら》駅から分かれて北上し、全一五駅、約二三・六キロ。「糸満《いとまん》線」（那覇―糸満）は大正一二（一九二三）年開業で、与那原線国場《こくば》駅から分かれて南下し、全一四駅、約一八・三キロであった。

沖縄戦で壊滅的な破壊を受け、沖縄県鉄道はほぼ消滅。戦後は米軍のブルドーザーなどでの大雑把な工事による戦後復興が行われて、痕跡さえも失われたが、場所によっては地中に埋められるなどした。それらが沖縄返還後の土地区画整理事業などで、沖縄県鉄道の「遺構」として発掘され、「ケービン」を愛した県民らによって保存・展示され、中には現物の展示（あるいは説明板の設置）がなされているのを、現在見ることができる。

全てを紹介するのは無理なので、代表的なものを記しておく。

「与那原駅舎」はコンクリート造りであったため、米軍の爆撃などにより破壊された残骸をもとに改築することで、戦後は与那原町役場や与那原農協などとして使用されてきた。現在は与那原町によって沖縄県鉄道時代の姿に復元され、観光のための展示施設となっている。

浦添《うらそえ》市の大平養護学校前では、付近の道路工事で発掘された長さ二・五メートルのレールを基に、線路の一部のように野外で再現、展示されている。学校前の通称パイプライン通りは線路跡を道路にしている。

宜野湾《ぎのわん》市立博物館には、旧大山駅付近から発見された客車の台車などが、館内で展示されている。

宜野湾市と北谷《ちゃたん》町の境となる普天間川に「軽便橋《けいべんはし》」という名の人道橋が架かっている。この場所には沖縄県鉄道の遺構である手すりの無い橋が架かっていたが、昭和六三（一九八八）年に架け替えられ、ここが線路跡であることから「軽便橋」と名付けられている。

嘉手納町役場の駐車場の一角は、かつては「嘉手納ロータリー」と呼ばれたロータリー式の車道交差点だったが、そこが沖縄県鉄道嘉手納線の終着駅「嘉手納駅」跡でもあり、嘉手納町教育委員会により説明板が設置されている。

沖縄県鉄道の機関車。20周年記念で飾り立てられ、客車も普段よりたくさん連結されている（那覇市歴史博物館提供）

復元された与那原駅舎

沖縄県では地方出版社が元気で、「ケービン」に関する本としては、金城功『ケービンの跡を歩く』（ひるぎ社、一九九七年）、おきなわ軽便鉄道じゃ会編『おきなわ軽便鉄道マップ』（ボーダーインク、二〇〇八年）などがある。これらの本を参考に軽便鉄道跡を歩く人もいるようだ。

筆者も歩いてみた。その旅は全てが沖縄戦による戦跡であり、戦争で失ったものを偲び、戦争犠牲者に思いを馳せる「鎮魂の旅」となる。場所によっては米軍基地として接収され、入ることさえできない。戦争もさることながら、戦後の開発や発展によって市街地や町の郊外の姿がすっかり変わっており、鉄道跡を見出すのは容易なことではない。そんな中でふと昔のままの遺構や、軽便鉄道に関する説明板などを見つけると、「ケービン」を見たことがなく戦争を知らない一九六八年生まれの沖縄移住者の自分でも、幼少の頃の思い出の品を不意に見つけ出した時のような、何とも言えない「懐かしさ」のような感情をおぼえ、心がトキメク。そして手を合わせ、平和を祈らずにいられない。軌道交通が平和の象徴にも見えてくる。

沖縄県内では他に、一般市民が利用する鉄道ではないものの、沖縄島のはるか東の「大東諸島」に、シュガートレインがあり、大正六（一九一七）年から昭和五八（一九八三）年まで稼働していた。南大東島では戦後、昭和三一（一九五六）年にディーゼル機関車を導入し、当時は県内唯一の鉄道（総延長は二七キロにもおよぶ）であり、日本復帰後は「日本で最も南を走る鉄道」として有名だった。汽車とディーゼル車などが車庫の跡地である南大東村立「ふるさと文化センター」横にあるほか、那覇市の「壺川東公園」で子どもの遊具となっている。また南大東島の南東側の道路に、レールの一部を残したまま舗装した場所があり、平成二四（二〇一二）年に筆者も現地で確認した。

また、絶海の孤島「沖大東島（ラサ島）」は現在、日米の軍事演習地域であり上陸も難しく、無人島となっているが、かつては汽車が走っていたといい、今も遺構はそのまま放置されているはずだという。

最後に沖縄にかつて民営の路面電車（いわゆるチンチン電車）が走っていたことも付け加えておく。大正三（一九一四）年から昭和八（一九三三）年までの二〇年間、那覇港前の「通堂《とんどう》」から久米大通りや泊高橋《とまりたかはし》などを通って、「首里」に至る六・九キロを走っていた。しかしバスに負け廃線したという。

コラム⑥

おわん電車といも電車

三輪主彦

池袋の演芸場で落語を聞いた。落語家はご当地ネタのまくらで、「昔は西武池袋線や東上線はおわん電車と言ったんですよ」。ほとんど反応はなかったが、我ら年寄りは「そう言えばなあ！」と思って次の言葉を待った。落語家の年齢から推測すると、年配者から聞いた話で本人の経験ではないはずだ。昭和二〇年代に西武池袋沿線・東上線沿線に住んだ子どもは、「汚穢《おわい》電車」を「おわん電車」と呼んだ。子どもには、「おわい」の意味がわからなかったからだろう。

今さら「汚穢とは何か?」などと解説をしたら、沿線の方や会社からも「余計なこと言わないで！風評被害になるから！」と言われそうだ。しかし、西武鉄道の会長だった堤康次郎《つつみやすじろう》が、自分の会社で糞尿運搬をするのは世のため人のためだと誇らしげに述べていることを知った。それなら、少しくらい私が述べても怒られることはないだろう。

堤の『苦闘三十年』という著書はすでに絶版なので、国会図書館に行って読んでみた。衆議院議長をやった偉い方の回顧録と思ったが、西武鉄道が糞尿運搬に関わるのは堤の強い信念という部分に、かなりのスペースが割かれていた。屈辱的歴史として隠蔽しているのではなく、食糧増産、循環式農業を堂々と世間に向けて発信している内容だ。巷《ちまた》では汚穢電車と呼んだが、彼は「黄金電車」と誇らしげである。

この黄金電車の写真と同じページに、吉田茂首相、宇垣一成《かずしげ》陸相、自身の議長姿を四枚並列に並べている。このレイアウトを見て一瞬「なに？　これ？　黄金電車って吉田首相と同じランクなの？」と驚いた。堤の糞尿に対する思い入れは、戦後西武鉄道と武蔵野鉄道（現・西武池袋線）を合併させて、西武農業鉄道としたことにも表れている。もっともこの名前は不評で、一年で西武鉄道に戻っているが。

昭和の初めまでは、江戸時代の循環型農業のなごりで、人糞は「金肥《きんぴ》」として貴重なものだった。都会で排出された糞尿は、肥担桶《こえたご》に入れ大八車《だいはちぐるま》などで郊外に運ばれ、肥溜めで十分発酵させてから肥料として使った。しかし、昭和に入って少しすると化学肥料が使われるようになり、郊外農村への人糞輸送はなくなっていた。人糞の処理は、もっぱら海洋投棄であった。

今は花見舟で人気の目黒川も、かつてはおわい船が行き来していた。隅田川には、小舟から積み替えた大型のおわい船が連なってくだって行った。春のうららの隅田川をのぼりくだりする船の中には、おわい船も数多くあったのだ。それらの船は東京湾から外洋に出て糞尿を投棄していたが、途中の東京湾内にも多く流された。

昭和一九（一九四四）年、戦況はだんだん悪くなり燃料は底をついた。トラックは動かないし、船は波止場につながれたままだった。これで一番困ったのは東京都で、清掃事業はまったく停頓した。各家庭の便所は満糞になり、亭主は便意をこらえながら会社に行き便所に入るという努力をした。「満糞」と堤の本には書かれているのだが、さてなんと読むのだろう。

東京都は、国鉄をはじめ私鉄各社に糞尿の鉄道運送を頼んだが、国鉄は拒否、私鉄も多くが拒否した。しかし、戦前に肥桶運搬をした経験のある西武鉄道や東武鉄道は受け入れた。特に西武鉄道は社長自ら先頭に立って「黄金電車」を走らせた。西武鉄道社内では不評だったが、専用タンク車一五〇両を発注して臨むことになった。

まだタンク車ができてはいない昭和一九（一九四四）年一一月に、現在の西武新宿線井荻《いおぎ》駅で「糞尿

井荻駅で糞尿積み込み中の車両（『アサヒグラフ』1946年6月25日号）

輸送祝賀会」が開かれた。農林大臣や東京都長官らが見ている前で、貯留タンクからドドーッと糞尿が貨車に移されたのを見て、参加者は感激したと堤の本にはあるが、実際はどうだったかは推測できる。この本には糞尿輸送の利点は多く書かれているが、反対運動や異臭のことはほとんど書かれていない。まだ専用タンク車もなく汚水は垂れ流しで走っていたのだから、当然沿線住民や乗務員はいやだったろう。

もちろん、昨今の衛生観念とはかなり違っていた。戦前から昭和二〇年代ころ、池袋に近い板橋区、練馬区あたりは一面の畑で、畑の隅には肥溜《こえだ》めがあった。各家庭でくみ取った屎尿《しにょう》は、肥担桶に入れられて肥溜めに運ばれた。汲み取りを業《なりわい》とする者を「汚《お》穢屋《わいや》」と言った覚えが私にもある。肥溜めに子どもが落ちたという話もよく聞いた。現在のように「臭いものに蓋」ではなく、身近に糞尿があるという社会だった。

西武鉄道の乗務員だった方が、ブログに書いている。昭和二八（一九五三）年、狭山ヶ丘駅構内の屎《しに》尿溜《ようだめ》に地元の九歳の男子が落ちたのを、転轍手《てんてつしゅ》の吉田某が首まで浸かって助けた表彰状を見つけたという。戦後数年たっても、まだ駅構内には満タンの肥溜めが存在していたのだ。

　糞尿輸送は、戦後の一九五〇年代まで続けたそうで、糞尿を運んだ帰りの電車で、郊外でとれた野菜を運べば一挙両得であると堤は述べている。しかし、「お上《かみ》」の意向が薄れた戦後は、住民の意向を無視できなくなってやめざるを得なかった。一度ついた風評は、なかなか収めることはできない。堤の後を継いだ経営者は、西武鉄道のイメージを上げるのに懸命だった。しかし、今でも西武線、東上線は田舎電車のイメージがなかなか消えない。時代に先駆けて循環式農業を実行しようとしたことは称賛に値するが、あまりにも強引で雑な計画だった。

　最近散歩がてらに、昭和一九（一九四四）年に「糞尿輸送祝賀会」が行われた井荻駅を訪れてみた。きれいに整備された立派な駅になっている。もちろん汚穢の痕跡などかけらもないし、思いだす人もいないだろう。さらに西武池袋線の旧長江駅跡を探した。ここも積み込み駅だったと知ったからだ。もちろんこちらにも痕跡はなにもない。

　余談だが、堤は国分寺と立川の間に国立駅を作ったと自慢している。井荻も石神井と荻窪の間にある。長江駅も東長崎と江古田の中間にあった。これら駅名も、堤が名づけたのだろうか。

　西武鉄道の糞尿輸送のことを述べたが、池袋から川越方面に行く東武東上線も糞尿輸送をしていた。詳しい記録はほとんど残っていないが、下板橋駅と大山駅の間にあった金井窪《かないくぼ》という駅が、糞尿の積み込み場所だったと記録がある。しかし、八〇歳代の方に話を聞いても、汚穢列車という名前は聞いたことがあるという程度。戦争で焼失したが金井窪駅には蒸気機関車の転車台があり、浅野セメントの大きな倉庫があった。現在は東上線の車両基地になっており、転車台も、セメント倉庫も、もちろん糞尿溜めもない。

　東上線でも糞尿運送が行われていたのだが、「汚穢電車」という陰口はあまり聞かれない。「いも電車」というニックネームはよく聞かれる。「いも電車」も嘲笑するようなニュアンスがあったが、今は愛嬌あるカワイイ名前だ。さつまいも産地の川越を中心によく使われている。

東上線と西武線の糞尿輸送について、地元の方々から話を聞いた。戦後すぐに東上線の成増、朝霞、大和（現・和光市）付近にアメリカ軍の広大なキャンプ（キャンプドレイク）がつくられ、多くのアメリカ兵が駐留しており、しばしば東上線に乗って池袋などの繁華街に繰り出していた。東上線の駅では、彼らにお菓子などをねだったりする子どもが、大勢いたそうだ。

アメリカ人が大勢乗車する東上線では糞尿輸送はできず、米軍駐留後にすぐにやめた。しかし、西武鉄道は昭和二八（一九五三）年まで糞尿輸送を続けた。東上線沿線では、汚穢電車の記憶は戦争とともに消えたが、西武線は戦後数年間、会長の方針で汚穢輸送を続けていたため、記憶に残り続けたようだ。その差が「おわん電車」と「いも電車」の違いになったのではなかろうかと、筆者は思っている。

第三章

魚梁瀬森林鉄道の人びと

中村茂生

ひろみさんは、昭和一二（一九三七）年、高知県安芸《あき》郡安田町東島に生まれた。安田町は、四国山地から太平洋に流れ込む安田川沿のわずかな平地にできた町だ。東島は安田川河口に近く、集落は東岸に広がり、安田の中では豊かな耕地のある地区である。ひろみさんの家も農家だった。

中学生になると学校へ行きながら農作業の手伝いもしなければならない。家族が作業をしている田んぼの向こうを、汽車が通りかかる。当時安田川沿いには鉄道があったのだ。通過時刻が決まっているから時計がわりになり、休憩やお昼の合図になった。河口に向かって走る汽車は、丸太を積んだ貨車を何両も引いて、隣町の田野町の海岸にある貯木場を目指していた。

東島から高校への進学者は多くなかったが、ひろみさんは田野町にあった高校に行くことになった。自転車で通う生徒が普通だったころ、ひろみさんが徒歩通学だったのは、自転車は買わない、というのが進学の条件だったからだ。

歩いて一時間の距離だった。家から安田川沿いの道まで出て、海に向かって歩く。立派な桜の並木があって、春先には桜のトンネルになった。道と並行して築かれた盛土の上に線路があった。

運よく川下に向かう便と出くわすと、駅でもないところで機関士が汽車を止めてくれた。乗り込んで終点の田野貯木場まで行ければ、高校は近いものだ。一年生の時は、機関士の隣に乗せてもらった。その後、機関車と貨車の間に客車が一両連結されるようになった。雨の日には、上流の中山地区から通う生徒でいっぱいになる。線路から客車の乗降口までは、案外高さがある。スカートの裾《すそ》をからげ、乗客に手を引いてもらって客車に乗り込んだ。

ひろみさんはこの話を、「おおい、はようこいよ」と呼びかけてくる機関士の声音とそれに応えて手を振る動作を交えて、いつも楽しげに語る。ひろみさんの脳裡に、当時の情景も声もはっきりと蘇っているのがわかる。

この鉄道を、「魚梁瀬《やなせ》森林鉄道」といった。昭和三七（一九六二）年には廃線となり、軌道から車道への拡幅工事にともなって桜並木も伐られてしまった。歴史はわずか六〇年ほどの鉄道である。それでもかつてこの沿線に住んでいた人は、ひろみさんと同じように、何かしらこの鉄道にかかわった大事な思い出を持っている。

そんなふうに記憶される森林鉄道は珍しい。

魚梁瀬森林鉄道

安田川の約一キロ東に、一まわり大きい奈半利《なはり》川が流れている。ともに土佐湾に流れ込むこの二筋の川の上流一帯の深い森からは、スギ、モミ、ヒノキ、トガなどの良材がとれた。特にスギは、魚梁瀬杉というブランドで知られる銘木だ。

弘法大師の伝承にも残るこれらの良材は、戦国大名長宗我部《ちょうそかべ》氏の支配を援《たす》け、藩政時代には厳重な管理の下、藩の財政を支える貴重な資源であった。明治になると森林のかなりの部分は国有林に編入され、明治一二（一八七九）年から農商務省山林局による本格的な管理と伐採が開始された。

伐採した材木を運ぶ仕組みが、森林鉄道である。森林鉄道による木材搬出は、明治の終わりから昭和四〇年代はじめまで、北海道から九州、台湾まで、全国の国有林で採用された。道路が整備され、トラック輸送が便利になるまでは、奥地にあって、規模が大きい、そして資金に困らない国有林には適した方法であった。

四国山地の高知県側には国有林が多い。そのため高知県のほぼ全域に亘って森林鉄道が見られる時代があった（一三三路線約一〇七三キロ）。その中で歴史が古く、もっとも規模が大きかったのが、東部の馬路《うまじ》村、北川村、奈半利町、田野町、安田町の五町村――中芸五町村――を走る路線、魚梁瀬森林鉄道である。

魚梁瀬森林鉄道は、明治三九（一九〇六）年に馬路村馬路周辺で敷設が計画され、明治四四年にまず安田川に沿って海岸部の田野貯木場とつながる（安田川線）。ほぼ同時に北の山中にも伸びて、馬路村魚梁瀬の集落を経由して大正八（一九一九）年に石仙《こくせん》という木材集積場に至る。昭和四（一九二九）年には奈半利川沿いの工事（奈半利川線）も着手され、昭和一七年、二つの路線は北川村釈迦《しゃか》ケ生《うえ》で合流した。太いレール（一〇キロレール）で大型の機関車の運行に耐えられる仕様になっているこの幹線は本線と呼ばれた。

本線からは何十本もの支線が伸び、中芸の国有林の隅々まで、北は徳島県境に達するところまで張り巡らされていた。ひとまわり小さいレール（九キロレール）を使用する支線の方は、森林軌道と

魚梁瀬森林鉄道最前線の作業軌道（撮影地不詳、清岡博基氏提供）

いって森林鉄道と区別されることもある。本線と違って支線は、伸びた先にある一帯の木の伐り出しを終えれば付け替えられた。
　支線のさらに先には、必要に応じて設置される作業軌道があった。簡易なもので、専門の技術者もいないところで、現場の作業員たちが設置し、撤去したという。最前線のこの軌道は、記録にはほとんど残っていない。支線跡は現在では巡視路などとして再利用されていることが多く、散策しながら橋台や擁壁《ようへき》などの遺構や、まれにレールと枕木を見つける楽しみもあるが、作業軌道はその痕跡すら確認できたことがない。ただ、わずかに残された写真の印象は圧倒的だ。
　それぞれの山から伐り出された材木を積んだ貨車は支線で本線まで運ばれ、連結される。それが長い長い貨車の列となって、安田川線か奈半利川線どちらかのルートで田野町と奈半利町

魚梁瀬森林鉄道路線図

本成行『魚梁瀬森林鉄道』収録図をもとに作成）

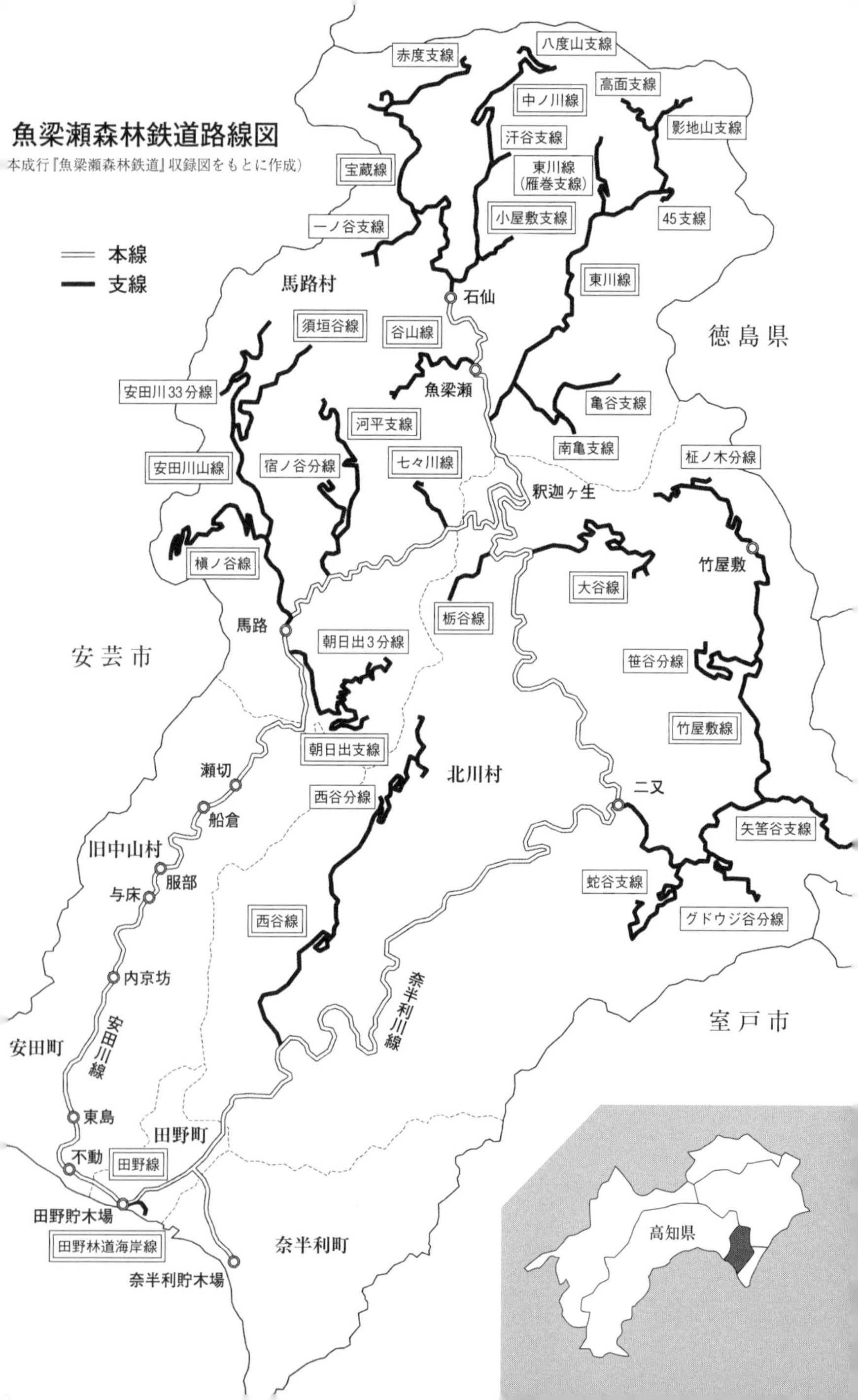

魚梁瀬森林鉄道全路線

路線名		支線名	分線名	延長（m）	開設年	廃止年
魚梁瀬森林鉄道	安田川線 昭和17年度に、魚梁瀬森林鉄道から安田川林道に改称	本線（森林鉄道1級）		33,120	M43	S40
		安田川山線	本支線	21,347	M40	S40
			三十三分線	1,055	S35	S40
		槇ノ谷線		7,194	S8	S25
		須垣谷線		11,414	S14	S40
		朝日出支線	本支線	8,462	S19	S37
			三分線	5,021	S29	S36
		河平支線	支線本線	9,172	S17	S36
			宿ノ谷分線	2,980	S28	S33
		七々川線		3,052	S4	S39
	奈半利川線 昭和17年度に、奈半利川林道から魚梁瀬林道に改称	本線（森林鉄道1級）		47,062	S6	S39
		田野線（森林鉄道1級）		2,236	S17	S39
		田野林道海岸線（森林鉄道1級）		1,114	S9	S38
		西谷線	本支線	20,890	S18	S40
			西谷分線	688	S19	S25
		竹屋敷線	本支線	22,927	S6	S43
			グドウジ谷分線	4,799	S20	S43
			蛇谷支線	6,488	S6	S43
			矢筈谷支線	5,642	S10	S34
			笹谷分線	3,905	S17	S34
			柾ノ木分線	936	S16	S25
		大谷線		8,420	S15	S43
		栃谷線		2,665	S17	S33
		東川線	本支線	17,414	S4	S43
			亀谷支線	6,977	S6	S25
			南亀支線	1,200	S6	S11
			雁巻支線	4,442	S13	S25
			四十五支線	897	T8	S25
			高面支線	2,446	S25	S33
			影地山支線	210	S35	S40
		谷山線		4,361	T2	S40
		中ノ川線	本支線	13,910	T8	S43
			八度山支線	1,035	S28	S33
			汗谷支線	802	S10	S15
		宝蔵線	本支線	17,157	T6	S43
			一ノ谷支線	3,962	S10	S11
			赤度支線	1,220	S25	S40
		小屋敷支線		1,633	T10	S2

※石仙・奈半利貯木場間、釈迦ヶ生・田野貯木場間、立岡分岐・田野貯木場間を、地域の慣例にならって「本線」とした。
※「開設年」は、着工年ではなく路線の一部において軌条が敷設された年度、「廃止年」は、当該路線が資産除却された年度。
※合併された路線については、合併後の名称のみを記した。
※田野線は、開設時には奈半利川線（本線）であったが、昭和17年度に立岡から田野貯木場までが切り離され、改称された。昭和28年度には、田野貯木場引込線100mを合併。
※昭和9年度に、奈半利線（1級）立岡・奈半利貯木場間が竣工したが、昭和17年度に奈半利川線（本線）と合併した。合併の際194m減少した。
※林野庁HP「国有林森林鉄道路線データ（令和2年5月15日修正）」を基に、矢部三雄氏のご教示を受けて作成した。

にある貯木場まで運ばれる。そこから高知市や大阪方面に送られるのだ。

軌道敷設がはじまった明治末には高知営林局といい、高知の国有林を管理した国の機関は、四国森林管理局と名称を変えて現在高知市にある。そこに「林道台帳」という永年保存の公文書が保管されている。森林管理や木材搬出のために整備した林道を、資産として管理するための台帳で、路線の長さや開設年が記されている。森林鉄道は、ここでは軌道が敷かれた特殊な林道という扱いになる。各地に残る林道台帳をもとに、林野庁は「国有林森林鉄道路線データ」を公表している。これに沿って魚梁瀬森林鉄道を説明すれば、次のようになる。魚梁瀬森林鉄道は、明治四〇(一九〇七)年から昭和四三(一九六八)年まで中芸地域に存在した森林鉄道・軌道で、奈半利川線、安田川線の本線と、三六本の支線・分線などからなる、総延長三〇八・二五五キロ(本線八二・四一八キロ)の鉄道網である。

あたりまえに自分の生活圏内にあるレールの路線名は、沿線住民やそこで働く人びとにとって重要ではなかった。「魚梁瀬森林鉄道」は改まった言い方で、「汽車」、「ガソ」(ガソリン車の略)、「りんてつ」が通り名だ。

森林鉄道で働く人びと

昭和一〇(一九三五)年の資料『森林鉄道運輸事業一班』(馬路営林署)によれば、「森林鉄道運輸(保線ヲ含ム)事業」を所管するのは、馬路営林署である。魚梁瀬の木材搬出の中心が、おくれてできる奈半利川線に移ってからは所管の範囲が狭くなったが、馬路が重要な拠点であることには変わりなく、機関庫、修理工場、倉庫から従業員宿舎とその風呂場まで設備が整えられていた。

昭和一〇年当時、石仙・田野貯木場間の運行は次の通りであった。

朝、二台の機関車が馬路を出発する。一台は空の貨車を引いて石仙まで材木を取りに上がり、引き返して馬路に集積された分を加えて田野貯木場まで下り、空になった貨車をひいて馬路に戻る。もう一台は材木を積んだ状態で一晩馬路に待機していて、田野貯木場まで下り、空になった貨車を引いてそのまま石仙まで上がって再び材木を積んで馬路に戻る。

ポーター社製機関車（清岡博基氏提供）

昭和二（一九二七）年生まれで、機関手（運転手）だった中村熊亀さんへの聞き書きには、馬路を朝出て石仙にあがり、魚梁瀬の最奥から西川支線、中川支線、東川支線の順に貨車を連結し、最終的には二五両ぐらいを田野まで牽引したとある。資料と熊喜さんの経験の間には十数年のひらきがあるが、同じ機関車が走り、運行もほぼ変わらなかったようだ。東島を通過し、農作業中のひろみさん一家の時計がわりになる機会は日に四回あったことになる。
熊喜さんが運転したのは、アメリカのポーター社製の機関車であった。大正一一（一九二二）年、魚梁瀬森林鉄道本線全線

（当時は安田川線のみ開通）を蒸気機関車が走るようになった時に導入された型である。

支線では、やはりアメリカ製のガソリン車が走っていた。ガソリン車は後に国産化されたが、高知県内には野村組工作所、谷村製作所というふたつのメーカーが生まれ、全国の営林署から発注が来るほどの優秀なモデルをつくった。昭和二五（一九五〇）年以降、主力はディーゼル車になり、蒸気機関車も順次改造されていく。ガソリンが貴重品になった時代には、木炭車もあった。短い歴史の中で、動力車の変遷は目まぐるしい。その進化は最終的に、軌道すら必要とされないところまで行き着いた。

地元の人で、ガソリン車を、ガソリン車と呼ぶ人に出会ったことがない。ガソ、である。親しみを込めて、ガソがどうした、どうだったかという話を聞き続けているうちに、人格を持った何かのように思えてきたものだ。身近にあって、親しまれた機関車だったのだ。

機関手にまつわる思い出話では、女性にもてたというくだりは必ず話題に出る。機関車を前に記念写真に収まる機関手の、颯爽とした姿を見ると、今ならさしずめ航空機のパイロットといったところだろうか。

ひろみさんの同級生は、これ以上勉強はいやだと宣言して、中学卒業後、線路の保線の仕事につき、そこで知り合った機関手と所帯をもった。ひろみさんによれば、保線の作業中に通過する汽車を、線路脇で手など振りながら笑顔で見送っているうちにそうなったのだという。ほかにふたりの知り合いが機関手に嫁いだそうだ。

走行中の貨車の上が、制動夫の仕事場だった（昭和30年前後、門田秀実氏撮影）

『森林鉄道運輸事業一班』には、馬路営林署が抱えていた「森林鉄道係員」の職種、人数、最低最高賃金も記されている。職種と人員は、事務二名、運転二二名、車軸検車・修理一四名、通信其他雑技五名、保線二三名の計六六人態勢である。このほとんどは馬路村と周辺の町村出身者で占められたと思われる。

人員の三分の一を占める運転部門二二名の中には、燃料を釜にくべる火夫《かふ》も含まれている。

戦後機関手になった熊亀さんの森林鉄道係員のキャリアは、尋常小学校卒業後すぐの火夫から始まった。朝機関車を動かすには、前もって二時間以上の準備が必要で、それが終わったら出発前の点検や、火力を微妙に調整しながらの走行など、細かい技術を要する気を遣う仕事だったという。

犬引きのトロ。勾配がきつい箇所では人もおりて貨車を押した（中芸のゆずと森林鉄道日本遺産協議会提供）

火夫をいれても、運転部門二二名はまだ多い。ここにはほかに、制動夫という仕事が含まれている。制動、つまりブレーキ係である。

森林鉄道の軌道は、一キロあたり十数メートル程の高低差ができる緩い傾斜になっている。材木を積んだ貨車は、軌道上を自然に下ってくる設計で、動力車がなくても材木を運ぶことができた。機関車導入以前、空の貨車を犬が引き上げていたことは、よく知られた話である。

材木を積んだ二〇両もの貨車がこの傾斜で山を下ると、先頭を行く機関車のブレーキだけでは用をなさない。そのため各貨車にブレーキが装備されているのだが、それは手動で、いちいち人が操作する必要がある。下っていく汽車の、材木の上を移動しながら、機関手と息を合わせ、先端が鉤型になった長い鉄棒を使って、要所要所でブレーキをかけたり外したりを制動夫が行う。下り便の円滑で安全な運行はその働き次第である。経験はもちろん、天性の勘、なにより勇気が必要な仕事で、機関手の間で後々まで語り草になるほどの名人もいた。一方で、雨に濡れて滑りやすくなった材木やトンネルなど、制動夫にとって危険な要素はいくらでもあるので事故は多い。安田町に隣接する安芸市の事例だが、ある機関手だった方の話を忘れることができない。

長くいっしょに組んだ制動夫と、いつも通り互いに声をかけあいながら仕事をしていた。と、突如制動夫の声が途切れる。事故だということはすぐにわかった。いつかそういうことが起きるとわかっていたような気がしたそうだ。制動夫が巻き込まれる事故は、凄惨なものになることが多い。その時は不幸なことに死亡事故になった。軌道沿いに散乱した仲間の肉片を集めてまわったという。二二両の貨車に、二名の制動夫がついていた。汽車は、機関手、火夫と合わせて四名で操られていたことになる。

通信其他雑技職の中に、電話係がいた。上り便と下り便の正面衝突を避けるために、主要な駅を出発する際には、経路上に設置された連絡所に電話を入れる。その連絡を受けるのが電話係で、後に述べるように民間業者の線路使用もあったので、気の抜けない仕事だった。馬路と田野の間にある服部集落にあった連絡所で働いていたのは、仕事があるわよと声をかけられ、気軽に引き受けた近所の娘さんだったが、背負った責任は大きかった。

保線係は、線路の保守点検、修理にあたった。安田川線では全長約三三キロが四つの工区に分けられ、工区ごとに責任者ひとりに四、五名の人夫という組で作業がおこなわれた。「保線」ではなく、

安全な走行を支えたシューゼン（修繕）作業（高知市立高知市民図書館所蔵寺田正写真文庫、写真は以下全て同じ）

「シューゼン（修繕）」と言わなければ地元では通じない。

シューゼンの日常的な作業のひとつに、ビーダー打ちがあった。枕木の下にできる空洞を埋める作業で、ビーダーというツルハシ型の道具を使って線路のバラストを枕木の下に詰め込んでいく。ビーダーを持って横並びになり、音頭取りの掛け声にあわせて打ち下ろす動作を繰り返しながら進んでいく様子は、森林鉄道沿線でも少しかわった景色だったようだ。

男性の仕事に思えるが、どういうわけか女性が多かった。いろいろな楽しみもある仕事だったらしい。ひろみさんは、志願してシューゼンに身を投じた同級生から、おしゃべりもできればみんなで歌も歌える職場だからと、たびたび誘われたという。

責任者を務めていたある男性は、配下に未亡人ばかりを抱えた時期があったというから、給料もよかったのかもしれない。昭和一〇（一九三五）年当時、修繕人夫の日当は最高で一・二五円、森林

自転車トロで朝の点検

鉄道係員最高給の機関手が二・三五円と比べると約半分だが、制動夫でもっとも低い一・二〇円よりは高い。林業が盛んな時期には、造林などほかにも女性ができる賃労働の機会が豊富にあった。

巡視人夫も、保線係の一員だ。線路上を走行できるように改造された自転車で、早朝、汽車が動き出す前に担当する路線を試走して安全確認する仕事である。特に天気が荒れなくても、石や木の枝が線路上に落下することはある。小さな障害物は取り除いていくのだが、ひとりでは対処できない規模の落石があった場合などには、携帯している電話で連絡する。軌道の上に電話線がはられていて、それに接続すれば通話できるようになっていた。

森林鉄道係員の業務以外に、その大前提である軌道敷設工事についても触れておきたい。

明治末に馬路で軌道敷設が始まって以来、最後の支線が開設される昭和二八(一九五三)年まで、中芸地域のどこかしらで新設工事が行われていた。

工事は、軌道を敷く路盤をつくる土木作業だけではない。

山を切り開いて林道を設置する工事につきものなのは、石垣である。今日まで残る隧道《ずいどう》、橋台、擁壁の遺構をみればその技術の高さがわかる。熟練した職人集団の仕事のように見えるが、実際にこの作業に携わったのは多くは沿線住民で、貴重な収入源であった。ただし当初土木工事全般を請け負ったのは徳島県の組で、石垣づくりの名人もその中に含まれていたのだという。それがそのまま移り住み、技術を伝えたということらしい。橋台をつくるにあたり、かなめの石ひとつ据えるのにまる一日かけたという伝説も残されている。

石垣づくりには、石を積む作業の前に、岩塊を砕いて適当な大きさの石を切出す作業がある。これを石割といって石積みとはまた別の仕事である。石は河原で探し、のみを使って必要な大きさに割る。石には目がある。熟練した石割が、その目に沿ってのみを打ち込むと、石は狙い通りの形、大きさに割れる。そこから細部を削って石積みの要請通りの形に整える。大きな岩は、制山棒《せいざんぼう》と呼ばれる鉄製の棒でまず穴を穿《うが》ち、つめた発破《はっぱ》で小さく砕く。大きな現場では、山に張り付いている岩塊を山主から買うこともあった。

石割には、朝鮮半島から来た労働者の組も従事していた。のみで岩に穴を穿つ作業では、彼ら独特のやり方があった。ほかの石割は、それを「あげうち」と名付けた。のみに大きな力を伝えるには、上から振り下ろすのがもっとも効果的だろう。しかし続けていると穴の底にカスがたまるので、時々作業を中断して取り出さなければならない。「あげうち」では、槌を下から上に向かって振り上げて、岩の下側に穴を穿つ。このやり方であれば、カスはそのまま下に落ちる。力が入らなさそうに見える「あげうち」で器用に作業を進めていく様子が、営林署職員として作業を監督していたオオイさんの印象に残っている。

森林鉄道は、敷設、運行、保守等に多くの人を必要とした。この大きな人件費は、やがてトラック輸送に切り替わる要因ともなったが、大雨などの災害による緊急の復旧工事も含め、そのほとんどに従事したのは、営林署か営林署の委託業者に雇用された沿線住民であった。

人を乗せる

森林鉄道の役割は、材木の運搬である。付け加えるとしても、山で仕事をする人の移動と、そこに逗留する人びとの生活物資の運搬である。しかし森林鉄道の中には、沿線住民の生活に密接にかかわった路線もあった。魚梁瀬森林鉄道はその代表的な路線のひとつであったといえるだろう。

材木運搬用の鉄道だとはわかっていても、馬路村や北川村の奥で暮らす人びとにとっては、それによって生活の便が格段に上がるという期待があった。中芸地域の山奥にある集落には平家落人《へいけおちうど》を起源の伝承に持つところが多い。それも関係しているのか、そもそも外部への交通が開かれていない。しかし明治になると、それは不便ということでしかない。

魚梁瀬から馬路への軌道敷設の計画を伝える当時の新聞に、次のような記事がある。

魚梁瀬馬路間の鉄道　高知大林区に於いては木材陸輸の為め安芸郡魚梁瀬馬路間に軽便鉄道を布設の筈にて測量中なりしが此程実測を終りたれば明年度より布設に至るべく尚馬路より奈半利に出づるか安田村に出づるか土地人民にも寄々運動中なりと本鉄道開通の上は一般人民にも便乗を許さるべく

（『土陽新聞』明治四一年一二月二〇日付）

これによれば、当初から「一般人民」の便乗も期待されていたことがわかる。誘致合戦にも熱がはいったことだろう。

安田川と奈半利川どちらを通るかという問題は、ひとまず前者ということになった。魚梁瀬の川はそもそも奈半利川水系であり、木材を搬出するには奈半利川ルートの方が便利であったが、難工事が予想された上に、途中にあった山林の所有権をめぐる国と集落の係争の決着を待つことができなかったのである。昭和三（一九二八）年の判決で国が勝訴すると翌年すぐに奈半利川線工事が着工され、開通後は安田川線にかわって魚梁瀬の材木の主要な搬出路線となった。

安田川線の馬路・田野貯木場間は明治末にはできており、大正三（一九一四）年から一般客の利用が認められた。その頃の「一般人民」による森林鉄道の利用の様子は、残念ながらあまり伝わっていない。

昭和五（一九三〇）年度から七年度までの三ヶ年に限っては、全国の森林鉄道・軌道の「便乗者」

数が残っている。「各営林局主管ノ森林鉄道・軌道ガ一般特ニ地元民ニ如何ニ利用サレツツアルカ」（『森林鉄道軌道ノ便乗者及民貨輸送ニ関する調』農山省山林局　昭和九年）について調査した報告書だ。便乗者に数えられたのは、局署員、従業員、視察者、商人、地元民、沿線民である。森林鉄道利用者数の統計資料としては、これ以外のものを見たことがない。

高知営林局管内では、魚梁瀬森林鉄道のほか一〇本の森林軌道が一般利用者のあった路線としてあがっている。当時まだ全通していない奈半利川線は、奈半利線として軌道に分類されているので、この報告書がいう魚梁瀬森林鉄道は、石仙から魚梁瀬、馬路、中山村（昭和一八年に当時の安田町と合併）、安田村、田野貯木場を結ぶ魚梁瀬森林鉄道安田川線を指すことになる。

三年間の魚梁瀬森林鉄道安田川線の利用者数は、合計一〇万一四三三人にのぼる。これは秋田県の小阿仁《こあに》、仁鮒《にぶな》、早口《はやぐち》森林鉄道につぐ実績である。月平均約二八〇〇人、毎日運行していたとすれば一日平均一〇〇人に満たない数字になるが、便数は一日もっとも多くて往復三便、客車が一便あたり二両までだったことを考えれば、満員になる車両も珍しくなかったと思われる。

昭和五年度から七年度の間、利用者数は増加傾向にあり、三年間で一万二七〇〇人増となっている。この間の沿線町村の人口推移をみると、沿線四町村のうち馬路村と中山村、安田町でそれぞれ五〇人から六五人、田野町もわずかではあるが増加している。この四町村の人口は、林業の隆盛をうけてこの時期から昭和四〇（一九六五）年頃までの三〇年間で約二五〇〇人増となっている。それに伴い、通学者など新しい乗客を取り込みながら、森林鉄道利用者数も伸びていったことだろう。

合宿所から親元に帰っていく子どもたち

ちなみに馬路村の人口は明治三五（一九〇二）年で一四三一人、その後林業が盛んになるにつれて増加し、森林鉄道廃線後の昭和三〇年代に三四二五人でピークを迎える。人口の増加率は、ほかの安田川沿線町村より高い。中芸地域の林業の中心はやはり馬路村で、もっとも森林鉄道を利用したのは馬路村民だったといえるだろう。

明治二九（一八九六）年の馬路営林署に続いて、昭和四（一九二九）年には魚梁瀬にも営林署が開設された。ひとつの村に二つの営林署は異例である。営林署村とあだ名がつき、営林署長は、もうひとりの村長だといわれた。また二、三年ごとに入れ替わる営林署職員とその家族は、馬路村に山村とは思えない都会風の文化をもたらした。当時馬路の子どもは垢抜けた服装で際立ち、川下の集落から客車に乗る子どもを気後れさせるほどだったという。

伐採の現場は、魚梁瀬からさらに奥へと進み、今では人も滅多に立ち入らないようなところにも事業所や従業員宿舎ができた。その跡地は、石垣と建物の土台だけが残る廃墟になっている。煙突の残骸が転がっているのを見つけ、そこが共同浴場の跡で、かつてこの一帯には一〇〇人を越える人が生活していたと聞かされると、言葉を失うしかないほど今では深い森におおわれている。

そうしたところに配属された男たちが仕事以外にやることは、酒と花札とケンカしかなかった。ケンカといっても怪我もしなければ、後もひかない、することがなくてするケンカだ。休みになるのを待ちかねて森林鉄道で馬路に出る。そこには昼間から三味線の音が聞こえてくるような街があり、飲み屋や映画館といった娯楽施設もひと通りあった。

この当時、馬路村の人口の男女比はいびつで、三：二で男性の方が多かったが、子どものいる家族もあった。親が働く現場が魚梁瀬の奥になると、学齢期の子どもを学校に通わせることが難しい。そういった児童のために、昭和一六（一九四一）年、魚梁瀬に児童合宿所ができた。戦後間もない時期には、一〇〇人前後の子どもがいたという。週末、独身男性が町に下りてくることを心待ちにしたように、合宿所の子どもたちは、山奥の親元に帰ることが最大の楽しみだった。通学車と呼ばれる専用の車両に乗って、子どもたちは親元に送られていった。

昭和初期の安田川線

昭和九（一九三四）年に刊行された利用者調査には、「便乗者ニ関スル既往ノ施設」という項目がある。それによると、利用者の多い秋田の森林鉄道と魚梁瀬森林鉄道には、「有蓋車」があったことがわかる。つまり、客車のことだ。

昭和八（一九三三）年の秋にこの客車と思われる車両に乗った人物の文章がある。

> 午後一時一行は客車二輌に分乗して奈半利営林署前を出発、かういふ汽車に数年前黒部の峡谷を見に行つた時に乗つたことがあるが、ここの森林鉄道はあれよりもずつと完備してゐて、車体も大きく乗心地もいい。しばらくの間は室戸街道の向ふに海がみえてゐたが、そのうち車は安田川に沿うて駛るやうになった。紆余曲折した軌道、入つたかと思ふと直に出る隧道、駛るに従つてだんだん山が深くなつて往く。途中で面白いと思つたのは、機関車に給水する水槽の近くの所に、枡に盛つた栗をおき、値段を書いた紙切が付けてあつて、勝手に停車中の客に持ち去らしめてゐることで、時には鮎などもかうして売つてゐるといふ。
>
> 馬路と云ふ所に着いたのが二時半頃。
>
> （吉井勇「魚梁瀬の森林」）

歌人吉井勇には、昭和九年（一九三四）頃から数年にわたって高知県で暮らした時期がある。その間二年ほどは、猪野々《いのの》という山間の集落に営んだ草庵を拠点とした。渓鬼荘《けいきそう》と名づけられたその庵があったという場所は、脚本家としても名が売れはじめた歌人が好んで住処《すみか》に選ぶとは到底思われないほど山深い。家族の問題で苦しんでいた吉井は、昭和八年に初めてそこを訪れ、翌年に再訪して住むことを決めたのだという。

猪野々と魚梁瀬は、地図上では一山の隔たりしかないように見えるが、吉井一行は、自動車で逆方向にある高知に出てから海岸線に沿って奈半利まで行って森林鉄道に乗り換えている。山間部にも道はあったが、整備されたものではなかったので、それが普通であった。猪野々から魚梁瀬へは、現在でも似たような経路をたどらなければならないが、奈半利からは森林鉄道のかわりに自動車道が通じている。吉井一行が馬路まで約一時間半かけた行程は、今は三〇分である。

そうまでして「有名な魚梁瀬の森林」を訪ねた吉井の一行というのは、酒樽に適したスギ材を検分に来た酒造家たちであった。魚梁瀬では営林署長じきじきの応対を受ける「視察者」である。快適な客車に乗った吉井一行がたどったルートは、現在ではすべて県道か町道になっているが、その大半が森林鉄道の軌道跡を利用しているので風景はさほど変わりない。

奈半利営林署を出発した汽車は、安田川にぶつかるまで、約二キロ海沿いに走る。軌道に並走する室戸街道（現・国道五五号線）の向こうはすぐ太平洋だ。安田川からは東岸に沿って北上する。曲がりくねった軌道を、ひろみさんが生まれる前の東島も通り過ぎ、時にトンネルをくぐりながら山深くはいっていく。安田川線の軌道は、吉井が記す通りカーブが多く、何台もの貨車を連ねた材木搬出には本来適さなかった。奈半利川線はこれを教訓に、できるかぎり直線にしたという。

馬路までにトンネルは、七つあった。トンネルに名前はないが、アーチ型の入口のプレートには、下流から順にローマ数字が振られている。Ⅳ番・Ⅵ番トンネルは現存しないが、残る五つの見事な石造隧道は、平成二一（二〇〇九）年に旧魚梁瀬森林鉄道遺産として重要文化財に指定されている。現存するいちばん長いものはV番トンネルで、それでもわずか七一メートルである。入ったらすぐ出る短さだ。

給水所は、I番とII番の間にある与床《よどこ》という旧中山村の集落にあった。吉井には珍しかった栗の無人販売は、今でも高知県では普通に見られる農産物の販売形態である。畑の端などに、木箱を人の目の高さに設置し、中に野菜や果物と代金をいれる缶カンなどを置くのがよくあるスタイルだ。客に対する全幅の信頼なくしては成立しない商いで、高知の人は良心市《りょうしんいち》と聞けばすぐ目に浮かぶ。

明治から平成にかけて三代にわたって魚梁瀬郵便局長を務めた一家は、祖父の時代に魚梁瀬に移り住むまでは中山村にいて、栗や柿を売って稼いでいたというから、このあたりの名産だったのかもしれない。

沿線の風景

先に見たとおり、国有林の材木を運ぶ汽車は、日に二往復するだけで、線路には余裕があった。そこで正確な時期はわからないが、戦前のうちに本線での一般乗客専用便の運行がはじまる。これを連絡便といって、立派な客車もできた。略して「れんらく」の所有は馬路村で、運行は後に森林組合に委託された。

これによって魚梁瀬森林鉄道の利用者は一気に広がったと思われる。というより沿線住民の要望に応えて連絡便を走らせるようになったというべきだろう。生徒を学校に送り、馬路や魚梁瀬の子どもたちを、遠足ではじめての海に連れて行く。この頃から、森林鉄道に乗って魚梁瀬や馬路に住む親戚を訪ねる話もよく聞かれるようになる。

連絡便ができ、森林鉄道は次第に沿線住民のなくてはならない足となった

駅の看板や切符に、命の保証はしません、と書かれていた、というのは、かつての連絡便利用者のひとつ話だ。そんなおそろしい鉄道が存在し、私はそれに乗ったのです、と少し笑いながら話せるのは、実際にはそこまで危険を感じなかったからだろう。しかし死亡事故もなかったわけではない。

切符に書かれた文言を確認すると、「注意　本軌道便乗は事故発生及び危害があっても総て補償はしません」となっている。木で鼻をくくるような調子ではあるが、命の補償なしとまでは書かれていない。ずいぶん極端に言い換えたものだと思うが、魚梁瀬森林鉄道の汽車に乗ったという経験を特別なものにする効果は抜群だ。

この時代の景色をもう少し記しておきたい。

与床で生まれたときおさんには、森林鉄道の乗客向けに良心市で栗が売られていた記憶がある。場所は、給水所から少し下流にあった与床駅だった。与床集落の中心は森林鉄道の対岸になる。そこには県道も通っていたが、商売するなら森林鉄道の方だったろうという。県道と森林鉄道では、利用者の数がまったく違っていたからだ。

ときおさんは昭和一四（一九三九）年生まれである。汽車は物ごころついた頃から走っていた。中学生になると、森林鉄道でトロ引きのアルバイトをした。トロというのは、トロリーを略した呼び名だ。材木を運ぶ、車輪のついた台車のことである。

馬路までの安田川両岸は、民有林である。森林鉄道が設置されると、山主は、営林署に軌道使用料を支払って材木の搬出にトロを使うことにした。トロによる搬出、あるいはそれに従事する人をトロ引きといった。

ときおさんが中学生の頃、安田川沿線にはトロ引きを専業にしているグループがいくつかあった。そこへ週に二日、ときおさんと友人は手伝いにはいった。線路脇まで運ばれた材木をトロ一台に積み込み、田野貯木場まで運ぶ。

先に述べたとおり、軌道は田野町に向かって緩やかに下がっている。ブレーキの操作だけ気をつければ、そのまま貯木場まで行き着くはずだ。ところがちょうど東島のあたりでほぼ傾斜がなくなってしまう。

ときおさんたちのトロも、動き始めてしばらくはひとりで進むが、次第にゆっくりになり、やがて停車する。仕事は、ここからだ。停車する前のトロの後ろにまわり、そのまま貯木場まで押して行くのだ。力仕事だが、からだが大きかったので、中学生でもできた。コツは、トロが自分で進んでいく距離をできるだけ長く稼ぐこと。割りのよいアルバイトになったという。

沿線住民に便宜をはかる臨時便もいろいろあった。

高知では、氏神の祭礼を神祭《じんさい》という。安田川沿線の集落には、当時いくつか特に人気のある神様があった。夜店もたくさん出たそれらの神祭には、周辺の集落からも多くの人がやってくる。その行き来のために森林鉄道を臨時便が走った。

馬路の熊野神社では、山車を載せ、高知では端午の節句で鯉のぼりといっしょに揚げられる、大漁旗に似たフラフをいくつもなびかせて花電車も走った。そこら中の家でひらかれる大おきゃく（大宴会）には、いつも知らない人が紛れ込んでいたという。古い村人も、入れ替り立ち替りやってくる新しい村人もいっしょになって行われたのが神祭であった。

女性の話によく出てくるのは、森林鉄道での嫁入りだ。「嫁は川たけから」（川に沿ったところから）という言葉があり、安田川沿いの集落間では、昔から嫁のやり取りが盛んだった。結婚が決まると、婿入りといって、まず花婿が花嫁の家に出向いて花嫁の親戚一同へのお披露目がある。挨拶を終えると、嫁入り道具一式を持った花嫁を婚家に連れて行く。行き来はもちろん森林鉄道の臨時便である。北川村から婿を迎えた魚梁瀬の女性は、花嫁衣装で客車に乗り込み、お婿さんを迎えに行ったという。狭い客車で角隠《つのかく》しがつかえ、頭が痛かったことがいまだに忘れられないそうだ。

森林鉄道で嫁入りした人にはまだまだご健在の方が多いが、写真を見せてもらったことがない。人に見せるものではないのだという。りんてつの花嫁の写真はまぼろしの一枚だ。

魚梁瀬郵便局長三代目のみちのりさんは、大学生の時に母親を亡くした。亡骸を馬路まで運ぶ方法がなくて困っていると、営林署が汽車を出してくれることになった。郵便局としての日頃の付き合いがあってのことだとしても、ありがたかった。

みちのりさんには、少年時代にも森林鉄道の思い出がある。

奈半利川も安田川もおいしいアユで有名な川だが、魚梁瀬までのぼってくるアユはまずいない。魚梁瀬でさかなといえば、アメゴである。アメゴ獲りは子どもの大きな楽しみだ。時には支線の軌道をたどって、仲間といっしょに上流まで行った。

鉄橋の上にいる時に、汽車の音が聞こえてきたことがあった。逃げなければならないのに、音の方向がわからない。耳をすまし、ようやくわかったところで反対方向に駆け出した。そんな映画の一場面にあるような冒険もあれば、アメゴ獲りの帰り道に、こっそり貨車にしがみついて魚梁瀬まで戻った悪戯《いたずら》の楽しい思い出もある。後者はこのあたりに住むかつての少年たちに共通する思い出らしい。

とさおさんは、東島ではよく知られた「わりことし」（いたずらもの）だった。汽車は、追いかければ追いつくほどの速度で走っている。その日一日をアユ突きで過ごすことに決めたとさお少年は、馬路に帰る汽車の後ろに忍び寄って空の貨車に飛び乗り、かなり上流の与床まで行って川にはいる。

最小限の規制の下、トロッコは自由に軌道を走った

そこから東島までアユを突きながら下りてくると、かごはいつもアユで一杯になったという。獲ったアユは開いて干しておけば保存がきく。機関士に見つかるとひどく叱られはするが、それは危険だからであって、気をつけろと言われるだけで、降りろとも言われなければ乗車賃を請求されることもなかった。戦争でみな貧しい暮らしをしていたが、人情は篤く、大人は子どもを大切にした時代だったという。

森林鉄道について、これまでさまざまな話を聞いてきたなかで、私がもっとも好きなのは、トロッコ話である。

トロッコと呼ばれたものの写真を見ると、板に車輪がついただけのごく簡易なものだ。板から突き出した一本の棒がブレーキで、それだけを頼りに緩い傾斜を下がってくる。沿線住民は、刈り取った稲を家の近くまで運んでみたり、共同の水車小屋まで米を持っていったり便利に使っていたようだが、時には布団を敷いて急病人を救急搬送する大事な乗り物でもあった。

与床のときおさんにはまた違う使い方があった。

ときおさんの遊び場は、馬路だった。賑やかだった頃の馬路に、ひととおりの娯楽施設が整っていたことはすでに触れた。とはいえ海岸部には町もある。それでも馬路に行ったのは、なぜか。帰りが楽だったからである。

行きは、馬路に戻る機関車を捕まえ、トロッコを最後尾につけて引き上げてもらう。どんなに酔っていようが、帰りには、そのトロッコに乗りさえすれば家に帰ることができた。たまにギイギイとブレーキを軋《きし》ませながら、暗がりのなかを、風を受けて疾走するのだ。途中で汽車に出くわしたら、よいしょっと線路脇に立てかけてやりすごすのだという。男性に限られるとはいえ経験者の話がいくらでもでてくるところをみると、みんな使っていたのだろう。夜這《よば》いまでトロッコを使う者もいたという。

山あいの軌道を一台のトロッコが下っていく風景を思い浮かべる時の、なんともいえない自由な雰囲気に私は惹かれるのだと思う。

日本の鉄道といえば、厳格な規律と統制が信条で、国内の長距離移動では、安全性と正確な運行でもっとも信頼できる交通機関だといえるだろう。発着時刻の正確さは世界にも知られ、日本人もそこに誇りを感じている。

大正一三（一九二四）年、魚梁瀬森林鉄道の敷設から一〇年以上おくれて、現在のＪＲ土讃《どさん》線の一部区間が高知県内ではじめて開業する。昭和一〇（一九三五）年になってようやく四国山地を突き抜けて香川県に通じるこの路線は、規律を重んじる普通の鉄道だったはずだ。女子生徒を乗せるために停車してやり、中学生に小遣い稼ぎの機会を与え、婚礼や葬式に便宜をはかって、勝手気ままに走るトロッコには目をつぶる魚梁瀬森林鉄道とは対極にある価値観で貫かれていただろう。

本来は魚梁瀬森林鉄道も、国有林の材木を搬出するという国家的な使命を帯びて建設された鉄道である。その使命は果たしつつも、しかし次第に沿線住民に引き寄せられ、国から派遣された営林署職員ぐるみ取り込まれ、いつのまにか地域の側の鉄道になっていったように見える。

廃線となった昭和三七（一九六二）年は、おそらくこんな鉄道の存在が許されるぎりぎりの時代であった。魚梁瀬森林鉄道の魅力は、そこにあるのではないだろうか。

みどりさんは、中学一年の夏、軌道で自転車の練習をしていた。

安田町の瀬切にあった家は門の外がすぐ軌道で、低い石垣に登って汽車を眺めながら大きくなった。家族で、時にはひとりで乗って川上に馬路のおばあちゃんを訪ね、川下の小・中学校へ通った。学校で飼っているヤギの休日餌やり当番にあたった時にも、あたりまえに連絡便を利用した。

自転車の練習をした夏を最後に、家の前の軌道を汽車が走る日常はなくなった。それからは自転車で中学に通った。みどりさんのなかで、森林鉄道の最後は、自転車の特訓の思い出といっしょになって記憶されている。

森林鉄道が自動車にかわった時、馬路のひろもとさんは、素直にうれしかった。たまに高知に出た時に、森林鉄道から乗り継いで来たと話すのは、いかにも田舎の山の中から出てきたようで気恥ずかしく、馬路という名前まで田舎くさく感じられて嫌だったのだという。当時同じような思いで森林鉄道の廃止を受け入れた人は多かったようだ。

ところが廃線から四半世紀たった頃から、営林署OBを中心に、森林鉄道の思い出を語り合いたいという動きがおこり、とうとう会として活動を始めることになった。その活動は、その後、平成三（一九九一）年に森林鉄道を魚梁瀬の公園に復元するところまで発展した。

平成一七（二〇〇五）年には、中芸地区森林鉄道遺産を保存・活用する会が発足し、遺構の文化財的価値の調査を行う。その結果を受け、平成二一年には、中芸五町村の本線軌道跡に残っていた一八の遺構群がまとめて国の重要文化財指定を受けた。平成二八年には、中芸地域から申請した「森林鉄道から日本一のゆずロードへ～ゆずが香り彩る南国土佐・中芸地域の景観と食文化～」というストーリーが、日本遺産に認定された。林業と森林鉄道の歴史は認定ストーリーの中核である。

そういった活動を支え、途中からは先頭にたって牽引してきたのは、ほかならぬひろもとさんであった。最初の会で事務局を無理やりに任された時、集まった一〇〇名を越す人びとの熱気に圧倒されたことがきっかけになった。

いつのまにか長老格になったひろもとさんが会長を務める保存・活用する会は、現在も地道に遺構や軌道跡の観光活用に取り組んでいる。しかし森林鉄道を実際に知る世代がひとり去りふたり去るなかで、次の世代にその歴史を伝えられるかどうかは、大きな課題である。

魚梁瀬森林鉄道が歴史遺産として保存・活用され、中芸地域の未来の一端を担うことを期待する人びとは、森林鉄道をかつてあった場所で再び走らせることを遠い目標として掲げている。

◉参考文献

赤池慎吾「国有林経営における魚梁瀬林業の位置づけ」『高知人文社会科学研究』四、高知人文社会学会、二〇一七年
朝日新聞高知支局『森林鉄道物語』馬路村教育委員会、一九八一年
清岡博基「魚梁瀬森林鉄道、保存・活用のこれまでの取り組み」『高知人文社会科学研究』四、高知人文社会学会、二〇一七年
高知営林局史編纂委員会『高知営林局史』高知営林局、一九七二年
独立行政法人国立文化財機構奈良文化財研究所『高知県中芸地区森林鉄道遺産調査報告書』中芸地区森林鉄道遺産を保存・活用する会、二〇〇八年
舛本成行『魚梁瀬森林鉄道』ネコ・パブリッシング、二〇〇一年
魚梁瀬森林鉄道保存クラブ『魚梁瀬森林鉄道　りんてつ　私の記憶』馬路村、二〇一四年

魚梁瀬森林鉄道の風景（撮影：山本淳一）

服部駅を通過する田野貯木場行き一番列車。20～30台の貨車を連結していた。

東島付近をゆく野村式の機関車と貨車。

服部駅の複線箇所で、材木を田野貯木場に運ぶ酒井式の8トンボギー車と連絡便がすれ違う。連絡便の最後尾に連結されているのは、点検用の自転車トロ。

不動駅で発車を待つ乗客。子供たちは通学に連絡便を利用した。先に廃線になった奈半利川線の客車が利用されており、車体に「奈」の文字が見える。

船倉集落遠景。複線になっているのがわかる。この地区では木炭の生産が盛んで、周辺の駅からは木炭が多く搬出された。

内京坊駅を利用する沿線の人びと。安田川線の駅の多くは、こうした簡易なつくりであった。

明神口橋を通過する連絡便。この鉄橋は現在国指定重要文化財となっている。

連絡便の客車内。レール幅762ミリの客車内部は狭かった。

撮影者の山本淳一さんは昭和9年生まれ。撮影時の昭和30年代後半は土佐電気鉄道に勤務し、安芸市に住んでいた。仕事で室戸方面に行く時によく目にしていた森林鉄道が廃線になると知り、乗り物好きの山本さんは、休日になると未舗装のでこぼこ道を自転車で安田町へ撮影にかよった。旧魚梁瀬森林鉄道安田川線、廃線間近の貴重な記録である。

コラム⑦

銀幕を走る軽便鉄道

成瀬純一

軽便鉄道で、令和の今も残るのは、「四日市あすなろう鉄道」「三岐鉄道北勢線」「黒部峡谷鉄道」のみである。かつて一世を風靡した軽便鉄道を実見するのは難しい時代になってしまった。しかし、その雄姿をとどめた映像は残っている。ここでは昭和期に作られた日本映画から二作品をとりあげてみたい。

まずは『飢餓海峡』。原作は水上勉の推理小説で、映像化や舞台化も多いが、中でも内田吐夢がメガホンをとった昭和四〇（一九六五）年の映画は傑作として名高い。

戦後の混乱期を描いた社会派映画で、貧しさを知る原作者ならではの鋭い視線で、貧困に囚われ翻弄される人々の悲哀が描かれる。演出や名優たちの演技によって、人間が生きるということがリアルに伝わり、艶やかな情趣とともに迫ってくる名画である。

この映画で登場する軽便鉄道は、青森県下北半島にあった「川内森林鉄道」である。森林鉄道は主に木材を運搬するための林業用の鉄道であるが、川内から安部城、畑、湯野川温泉、野平と、奥地に入る住民の貴重な足としても使われていた。

この映画には、三國連太郎演じる樽見京一郎（犬飼多吉）が、北海道からの逃避行の最中、走行中の森林鉄道に走って追いつき、飛び乗るという印象的なシーンがある。列車にはヒロインの杉戸八重（左幸子）が乗っており、そこで二人は初めて出会う。ここでは、森林鉄道が人びとの日常に欠かせないものとなっている様子がごく自然に描かれており、軽便鉄道が地域の大切なインフラであったことがわかる。

なお、青森市森林博物館には、『飢餓海峡』で使われた機関車「協三工業四・九トンディーゼル機関車」（昭和三六年製）が展示されており、森林鉄道と活況を呈していた往時の歴史に触れることができる。

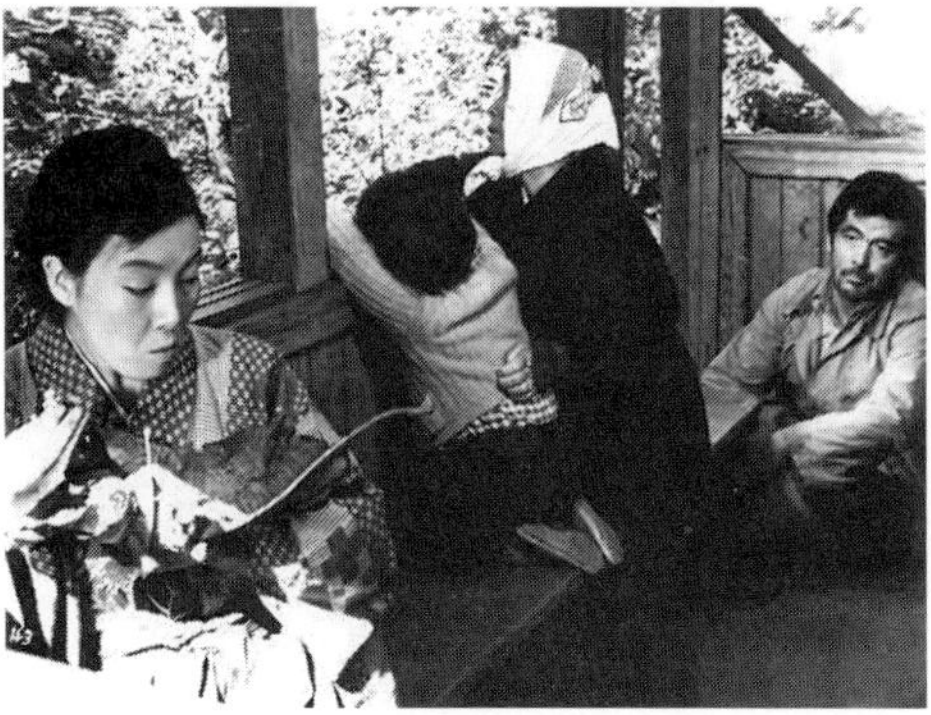

森林鉄道の中で出会う犬飼（右）と八重（左）（『飢餓海峡』）

昭和二六（一九五一）年公開の日本初のカラー映画『カルメン故郷に帰る』では、「草軽電気鉄道」が登場する。東京でストリッパーをする主人公のリリィ・カルメン（高峰秀子）が、「芸術家」として故郷に錦を飾るという筋だが、ほぼ全編で浅間山を仰ぎ見る北軽井沢でロケが行われており、主人公が故郷に凱旋する場面や、故郷を後にする場面で、軽便鉄道や北軽井沢駅が登場する。

この映画に颯爽と登場する機関車は、アメリカ・ジェフリー社製の「電気機関車デキ12形」で、もとは発電所の工事に使われていたものを改造している。最高時速は四〇キロとかなりスローな性能ながら、運転席には屋根が取り付けられ、梯子のように長いヤグラ形パンタグラフを持つユニークな姿から「カブト虫」と呼ばれた。草軽電気鉄道の象徴として長く親しまれた機関車である。

多くの乗客で賑わいを見せる客車は「ホハ30形」で、日本車輌製の半鋼製ボギー車、車内の座席配置は通路を挟んで一方がボックスシート、他方がロングシートとなっていた。

映画では三両目に無蓋車が連結されており、ラストシーンではそこに主人公が同僚の踊り子と一緒に乗りこみ、沿線の人たちに投げキッスを連発していた。

草軽電気鉄道（関根皓博氏撮影）

草軽電気鉄道は、スイスの登山鉄道に着想を得て、軽井沢から草津や浅間山麓の高原地への輸送を目的に着工された。建設費を抑えるために急カーブやスイッチバックが多く、山岳地帯を走るにもかかわらずトンネルは存在しなかった。
五五・五キロを走破するのに二時間半から三時間を要したこともあり、昭和三七（一九六二）年の廃線まで営業的には大変だったようだ。
映画にも登場する北軽井沢駅は、往時と同じ場所に「草軽北軽井沢駅旧駅舎」として現存している。また、当時使われていた「電気機関車デキ12形13号機」も軽井沢駅北口に保存され、草軽電気鉄道の歴史を伝えている。旧栗平駅付近にある栗平浅間神社傍の小高い土手は、かつて鉄道が敷設されていた名残だ。廃線から半世紀を過ぎた今でも草軽電気鉄道の遺産が保存されているのは、地域にとって軽便鉄道がいかに大切であったかの証明だろう。

コラム⑧

鉄路と神仏

高木大祐

はじめて比叡山を訪ねたとき、浄土信仰の祖、恵心僧都源心《えしんそうずげんしん》ゆかりの横川《よかわ》も訪れたいと思っていた筆者は、京都駅から比叡山に登ってきた京都バスから、延暦寺バスセンターで横川行きの京阪バスに乗り換えた。ふとフロントガラスの上を見ると、そこには「成田山」と書かれた交通安全のお守りが……。

お守りがあるに不思議はないのだが、それにしても、比叡山の上を走る路線バスに成田山のお守りとは、と気になった。しかし、バスが横川に着く前にふと思いついた。そういえば、京阪電鉄沿線に成田山がなかっただろうか、と。

あとで調べてみると、やはり寝屋川《ねやがわ》市に京阪香里園《こうりえん》駅を最寄りとする成田山大阪別院があることがわかった。同じ京阪電鉄沿線でも、交通安全祈願なら、比叡山や石山寺より成田山に一日の長がある。ここで交通安全祈願をしているから、比叡山の山内を成田山のお守りを掲げたバスが走るという一見奇妙な光景となったのだろうとわかった。

私鉄の路線はとかく寺社を目指して引かれたところが多い。川崎大師を目指す大師電気鉄道からはじまった京浜急行、成田山を目指した京成、高尾山の京王、伊勢を目指す参宮急行が前身の近鉄大阪線……。鉄道王の異名を持つ根津嘉一郎《ねづかいちろう》は、東武日光線、のちに南海高野線となる高野大師鉄道と、長距離の寺社参詣鉄道を二つも手がけた。大手私鉄だけではない。中小私鉄でも一畑《いちばた》薬師と一畑電鉄、金刀比羅宮と高松琴平電鉄など枚挙に暇がない。第一章の浜松鉄道のように、軽便鉄道も寺社を目指した。

生駒ケーブル宝山寺駅の八大龍王の社

それはもちろん、参詣客の利便をはかり収益を上げるためだが、その一方で、先の京阪電鉄の例のように、鉄道会社それ自身もまた、自分たちの仕事のために神仏の信仰を必要とする存在である。

第六章に登場する生駒《いこま》ケーブルの宝山寺駅には、通路の脇に小さな社がある。この社に祀られているのは八大龍王《はちだいりゅうおう》、傍らの小さな看板に、交通安全を願って昭和二八（一九五三）年に建立されたものと説明されている。この八大龍王、ケーブルの終点である生駒山上にある白水山龍光寺の分霊である。つまり、生駒ケーブルが目指す生駒山上の守護神の力を借りて、交通安全を願う形である。

一方、関東私鉄最長路線を誇る東武鉄道は、本社裏手に、地元の中之郷町会とともに乾徳稲荷《けんとくいなり》神社を祀っている。もともと業平橋《なりひらばし》社宅敷地内に祀っていたが、土地区画整理、とうきょうスカイツリー、東武鉄道本社の移転などが計画されたことで、平成一七（二〇〇五）年に本社移転先の近くに神社も移転した。例大祭には地元住民と東武鉄道の社員が参加する。

西新井大師、佐野厄除け大師、日光東照宮と沿線に多くの有名寺社を抱える東武鉄道としては、小さな稲荷社を祀るのは意外な感じもする。しかし、押上は本社があり、かつて貨物駅が置かれ、現在でも日光への特急をはじめとする長距離輸送を担う車両が休む留置線が置かれている。こういう東武らしさを象徴する場所での祭祀も重要なのだろう。かつての貨物駅の跡は、今やとうきょうスカイツリーとなって、経営を支えている。東武にとって押上の重要性は、今も変わらず、である。

これとはうって変わって、かつて東北本線石越駅と細倉鉱山を結んだローカル鉄道栗原電鉄（廃線時はくりはら田園鉄道）の場合、現在くりでんミュージアムの一部として保存されている修繕庫内に神棚の跡が残っている。ここには火の神を祀っていたのだという。栗原電鉄の路線は一本のみ、車両の点検・修繕を行った工場も一ヶ所だけである。この重要な工場で高温の火を扱うために、火の神を祀り、安全を願っていたのであった。

このような信仰を必要としたのは私鉄だけではない。旧国鉄本社には鉄道神社があった。殉職者の霊を祀るもので、年に一度、一年間の殉職者の霊をここに合祀する合祀祭が行われていた。安全祈願に慰霊も兼ねたのである。この鉄道神社、現在ではＪＲ東日本に引き継がれている。

同じ名でもＪＲ九州の鉄道神社は、新博多駅ビルの建設に伴い、屋上に旅の安全を守ってくれる神社を、と住吉神社に分霊を願い出て建立した。住吉といえば近世には瀬戸内海を往来した廻船の信仰を集めた海上安全の神である。鉄道創業時にはライバルであった海運業者の神を、時代が変わってＪＲが交通安全の神として祀ることになった。

駅単位での祭祀もある。ＪＲ常磐線我孫子《あびこ》駅前には、官鉄時代に建立された庚申塔《こうしんとう》がある。我孫子に住んだジャーナリスト杉村楚人冠《そじんかん》の随筆『続々湖畔吟』でその経緯を知ることができる。何でも昔、我孫子駅はほかの駅より死傷者が多く、駅員に嫌がられていたらしい。あるとき、着任初日に事故発生に見舞われた駅長がいた。聞けば駅ができるとき、ここにあった庚申塚を取り壊しているらしく、その祟《たた》りではないか、という。そこでこの駅長、一念発起して庚申塔を建立し、安全を祈願することにした。この庚申塔は今もきちんと保存されている。

事故があれば誰か死んでしまうかもしれない鉄道の現場で安心して働くには、やはり神仏の力は重要なのである。

第四章

朝鮮の軽便鉄道

松田睦彦

韓国第三の都市、仁川《インチョン》。その中心部から東南へ一五キロほどの位置に、蘇莱《ソレ》という町がある。黄海でとれる魚介類をはじめとして、韓国全土から海産物の集まる蘇莱魚市場が有名で、平日、休日を問わず、多くの買い物客、観光客でにぎわっている。目当てはもちろん新鮮な魚介類。とくに、本格的な冬を前にキムチを漬ける「キムジャン」の季節には、沖合でとれたエビで作られた塩辛をもとめる人であふれかえる。また、観光客は市場で選んだ魚を刺身につくってもらい、パラソルの下で焼酎と一緒に楽しんでいる。

終日にぎやかなこの市場と、通りを挟んで向かい合う広場に、一両の小さな蒸気機関車がたたずんでいる。全長一四・六メートル、全高三・二メートル、全幅二・三メートル。石炭と水を積載する炭水車を含んだ重量は四二・九五トン。そして、軌間は七六二ミリ。日本統治下の朝鮮で水原《すいげん》と仁川《じんせん》港の間を結んでいた軽便鉄道、水仁線《すいじん》の機関車である。

この小さな鉄道は、どのような時代的背景のもとで敷設されたのか。米と塩をキーワードに、さぐってみたい。

水原と仁川を結んだ水仁線

水仁線は昭和一二（一九三七）年八月六日に開通し、平成七（一九九五）年一二月三一日に廃線となった軽便鉄道である。水仁線の「水」は水原の「水」、「仁」は仁川の「仁」。一八世紀末に城の築かれた歴史都市水原は、明治三八（一九〇五）年に京城《けいじょう》（現在のソウル）と釜山《ふざん》を結ぶ朝鮮の幹線鉄道、京釜線が開通することで、交通の要衝となった町である。一方、日朝修好条規（江華島条約）によって明治一六年に開港した仁川は、京城の外港として、また、釜山につぐ朝鮮第二の貿易港として発展した町である。

広場にたたずむ蒸気機関車（2018年）

　開通当時の水仁線は水原と仁川港の間、五二キロの距離を、一時間四〇分で結んでいた。駅は停車駅一〇と臨時駅七をあわせて一七。京城と仁川を結ぶ国有鉄道、京仁線の仁川駅とは接続せずに、仁川港駅を新設して終点としたのは、水仁線が人の移動や観光を目的とした路線であっただけでなく、仁川港を利用した物資の輸移出入を使命とした路線でもあったからだ。もっとも重要だった物資は米と塩。朝鮮各地から日本に送る米を仁川港に集積し、中国などから輸入された塩を朝鮮各地へと送る役割を果たしたのが水仁線であった。

　水仁線を敷設したのは朝鮮京東鉄道株式会社である。これは水原に本拠を置く会社で、昭和六（一九三一）年には、すでに水原と驪州《りしゅう》の間七三・四キロを結ぶ水驪線を敷設、運営し

朝鮮・満洲・台湾の鉄道路線図（『鉄道省編纂 時刻表』昭和17年11月号）

朝鮮及滿洲
凡例
朝鮮總督府鐵道局線及鐵道總局線
其他ノ鐵道線
鐵道局界
國境
道境
其他ハ内地ノ凡例ニヨル
滿洲國
總局
渤海灣
黃海
西朝鮮灣
至天津
至青島
大連
旅順
營口
山海關
四平
新京
哈爾濱
吉林
安東
新義州
平北道

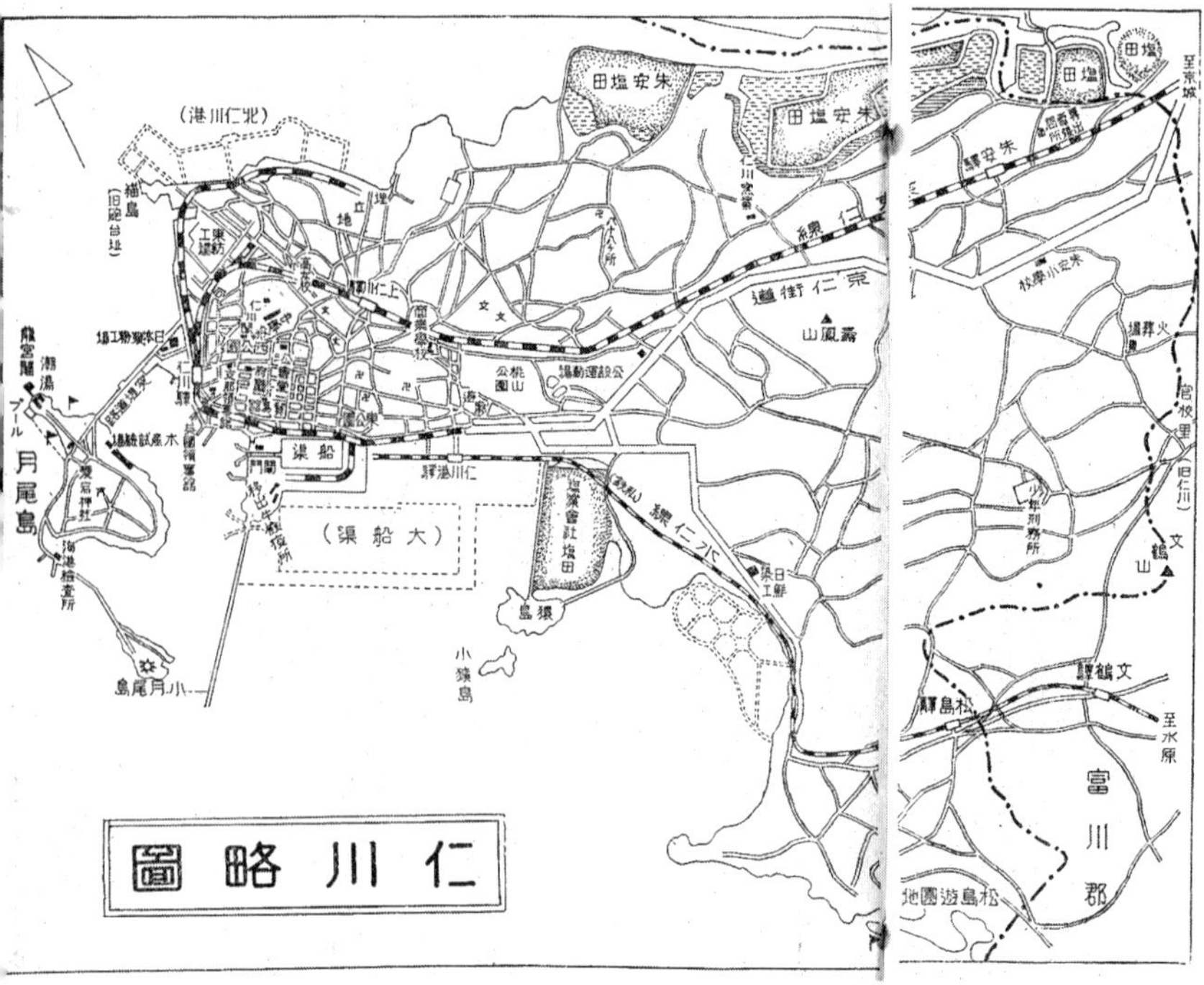

水仁線（下）と京仁線（上）（『京城・仁川・水原・開城』昭和14年）

ていた。水仁線の軌間に七六二ミリが採用された理由は、この水驪線にある。大正九（一九二〇）年の朝鮮京東鉄道株式会社の設立と同時に敷設の認可を受けた水驪線には、朝鮮総督府の当時の方針にしたがって、一四三五ミリの標準軌が採用される予定だった。しかし、朝鮮京東鉄道株式会社の財政難と開業後の収支の見込みの悪化から、当初認可された工事満了期間から五年の延長を経て、ようやく敷設経費、維持費ともに安く抑えられる軽便鉄道という形で竣工したのである。

水驪線の竣工当時、朝鮮総督府は「朝鮮鉄道十二年計画」にしたがって私設鉄道を買収して国有化し、軌

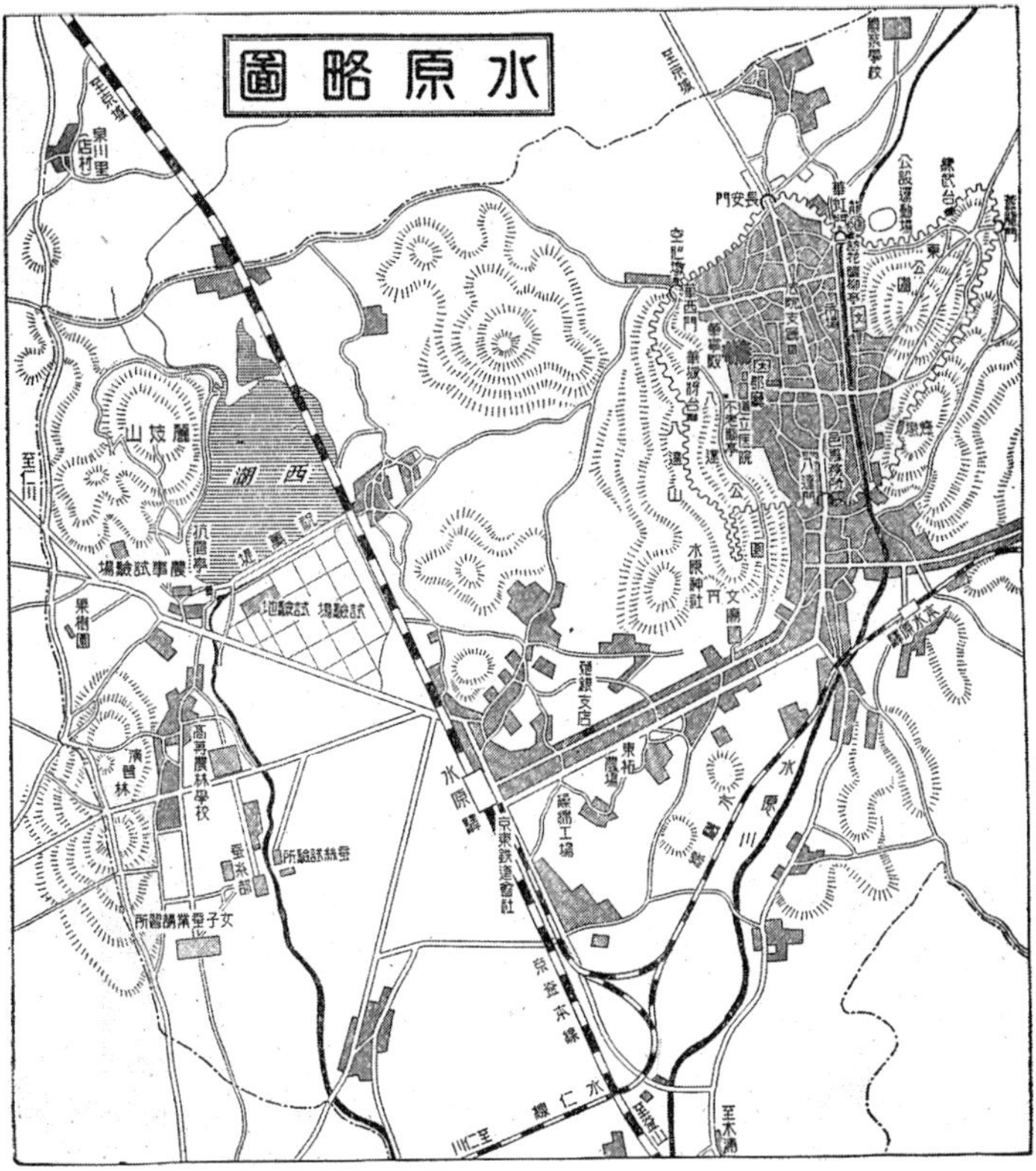

水原駅で接続する水仁線と水驪線（『京城・仁川・水原・開城』昭和14年）

間の狭い鉄道については、標準軌への改修を進めていた。そうしたなか、水驪線は、当時としても珍しい、軽便鉄道として営業をはじめたのである。そして、この影響を受けたのが、水仁線である。同じ朝鮮京東鉄道株式会社が運営し、水原での水驪線との接続が想定される水仁線は、当然、同じ七六二ミリの軌間で敷設されなければならなかったのだ。

　さて、水仁線は昭和一〇（一九三五）年九月二三日に鉄道敷設の認可を受け、翌年五月一六日に起工した。工事にはおよそ二七〇万円の資金が投入され、一年二ヶ月で竣工する。
しかし、この間、水仁線敷設の意義については、かなり否定的な議論が繰り広げられている。昭和一一年一一月二六日付『朝鮮商工新聞』の、「京東鉄道水仁線――経済価値疑問視さる」と題された記事には、つぎのように記されている。

京東鉄道会社は水原、仁川間の建設工事に着手し来春四月頃開通の模様であるが同線は果して経済線の価値ありや否や甚だ疑問視されてゐる。唯だ驪州方面の米穀が仁川港を目指して集貨される模様で物資関係から若干の期待はあるも乗客の予想は全く見当が立たぬ位である。これ等の不安材料のカクテルで同社株式は五円払込みものが僅かに二円七十銭といふ大惨落を見せ朝鮮鉄道界の最安値を示現するに至つた。

また、別の日の同紙にも、水原を中心に集められた農作物の輸送は、水仁線を建設するよりも、京釜線の永登浦《えいとうほ》を経由して京仁線を利用する既存のルートの方が経済的だ、という主張が見られる。こうした否定的な意見の背景には、水仁線が京釜線や京仁線といった国有鉄道の経営を圧迫するのではないか、という不安もあったようである。
ただし、こうした批判をよそに、開通直後の水仁線は旅客、貨物ともに、当初の予想を覆す成績をおさめている。水驪線沿線から集められた米や、江原道《こうげんどう》の山間地域から伐り出された原木が、水仁線をとおして仁川港に集積された。貨物の取扱量が増えると、仁川港駅には引き込み線が増設され、大型の倉庫もつぎつぎと建てられた。その倉庫は、仁川港に陸揚げされた塩と、水仁線で運ばれてきた米で満たされ、江原道から運ばれた原木は、野天に積み上げられた。また、乗降客数と取り扱う貨物量が急増した水原駅では、昭和一五（一九四〇）年には、早くも駅舎の拡張工事に取りかかっている。

昭和一三（一九三八）年一月一日改正の時間表によると、水原駅を出発する旅客列車は六時二〇分、九時一〇分、一二時一〇分、一四時四五分、一八時三五分の計五本。往復で一〇本の旅客列車が運行されていた。単線のため、上り線と下り線は、水原駅と仁川港駅の中間にある元谷駅で行き違った。

乗車運賃は、水原駅を出発して一五・一キロ地点にある浜汀駅までは五〇銭で、一キロあたり三銭三里。つぎの城頭駅から先は徐々に割引率が上がり、五二キロ地点にある仁川港駅まで行くと、料金は九〇銭。一キロあたり一銭七里となった。当時の朝鮮の私設鉄道としてはいたって標準的な金額である。

水仁線敷設の機運の高まり

水仁線の敷設の具体的な動きがあったのは大正末期。敷設を強く求めていたのは仁川の商工業界であった。その背景には、朝鮮総督府の産業振興政策の影響があった。

大正八（一九一九）年に朝鮮で広がった日本からの独立運動、三・一運動を受けて、「文化政治」へと舵を切った朝鮮総督府の統治政策は、経済発展を重視するものであった。当時、朝鮮総督府が組織した朝鮮産業調査委員会や、朝鮮商業会議所連合会などが、朝鮮半島の産業政策の策定をめざして議論を重ねたが、そこで、優先的に取り組むべき課題とされたのが、物資を運搬するための鉄道網の拡充であった。朝鮮内における鉄道整備の要求の声は大きく、大正一五（一九二六）年三月に「朝鮮に於ける鉄道普及促進に関する建議案」がまとめられ、衆議院と貴族院に提出された。

こうした状況をふまえて、朝鮮総督府は南満洲鉄道に委託されていた朝鮮鉄道の経営を朝鮮総督府の直営に戻すとともに、昭和二（一九二七）年から一二年間で八六〇マイル（約一四〇〇キロ）におよぶ国有鉄道五路線の新設、二一〇マイル（約三四〇キロ）におよぶ私設鉄道五路線の国有化、そして、既存の線路や車両の改良を目指す、「朝鮮鉄道十二年計画」を策定した。これは、日露戦争を契機に京釜線が敷設されたように、それまで軍事的、政治的な役割を優先的に担ってきた朝鮮の鉄道を、経済を優先した鉄道に転換しようという計画であった。

しかし、こうした朝鮮経済の勢力地図を大きく塗り替えようとする動向に、仁川の町と港は取り残されようとしていた。

「朝鮮鉄道十二年計画」で、国有鉄道として新設される五路線のうち、図們線、恵山線、満浦線の三路線は中国やロシアとの国境地域に敷かれ、石炭や木材といった資源の搬出や国防、あるいは満鉄との連絡といった役割が課されていた。一方、朝鮮半島東岸を縦断する東海線は、元山《げんざん》から釜山

「群山港米穀集積ノ状況」と「木浦港綿花集積ノ状況」（絵葉書、大正4年）

までを結び、石炭や木材、海産物などを運搬する。そして、朝鮮半島南西部の慶尚《けいしょう》南道《なんどう》と全羅南道《ぜんらなんどう》および全羅北道《ぜんらほくどう》を結ぶ慶全線は、釜山、麗水《れいすい》、木浦《もっぽ》、群山《ぐんざん》といった港に、米や綿花などの沿線の産物を運ぶことになる。

また、既設、新設の国有鉄道の機能強化を目的として国有化される私設鉄道も、すべて朝鮮半島南部の慶尚南道および慶尚北道《けいしょうほくどう》、全羅南道および全羅北道の路線で、釜山や木浦、群山といった港への産物の集積を促進するものであった。そこに仁川の名はない。

仁川の商工業界が、こうした動向を深刻に受け止めていたことは想像に難くない。仁川港の輸移出入の総額は、韓国が日本に併合された明治四三（一九一〇）年の段階では一位であったが、その二年後の大正元（一九一二）年には釜山港に逆転され、その後、倍近い金額まで水をあけられている。

仁川港は対中国を中心とした国際貿易、釜山港は日本との「内地」貿易という、地理的条件を背景とした役割分担はあったものの、仁川の人びとの焦りは相当なものであっただろう。

そこで提案されたのが、仁川独自の鉄道敷設計画であった。その構想とは、朝鮮の幹線鉄道である京釜線水原駅と仁川港を結ぶ鉄道を新設するとともに、水原駅を中継地点として東部の江原道までをつなぎ、朝鮮半島を東西に横断する鉄道を築こうというものであった。

大正一五（一九二六）年一月二五日に仁川商業会議所が朝鮮総督府に提出した要望書「仁川ヨリ水原ヲ経テ東海岸江原道江陵ニ通スル横断鉄道ノ敷設ヲ要望ス」には、鉄道敷設の理由が八点あげられている。その内容を要約すると、つぎのとおりとなる。

①南北に長い朝鮮半島の中央で、鉄道によって東西を結ぶ意義は大きい。

②水原駅と永登浦駅の間は洪水が多く、毎年のように京釜線が寸断されるため、そこを避ける路線はもっとも重要である。

③朝鮮半島の幹線鉄道である京釜線と京義線（京城―新義州《しんぎしゅう》）は単線であり、好景気で輸送量が増えれば輸送能力を超える。あらゆる物資が京城の龍山駅を経由することが問題であり、京釜線沿線でもっとも米の生産が多く、中継地点としても適した水原から、米の輸移出港である仁川に直接鉄道を引くことが急がれる。

④現在、京釜線で仁川に運び込まれる貨物は穀類が主で一二万トン余り、逆に、仁川から京釜線

で送られる貨物は塩が主で一九万トン。仁川と水原の間の路線を開設することで、貨物の鉄道輸送の混雑を緩和できる。

⑤朝鮮における塩の自給は総督府の課題である。現在、仁川周辺で塩田の増設が計画されているが、生産された塩を輸送する上で、この鉄道は差し迫って必要である。

⑥現在、塩の需要は京釜線沿線が主で、釜山付近は中国の青島《せいとう》からの輸入塩に頼っているが、将来は仁川周辺の朝鮮産の塩の供給が見込まれる。また、東海岸で魚の加工に使う塩も、青島産から仁川産に代替する必要がある。

⑦江原道は交通が不便で産業の発達が遅れているが、この鉄道を開設すれば、穀類、牛、木材、海産物などが特産物となることは明らかだ。

⑧忠清南道《ちゆうせいなんどう》、京畿道《けいきどう》、平安道《へいあんどう》、黄海道《こうかいどう》では土地改良による米の増産が計画されているが、その米が仁川港に集中した場合に鉄道輸送が抱えることになる課題は想像をこえたものになる。

仁川の商工業界の鉄道敷設のねらいは、三つにまとめられる。一つ目は、日本向けの米の集積、積出港としての仁川の立場をさらに強固なものにすること。二つ目は、中国から輸入された塩の流通をスムーズにするとともに、仁川近郊の塩田の増産と流通を支える輸送インフラを整備すること。そして、三つ目は、江原道の南部や忠清北道《ちゆうせいほくどう》の北部を開発し、その産物を仁川へ集積すること、である。

米の増産や塩の自給といった朝鮮総督府の政策を支えるうえで、朝鮮の鉄道網の幹線である京釜線や京義線がかかえる課題の解決に役立つという大義をかかげながら、仁川の商工業界は、したたかに、みずからの利益を追求しているのである。

「米穀集散の増加を図れ」

米は大豆、魚類とならんで、朝鮮の三大貿易品に数えられ、全輸移出額の半分ほどを占めていた。仁川港からの輸移出品のうちでも、米は最重要品目であり、おもな送り先は日本や満洲であった。一九二〇年代に入って朝鮮総督府の統治が「文化政治」に転換された際、もっとも重視された政策が産米増殖計画であった。これは、米を増産して日本に送ることで、日本円獲得による朝鮮統治の安定と生活の向上をはかると同時に、急激な人口増加による日本の米不足と物価上昇を解消しようとする計画であった。

産米増殖計画は、土地改良事業と耕種技術の改良をあわせておこなうものである。当初の計画では、耕地の拡張や改善、水利施設の整備、金肥の使用、採種法の改良、農業技術員の配置などによって、大正九（一九二〇）年からの三〇年間で、八〇万町（一町=約一万平方メートル）の土地を改良して九〇〇万石（一石=約一八〇リットル）の米を増産し、そのうち七〇〇万石を日本に送ることになっていた。しかし、計画は予定どおりには進まず、世界恐慌のあおりも受けて、結局、昭和九（一九三四）年には頓挫《とんざ》してしまう。

『朝鮮総督府統計年報』の「米作付段別及収穫高」を、産米増殖計画のはじまった大正九（一九二〇）年と、その一五年後の昭和一〇（一九三五）年とで比較すると、作付面積は一五五万町から一六九万町へ約一四万町の増加、収穫高は一四八八万石から一七八八万石へ約三〇〇万石の増加、段別の収穫高は〇・九五石から一・〇五石へ約〇・一石の増加となっている。三〇年という計画期間のなかばとはいえ、増産された米は、目標のわずか三割にとどまっている。

さて、産米増殖計画そのものは当初の目的の達成にいたらなかったが、貿易品としての米は、重要な地位を占めつづけていた。朝鮮の全輸移出貿易品のうちに米の占める割合は、韓国併合の明治四三（一九一〇）年に三割強であったが、大正九（一九二〇）年には四割弱となり、大正一四年には五割を超している。

これにあわせて、鉄道による米の輸送量も増加した。韓国併合直後の明治四四（一九一一）年を基準に、国有鉄道全体の輸送量の変化を追うと、大正八（一九一九）年には四・一倍、大正一四年には九・〇倍、昭和五（一九三〇）年には一一・〇倍、昭和九年には一五・五倍という大幅な伸びである。このような増加には、朝鮮総督府鉄道局による特定割引運賃制度も後押しをしていた。貿易港に向けて、一九五マイル（約三一四キロ）以上の距離を送る穀類に対する割引制度である。

こうして、鉄道を通じて米が運ばれた先は、釜山、仁川、群山などの貿易港であった。つまり、仁川港にとっての強力なライバルは釜山港と群山港ということになる。どちらも大量の米を日本に向けて送り出していた。

仁川港の風景（『京城・仁川・水原・開城』昭和14年）

釜山港はもともと朝鮮有数の貿易港であり、地の利を生かして、日本向けの貨物の多くを取り扱っていた。米についても例外ではなく、朝鮮米の輸移出がもっとも多いのが釜山港である。その勢力圏は釜山に直接通じる京釜線沿線だけでなく、京義線沿線や湖南線沿線といった主要路線、さらには、朝鮮半島南部の慶北線、忠北線、慶南線などの路線を広くおおっていた。これらの地域から、昭和五（一九三〇）年には一四七〇万石、昭和一一年には二四〇〇万石の米が鉄道で釜山港に到着している。

一方の群山は、「米の群山」とも呼ばれた全羅北道の港町である。明治三二（一八九九）年に開かれた群山港には、全羅北道から全羅南道にかけてひろがる朝鮮半島最大の平野、湖南《こなん》平野の米が集積され、日本に向けて送り出されていた。

群山港は、湖南線と群山線をとおして、朝鮮各地と鉄道で結ばれていた。湖南線は、大田《たいでん》駅で京釜線とわかれて木浦駅にいたる鉄道で、大正三（一九一四）年に開通した。湖南線の途中にある裡里《りり》駅から群山駅を結ぶ群山線が大正元年に開通しており、この路線を経由して、忠清南道から全羅南道まで、群山港には広範囲から米が集められていた。群山港には鉄道によって、昭和八（一九三三）年には三二六〇万石の米が到着している。

こうした他の主要貿易港に対する危機感が、仁川商業会議所が朝鮮総督府に提出した要望書にも反映されている。鉄道で仁川に到着する米の量は、当初は増加の一途をたどり、昭和五（一九三〇）年には二八〇〇万石を数えているが、その後は減少に転じる。このような状況のなかで醸成された危機感は、昭和七年五月二六日付の『朝鮮新聞』に掲載された、仁川商工会議所（昭和五年に商業会議所から改称）常務議員による「米穀集散の増加を図れ」と題する記事からも読み取ることができる。

茲《ここ》に於《おい》て我々府民はこゝに重大問題として考へなければならぬ事は、曩《さき》に京南鉄道の長項港開通に次ぎ、朝鉄海州線の全通の結果として、今日まで仁川に集まつてゐた籾《もみ》がこの両港に順次吐き出される事となり、米の仁川はたゞ今後その名のみを止めて実のないやうな時の絶無なるを保し難い現状にある

「京南鉄道の長項港開通」とは、昭和六（一九三一）年八月の忠南線の全線開通をさしている。忠南線は、京釜線の天安《てんあん》駅から錦江《きんこう》河口にある長項《ちょうこう》駅を結ぶ路線であった。長項は錦江をはさんで群

山と向かいあう港町である。京畿道との境にある忠清南道の町、天安から、忠清南道の米どころを縦断して長項の港へと向かう忠南線に、仁川の商業界が警戒心を抱くのは当然のことである。

一方の「朝鉄海州線の全通」とは、黄海道の下聖駅と道都の海州《かいしゅう》駅を結んでいた朝鮮鉄道の路線の全線開通をさしている。海州から仁川へは船便で米が送られていたが、海州自体が港町として発展し、米の輸移出を担うようになることを懸念しているのであろう。全線開通は昭和八（一九三三）年であり、近づく竣工を前に危機感を募らせているのである。

仁川港に集められる米の発送元は、当然、周辺の京畿道が多い。昭和六（一九三一）年には、鉄道や船、自動車を使って約一五〇万石が仁川港に集積されている。だが、それにつぐのが忠清南道の約一〇〇万石で、さらに黄海道の約五五万石が続いている。忠清南道の米の三分の一は鉄道で仁川に運び込まれており、忠南線の全線開通は直接的な脅威である。一方、黄海道の米はほとんどが海から船で運び込まれているが、鉄道の開通によって港の整備が進めば、仁川港を介さずに輸移出することが可能になるかもしれない。

仁川府と京畿道に南北に隣り合った地域の鉄道開通は、港湾の利用だけでなく、米取引業や倉庫業、精米業など、あらゆる面で経済を米に依存する仁川の町の存亡を左右するほどの影響力を持っていた。そこで求められたのが、仁川に米を集める鉄道輸送力の強化であり、その具体策が水仁線の敷設だったのである。

塩の仁川

米が水仁線によって仁川港に集積され、日本に向けて移出されていたのに対して、中国などから船で輸移入され、あるいは仁川周辺の塩田で生産されて仁川港に集積し、水仁線で朝鮮各地へと送られたのが塩であった。「米の仁川」として知られた仁川の町は、「塩の仁川」でもあったのである。

三面を海に接する半島という地理的環境にもかかわらず、朝鮮では古くから塩が不足していた。

キムチを漬ける風景（絵葉書の一部、戦前）

朝鮮ではおもに、日常的な料理やキムチをはじめとする漬物、味噌などの醸造品、魚介類の加工などに多くの塩が使われていた。家族や親せきが集まって大量のキムチを漬ける初冬に塩の消費量が大幅に伸びるというのは、いかにも朝鮮らしい特徴である。

朝鮮の製塩は伝統的に、入浜《いりはま》式や揚浜《あげはま》式の塩田で得た鹹水《かんすい》を煮つめたり、海水を直接煮つめる煎熬《せんごう》式が一般的であったが、この方法では効率が悪く、釜だきのための燃料費もかさんでしまう。したがって、朝鮮では慢性的に塩が不足し、価格も高かった。また、近代に入ると、人口の増加や漁業の拡大にともなう海産物加工用の塩の需要増、さらには工業用の塩の需要増によって、塩の供給体制を整える必要が生じた。

こうした塩不足の解消を一手に引き受けたのが、遼東《りょうとう》半島や山東《さんとう》半島で生産された、中国からの輸入塩である。

中国の華北地方では、海水を天日にさらして塩を得る天日塩田による製塩法が、一七世紀末から一八世紀初頭に宣教師によってもたらされ、その技術が清末までには全土に広まっていた。とくに、朝鮮半島に向けて突きだした山東半島は古くから製塩の盛んな土地であったが、やせた土地ゆえに、人びとは漁業と製塩に依存していた。こうした人びとの生活を保護するため、山東半島では、自由な製塩と、官製塩の制度が敷かれた中国国内以外での自由な塩の販売が認められていた。そのため、人びとは、山東半島内で必要な塩を地域内でまかない、その余剰塩をジャンク船に乗せて、朝鮮半島に売りに行ったのである。こうした塩は山東民塩と呼ばれ、朝鮮に輸入される塩の四割から六割を占めていた。

一方、遼東半島においても古くから製塩がおこなわれてきたが、日露戦争の結果として遼東半島の南端が日本の租借地になると、既存の製塩業者に加えて日本人経営による塩田開発が進められ、日本やロシア沿海州、そして仁川や釜山への輸出が大幅に増加する。大正三（一九一四）年に、山東半島の膠州《こうしゅう》湾と青島の租借権がドイツから日本に移ると、朝鮮への塩の輸出は青島塩に押されることになるが、大正一一年に租借地が中国（中華民国）に還付されると、再び遼東半島の塩の需要が高まり、朝鮮への輸出も増加した。

山東半島や遼東半島といった塩の産地と近い仁川は、中国産塩の輸入港として有利な立場にあった。昭和六（一九三一）年の段階で、朝鮮の塩の需要は約四億五〇〇〇万斤（一斤＝二八〇〇グラム）であったが、そのうち朝鮮の塩田で生産することができた塩は約二億五〇〇〇万斤。需要の半分強を自給できたに過ぎず、残りの約二億斤は輸移入に頼ることになる。そのうち、仁川港に輸移入される塩は一億七五〇〇万斤であり、その割合は九割近くにのぼっている。

こうした塩の移輸入が積極的におこなわれる一方で、朝鮮における天日塩田の開発も進められた。もともと朝鮮半島北西岸の環境は、おなじ黄海を囲む中国の製塩地帯と類似していて、天日製塩法に適していた。潮の干満差が大きく、干潟が広がり、空気は乾燥していて、年間降水量が少ない。貯水池に貯めた海水を階段状に設置された蒸発池に流し、一週間から一〇日をかけて蒸発池を移動しながら塩分濃度を高め、最後は結晶池で塩を得る天日製塩法にはうってつけの環境である。

明治四〇（一九〇七）年、仁川港にほど近い朱安で、大韓帝国政府によって試験的に築造された天日塩田が成功すると、明治四三年から大正一二（一九二三）年にかけて、朝鮮総督府のもとで三期に分けての塩田開発が進められる。塩田が築造されたのは平安南道《へいあんなんどう》の広梁湾《こうりょう》一帯や平安北道《へいあんほくどう》の鴨緑《おうりょく》江《こう》河口部のほか、試験塩田の設置されていた朱安と、そこから南に少し下った京畿道の南洞《なんどう》や君子といった地域であった。また、朝鮮での塩の需要がさらに増すと、大正七年から七年間の事業延長が決まった。こうした計画自体は、大正一二年の関東大震災の影響で打ち切りとなるが、塩田拡大の方針は継続され、仁川の周辺では、昭和九（一九三四）年に蘇莱塩田が築造され、三年間をかけて拡張されている。

塩田で作業する人びと（朱安か）（『朝鮮の物産』昭和２年）

朝鮮の天日塩田の面積と塩の生産量は、朱安と広梁湾の塩田が稼働をはじめた明治四三（一九一〇）年には約一二〇町、一〇〇万斤であったものが、仁川商業会議所が朝鮮総督府に要望書を提出した大正一五（一九二六）年には約二四五〇町、一億五〇〇〇万斤と大幅に増加している。さらに、水仁線が開通した昭和一二（一九三七）年には面積が約三六〇〇町、生産量が四億斤となっている。南洞や君子を含む朱安管轄の官営塩田の、大正一五年の面積と生産量は約一〇〇〇町、四六五〇万斤となっており、仁川近郊の天日塩田が、朝鮮の全天日塩田のおよそ四割五分の面積を占め、三割の塩を生産していたことになる。

水仁線開通以前、朱安管轄塩田で生産された塩は、君子塩田と南洞塩田、そして蘇莱塩田からは干潟の澪《みお》（航路となる水路）を利用して船で仁川港に回漕され、朱安塩田の塩は京仁線の朱安駅前の倉庫に運搬された。一方、昭和一二（一九三七）年に水仁線が開通すると、南洞と君子、そして、のちには蘇莱で生産された塩が、水仁線によって一度、仁川に運ばれ、そこから、中国から輸入された塩と同様、水仁線や京仁線をとおして朝鮮各地へと運ばれるようになった。

もともと朝鮮では、各地で入浜式や揚浜式の塩田、あるいは海水直煮法によって塩が作られ、その周辺の土地で消費されていた。しかし、近代に入って中国などからの輸入塩が増加し、さらに朝鮮半島北西岸での天日塩田の開発が進むと、鉄道網の拡充とも相まって、鉄道を利用した塩の供給体制が確立されていく。

　民間の製塩会社や塩田で生産された塩については、鉄道沿線の各駅にいる穀物商が兼ねる塩商に送られ、駅の周囲の村からやってきた仲買人がその塩商から買い入れて消費者へと売り渡される、という仕組みが確立される。この仲買人は馬の背に穀物をのせ、その穀物と引き換えに塩を手に入れていたという。これに対して、官製塩田で生産された塩は、大正七（一九一八）年以降、各地の官塩特約販売人を指定して販売させた。のちに、官塩特約販売人は塩売捌人と改称され、輸入塩についても取り扱うようになる。彼らは、新義州、鎮《ちん》南《なん》、仁川、木浦、釜山、元山、城津《じょうしん》、清津《せいしん》の八ヶ所に置かれた販売官署、あるいは、塩の取扱い設備の整った鉄道駅で塩を受けとって、仲卸業者や小売業者、あるいは消費者に売った。

朝鮮の塩売り（絵葉書の一部、戦前）

　仁川で生産された官製の塩は京畿道と忠清北道の一円、忠清南道と慶尚北道のそれぞれ八ヶ郡、江原道一四ヶ郡、黄海道三ヶ郡、全羅北道二ヶ郡といった朝鮮半島中部一帯に送られたほか、大邱《たいきゅう》や慶州《けいしゅう》、さらには湖南線に鉄路で運ばれ、一部は海路で忠清南道沿岸にも運ばれた。そのうち、黄海道や江原道北部をのぞく地域への輸送に、水仁線を利用することができたのである。

終戦後の水仁線と人びとの思い出

こうして、米と塩、そして沿線の人びとの運搬を使命として走り出した水仁線は、開通からわずか八年後の日本の敗戦と、日本人の引き揚げによって、その役割が大きく変化する。日本への移出のための仁川港への米の集積という役目は終わり、塩の運搬は継続されたが、終戦以前のような活気は見られなかった。

一九四五（昭和二〇）年八月以降の水仁線は、一時期、アメリカ軍に接収されたのちに韓国の国有鉄道となった。一九五〇年には朝鮮戦争が勃発して戦時体制下に置かれ、軍事鉄道としての役割を果たすようになる。線路わきには米軍の送油管が設置され、仁川港から水原飛行場まで燃料が送られていた。一九五三年に朝鮮戦争が休戦となり、一九六五年には、旅客便にディーゼル機関車が導入される。

実は、昭和二〇年以前に比べて、戦後の水仁線の水原駅と仁川駅の間の所要時間は一時間も延びていた。それは、水仁線を管理していた日本人技術者がいなくなったことで混乱が生じたと同時に、米と塩の輸送という社会的な役割が失われ、線路や機関車の保守点検に十分な力が注がれなくなった結果であろう。しかし、ディーゼル機関車の導入と、客車と貨車の分離輸送の採用によって、一九七〇年代には戦前と同等の所要時間を取り戻している。

ただし、旅客便の運行本数は一日三往復。朝・昼・夕と、必要最小限に縮小された。また、一九七三年には南仁川駅（旧仁川港駅）と松島《ソンド》駅の区間が廃止される。これは、もはや仁川港を介した物資の運搬が水仁線の役割ではなくなったことを意味している。さらに、一九七七年に水仁産業道路が開通することで、貨物列車の運行そのものが中断される。その後は、一九八八年の、水仁線と一部区間を並行して走る安山線の開通なども受けて、一九九四（平成六）年には松島駅と韓大前《ハンデアプ》駅の区間が廃止され、一九九六年一二月三一日、ついに水仁線はその歴史に幕を閉じることになる。一九九一年には先行して水驪線が廃線となっていたので、このとき、水仁線は韓国最後の軽便鉄道となっていた。

一九四五年以降の水仁線は、沿線で生産された塩を運ぶとともに、仁川や水原に向かう沿線住民の日々の足としての役割を果たした。

蘇萊近郊で生まれ育ち、蘇萊塩田で季節労働者として働いたキム・ウマンさんにとっての水仁線は、中学校への通学の思い出とともにある。一九四一（昭和一六）年生まれのキムさんは、朝鮮戦争休戦後に仁川の中学校に通った。家から蘇萊駅まで歩いて四〇分、そこから水仁線に三〇分ほど揺られて仁川まで行き、さらに歩いて一時間。朝の便で出かけ、夕方の便で帰る毎日だった。

当時の水仁線は五両編成。蒸気機関車に三両の貨車と一両の客車がつながれていた。最後尾の客

旧蘇萊鉄橋（手前）と、2012年に標準軌、複線電化で再開通した水仁線（2018年）

車には大人が座り、学生たちは貨車に乗っていた。貨車にも座席があったが、激しい揺れのなかでも、学生たちはみな立っていた。三両ある貨車の一両に女子学生が乗ってくると、男子学生は自然とその車両を避けて乗る。共学の学校のない時代であった。

　水仁線には仁川の会社に出勤する人や、畑で作った野菜や米を東仁川の市場に売りに行く農家の女性も乗っていた。当時、水仁線はこの地域一帯の唯一の交通手段であった。しかし、村々と仁川を直接つなぐバス路線が整備されると、長い時間をかけて駅まで歩く人はしだいに減り、水仁線を利用することはなくなっていった。

　軌間七六二ミリの小さな鉄道は、日本統治下の朝鮮で植民地経済をになうために生まれ、朝鮮戦争とその後の韓国の経済発展の時代を走り抜けてきた。蘇萊魚市場前の広場にたたずむ蒸気機関車は、一九四五年以前の日本人と、当時の朝鮮の人びと、そして、一九四五年以降の韓国の人びと、それぞれの目に、ちがった姿で映っていたことだろう。

◉参考文献

石川武吉「朝鮮の天日製塩に関する資料総説編」『朝鮮の塩業』（友邦シリーズ二六）財団法人友邦協会、一九八三年（一九七三年）

石塚峻『朝鮮米と日本の食糧問題』（友邦シリーズ二）財団法人友邦協会、一九六六年（一九三八年）

石橋雅威「朝鮮の塩業」『朝鮮の塩業』（友邦シリーズ二六）財団法人友邦協会、一九八三年（一九三七年）

仁川教育会『仁川郷土誌』一九三二年

仁川府『仁川府史』一九三三年

小牟田哲彦監修『旧日本領の鉄道――100年の軌跡』講談社、二〇一一年

金子文夫「一九二〇年代における朝鮮産業政策の形成」原朗編『近代日本の経済と政治』山川出版社、一九八六年

高橋泰隆『日本植民地鉄道史論』関東学園大学、一九九五年

朝鮮総督府『朝鮮の物産』一九二七年

朝鮮総督府商工奨励館『朝鮮の物産』一九三八年

朝鮮総督府鉄道局『京城・仁川・水原・開城』一九三九年

鄭在貞『帝国日本の植民地支配と韓国鉄道――1892～1945』明石書店、二〇〇八年

日本専売公社『日本塩業大系――近代（稿）』一九八二年

古川文道編『仁川の緊要問題』朝鮮新聞社、一九三二年

桝田一二『日本地理朝鮮・台湾・関東州・南洋』研究社、一九四一年

水原文化院『水原市史』水原市、一九八六年

최진혁 〝수인선 협궤철도의 경관기억과 문화사〟 고려대학교 교육대학원 석사학위논문 2014

コラム⑨

瀬戸内少年の朝鮮行旅

松田睦彦

現在、東京から韓国のソウルまでは飛行機でおよそ二時間半。外国へのフライトとしてはとても短時間であり、仕事をしたり、ショッピングを楽しんだりして、日帰りをすることもできる。しかし、これほどまでに航空機の利用が身近になる以前は、どうだったのか。昭和二〇（一九四五）年以前、多くの人が、日本とその統治下にあった朝鮮との間を行き来していたが、その移動は、実は、思いのほか手軽だったようだ。

愛媛県今治《いまばり》市の市街と来島《くるしま》海峡をはさんで向かい合う島、大島《おおしま》。ここにくらす赤松利夫さんは、若いころに京城《けいじょう》、つまり今のソウルで働いた経験がある。

大正一一（一九二二）年生まれの赤松さんが京城に渡ったのは、昭和一一（一九三六）年。高等小学校二年を卒業する間際の、二月のことだった。当時、わずか一四歳。松山にあった愛媛県師範学校への進学がかなわなかった赤松さんは、卒業式を待たずに京城をめざした。このころ、京城では朝鮮総督府の預金管理所に叔母が勤めていて、造り酒屋で成功した親戚もいた。「行きさえすれば、何かできるのではないか」という期待感があったという。おそらく、大工をしていた父親が、釜山《ふざん》近郊の馬山《まざん》や、遠く満洲の海拉爾《はいらる》にまで稼ぎに出ていたことも影響しているだろう。

京城までの道のりは、鉄道と船を乗り継いでの一人旅。この時代の時刻表をもとに、赤松さんの足どりをおおまかに再現してみよう。昭和一五（一九四〇）年一〇月号の鉄道省編纂『時間表』と、昭和一

関釜連絡船（昭和２年、絵葉書）

九年一〇月改正の朝鮮総督府交通局発行『朝鮮鉄道時間表』を参照する。

昭和一一年の二月のある日、父親につき添われた赤松さんは、大島から船で今治に渡り、そこから尾《お》道《みち》行きの船に乗り換え、二時間半をかけて芸予《げいよ》の島々をぬって瀬戸内海を渡った。

尾道に着くと、父親と昼飯を食べ、夕食に汽車の中で食べる弁当でも買ってもらってから、一人で下《しも》関《せき》行きの山陽本線に乗り込んだ。尾道から下関までは、呉《くれ》線や柳井《やない》線を経由する普通列車であれば八時間半ほど、急行列車であれば六時間ほどの旅である。ちょうど午後の九時ころに、汽車の窓から下関の灯りが見えたという。赤松さんにとって、汽車に乗るのはこれがはじめてだった。

同じ汽車には、朝鮮の民族衣装を着た人びとが乗っていた。下関に到着すると、赤松さんは、その人たちが下関と釜山を結ぶ関釜《かんふ》連絡船に乗ると見込んで、あとをついていった。無事に港に到着すると、接岸した大きな連絡船には、すでに列ができていた。

路面電車の走る黄金町通り（昭和４年以前、『京城―仁川』より）

午後一〇時半に下関を出港した関釜連絡船は、午前六時から六時半には釜山の桟橋に接岸した。

そこから京城までは京釜線《けいふ》である。幹線鉄道である京釜線は、京城と新義州《しんぎしゅう》を結ぶ京義線《けいぎ》と接続しており、さらに南満洲鉄道を経由して新京や北京まで特急や急行で結ばれていた。

しかし、島の少年が乗ったのは、豪華な急行列車ではなく、各駅にとまる普通列車だった。というのも、赤松さんによると、汽車は秋風嶺《しゅうふうれい》という駅に停車したという。秋風嶺は忠清北道《ちゅうせいほくどう》と慶尚北道《けいしょうほくどう》とをへだてる峠の町で、この駅には特急列車や急行列車は停車しない。赤松さんは秋風嶺駅で、今までに見たことのない、変わった植物を持った朝鮮人の家族連れが乗ってきたことを記憶しているのである。

さて、釜山の桟橋から京城までは、各駅停車で一四時間あまりかかる。赤松さんが京城駅に降り立ったのは、午後の八時か九時だった。

京城駅からは市内を走る路面電車に乗って、初音町にある叔母の家に向かった。初音町は、現在のソウルの中部市場のあたりであろうか。京城でも、もっともにぎやかな通りのひとつであった黄金町通り（今の乙支路《ウルチロ》）の、「黄金町四丁目」で電車を降りたはずである。

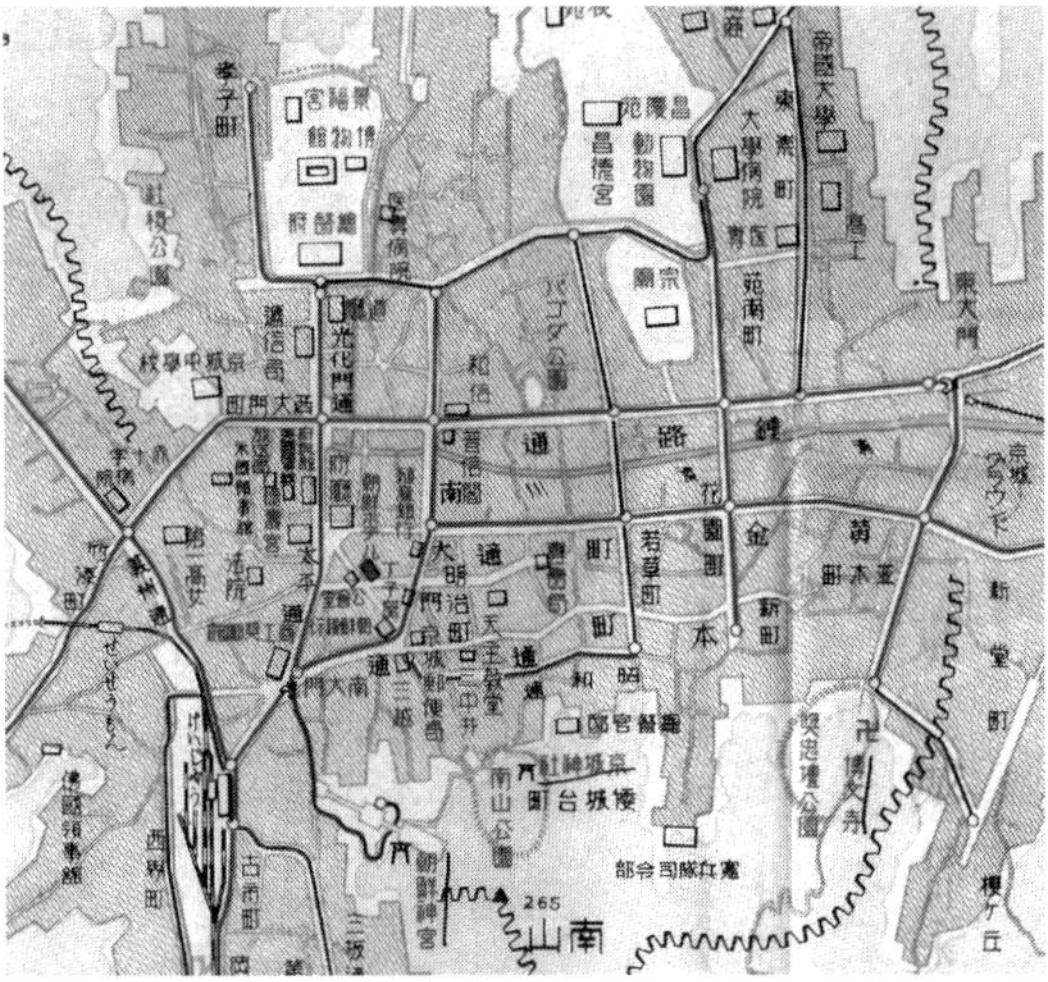

京城の路面電車路線図（昭和14年）

ちなみに、当時、京城電気鉄道によって運営されていた路面電車は、明治三二（一八九九）年の開通。京城の繁華街であった鐘路《しょうろ》を中心に、東は東大門を経て清涼里《せいりょうり》町へ、西は西大門を経て麻浦《まほ》町へ、南は南大門や京城駅、龍山《りゅうざん》駅を経て漢江《かんこう》を渡り、鷺梁津《ろりょうしん》方面へ、北は光化門《こうかもん》から景福宮《けいふくきゅう》を西に回り込んで毓《いく》祥宮《しょうきゅう》へなど、縦横に延びていた。

こうして赤松さんは、故郷の島を出発して一日半で京城に到着した。汽車に乗るのも、大きな船に乗るのもこれがはじめて。そして、生まれてはじめてみる大都会が、朝鮮の京城であった。見るものすべてが驚きで、好奇心と恐怖とがないまぜになったような気分だったと、当時を振り返る。赤松さんは、叔母のつてで朝鮮総督府鉄道局が経営していた京城の一流ホテル「朝鮮ホテル」でボーイとして働き、その後、「逓信《ていしん》講習所」に合格して、京城中央電信局に勤めることとなった。

コラム⑩

鉄道会社の野球チーム

山本志乃

鉄道会社と野球との関わりは、長く、深い。国鉄スワローズ、東急フライヤーズ、西鉄ライオンズ、近鉄バッファローズ、阪急ブレーブス、南海ホークス、そして阪神タイガース。昭和三〇〜四〇年代のプロ野球界は、鉄道会社を親会社にもつ球団が目白押しだった。国民的娯楽の代名詞ともいえる野球のチームを持つこと自体が企業のステータスであり、抜群の宣伝効果もあった。

そしてそれは、大手私鉄とプロ野球球団との関係に限ったことではない。地方の軽便鉄道でも、かつては独自のノンプロ野球チームを持ち、試合となれば沿線が沸き立った。

宮城県登米《とめ》市の杉山克昭さん（昭和八年生まれ）は、高校を卒業してすぐ、昭和二七（一九五二）年四月に仙北鉄道に入社した。仙北鉄道は、大正一〇（一九二一）年に、北上川西岸の登米《とよま》と東北本線の瀬峰駅（宮城県栗原市）とを結ぶ二八・六キロの路線（登米《とめ》線）として開業した軽便鉄道だ（二年後には瀬峰と築館とを結ぶ築館線も開業）。周辺一帯は江戸時代から知られた穀倉地であり、米や大豆などの農産物と、伊豆沼や長沼でとれる魚介類を運ぶのが主な目的だった。

杉山さんは、自宅に近い米谷《まいや》駅（開業当時は米谷《まいや》浅水《あさみず》駅）に籍を置く駅手として採用された。ただしそれは名目上のことで、実際には野球部員にスカウトされての入社だった。旧制佐沼中学校在学時から野球を始め、新制の登米高校ではピッチャー。銭湯に行くたびに、知り合いから「杉山君、おらがほうの野球部入れ」と誘われ、長男でもあったことから、親の勧めもあって自宅から通える仙北鉄道に行くことにした。

当時、東北各地の私鉄はそれぞれ野球チームを持っていて、試合も盛んに行われていた。仙北鉄道では、終戦後まもない昭和二一（一九四六）年五月に、同好会的な体育野球部ができたことに始まり、昭和二五年には会社の厚生施設の一環として仙北鉄道体育会が発足して、野球・排球（バレーボール）・卓球・競技（陸上）の四部が設けられた（『仙北鉄道社史』仙北鉄道株式会社、一九五九年）。杉山さんの入社は、ちょうどこの少しあとだから、運動部の活動を本格化させるにあたり、高校野球で名を挙げた選手を加えて戦力増強をはかろうとしていたようだ。

仙北鉄道（後年は宮城バス）の社史によると、仙台地方鉄道協会が東北の私鉄各社の親睦を目的とした東北私鉄対抗野球大会を主催し、その第一回が昭和二二（一九四七）年の夏、仙台スポーツマン球場で開催された。参加したのは、仙北鉄道のほか、仙台鉄道、仙台市交通局、秋保電鉄、栗原電鉄、小名浜臨海電鉄、花巻電鉄。仙北鉄道は花巻電鉄とともに決勝へ勝ち進む。食糧難の当時、決勝戦に臨む選手たちのため、支配人が大量の餅をついて差し入れてくれたはよいが、満腹と猛暑とで肝心の試合中に睡魔に襲われ、サヨナラ負け。惜しくも準優勝だった。とはいえ、珍プレーの連続に、敵味方関係なく、観客もいっしょになって大喝采。実に楽しかった、と当時の回想にある（『宮城バス社史』宮城バス株式会社、一九七〇年）。杉山さんの記憶では、後年には仙南交通や塩釜交通、古川交通なども参加していたというから、次第に参加チームも増え、活気を帯びていったのだろう。

入社した杉山さんは、他の一般社員とは異なり、翌日からさっそく野球の練習に加わった。朝一番に米谷駅へと出勤し、駅長に挨拶をすると、そのまま列車で佐沼の運動場（現在の光が丘球場）に行く。ポジションはもちろんピッチャー。佐沼高校出身のキャッチャーとバッテリーを組み、試合で登板するようになる。野球部は軟式だが、高校では硬式だったので、とにかく球が速い。しばらく低迷が続いていた仙北鉄道チームに俄然勢いが出て、昭和二九（一九五四）年の東北私鉄対抗野球大会では、三日間五試合を杉山さんひとりで投げ抜き、見事優勝。社長以下大喜びで、専務から特別に三〇〇〇円のボーナスをもらった。トラックで優勝パレードもした。みんなは一杯飲むのだが、「杉山君と高橋君（キャッチャー）は未成年だからダメね、とカレーでごまかされた。くやしかったね」と杉山さん。それでも、これを機にグローブ、バット、ユニフォームなどを会社が新調してくれて、「朝からガシャンガシャンとスパイクの音させて、大いばりさ」と胸を張って出勤するようになった。

ちなみにこの大会では、その後五連覇という快挙を成し遂げた。初優勝の同じ年、県会議員主催の宮城県都市対抗野球大会があり、これもまた優勝。一〇奪三振で、最高殊勲選手賞にも輝いた。漆塗りの楯をもらい、「野球やっててよかったな」と心から思ったという。

このほか、宮城県商工人野球大会、仙北選抜軟式野球大会など、各種大会のたびに優勝を重ねた。天皇杯全国軟式野球大会では、宮城県代表になり、徳島県小松島で開催の全国大会にも行った。向かうところ敵なしといった強さに、杉山さん自身も「登米、本吉《もとよし》、栗原では負ける気しなかった」と語る。もはや正真正銘のヒーローで、試合のため仙台の旅館に泊まると、若い女性たちが二〇人くらい隣の旅館に泊まっていて、姿が見えるや「杉山さーん！」と黄色い歓声があがる。それがうれしくてつい出て行ってしまい、「野球やるもんが色気出したらだめだ」と先輩に叱られた。懐かしい思い出である。

さて、仙北鉄道チームとしのぎを削った同じ宮城県の栗原電鉄でも、野球部の試合となると、沿線にある若柳小学校（宮城県栗原市）の校庭に近郷近在から観客が集まった。

昭和四〇（一九六五）年入社の鎌田健さん（昭和二一年生まれ）は、自宅が若柳だったこともあり、子どものころよく試合を見に行った。近隣の職場対抗の決勝は、必ずといってよいほど、栗原電鉄対三菱金属。三菱は、栗原電鉄の要ともいえる細倉鉱山の経営会社だ。

昭和31年、宮城県商工人野球大会で優勝した仙北鉄道チーム。後列左から3人目（優勝旗の隣の選手）が杉山克昭さん（登米市歴史博物館所蔵）

　高校卒業後、一般の駅務員として入社したが、陸上競技で鍛えた俊足を買われて野球部に加わった。当時の栗原電鉄には、四つものチームがあった。高校野球経験者などを集めた「プロ」という選抜チーム、野球好きの若手社員による「ダークホース」、駅員だけで構成した「ステーション」、そして本社事務職の「本社チーム」。鎌田さんは初めダークホースに所属し、その後なんとプロに昇格。昭和四四（一九六九）年に会社の大きな経営合理化がはかられた折に、ダークホースから鎌田さん含む三～四人が引き抜かれ、プロへと移籍したからだ。そのようなことで、年一回、東北六県の持ち回りで開催される東北私鉄対抗野球大会にも出場し、チームの一員として活躍した。

　先述の仙北鉄道でも、昭和三七（一九六二）年の経営合理化の折に野球部は廃部。剛腕でならした杉山さんも、このとき合併した宮城バスの営業課に異動。仙台の本社に通勤するようになり、各営業所の助役などを歴任しながら、定年まで勤め上げた。

　昭和二〇年代おわりから三〇年代は、終戦後の混乱も一段落し、平穏な日々の暮らしが戻ってきた時代でもあった。地域の産業を支えた軽便鉄道は、娯楽の担い手ともなり、物心両面で豊かさを運ぶ役割を果たしたのである。

第五章

満洲の熊岳城温泉と軽便鉄道

高　媛

「満洲」（現・中国東北地方）という地名を聞くと、多少近代史に興味を持つ人なら、真っ先に「満洲事変」「満洲引揚者」「残留孤児」といった言葉を思い浮べるであろう。戦後の日本において、満洲は「戦争」とは切っても切れない殺伐とした場所として語られてきた。本章では、こうした暗いイメージがつきまとう満洲からはやや意外ともいえる「行楽地としての満洲」に焦点を当て、満洲の温泉地における軽便鉄道の知られざる歴史を紐解くことにする。

時計の針を一世紀以上前の明治三八（一九〇五）年に巻き戻してみよう。この年の九月、満洲で一年以上に亘り繰り広げられた日露戦争が日本の勝利をもって終結した。その結果、日本は遼東半島南端の関東州の租借権や、大連・長春間の東清鉄道の南部線など多くの利権をロシアから譲渡され、これらの利権の開発・経営を担う要《かなめ》として、翌明治三九年一一月、半官半民の国策会社・南満洲鉄道株式会社（以下「満鉄」）が設立された。

満鉄は名こそ一鉄道会社に過ぎない。だがその業務内容は、鉄道から倉庫、海運、港湾、鉱山、製鉄、電気、旅館、さらに、満鉄沿線の鉄道附属地での土木、衛生、教育といった地方行政の掌握にまで広汎に亘る。これは満鉄が営利を主眼とする一株式会社とは異なり、利源の開発と殖産の振興はもちろんのこと、純益に結び付きにくい公共的、文化的事業も率先して遂行するという、満洲経営の原動力かつ大動脈としての使命を有する国策会社だったからである。

本章の主題である満洲の温泉地づくりや軽便鉄道の敷設などもまた、満鉄抜きにしては語ることができないのである。

「南満洲の三大温泉」

大正元（一九一二）年、『満山遼水』と題する一冊の写真帖が、満洲の営口市《えいこう》に本店を構える三船写真館より刊行された。三船写真館主の名は三船徳造（秋香）、のちの国際派俳優・三船敏郎の父親である。三船写真館は満洲の名勝や風俗を題材とする写真帖や絵葉書を数多く刊行し、帰国者や日本内地からの旅行者のお土産として人気を博していた。

ところで『満山遼水』には、熊岳城《ゆうがくじょう》、湯崗子《とうこうし》、五龍背《ごりゅうはい》という三温泉の写真に、次のキャプションが添えられている。

南満洲の地、温泉多しと雖《いへ》ども、日本人の経営せるものは、南に熊岳城温泉あり、北に湯崗子温泉あり、安奉線《あんぽうせん》に五龍背温泉あり。湯崗子温泉は露人之《これ》を計営（ママ）して、尤大（ママ）《ぼうだい》なる倶楽部を設け、我満洲軍之を継承して、病傷兵の療養場となし、今は満鉄会社の附属となりて、藤井某其温泉業を営み。五龍背温泉は我満洲軍之を開き、今は庵谷某之を経営し。熊岳城温泉は露人之を創立せしも、工半《なかば》にして軍国の世となり、今は形田某之を経営して、温泉ホテルを開業す。之を南満洲の三大温泉とす。

（傍線は引用者による）

『満山遼水』が刊行された大正元年とは、日露戦争の終結から七年が経過した年である。

かつて戦時中に日露両軍の戦塵を洗い、簡易な療養所しか設けられていなかった場所が、わずか七年間で「南満洲の三大温泉」と呼ばれる有名な温泉地に発展したことがうかがえる。

また、キャプションの中に言及された三温泉の経営者は、湯崗子の藤井秀五郎《ふじいひでごろう》、五龍背の庵谷忱《いおりたにしん》と熊岳城の形田幾次郎《かただいくじろう》と思われる。三人は戦時中にはそれぞれ、日本軍の嘱託、清国語通訳、酒保付を務め、軍関係者という共通の経歴を持っている。彼らはいずれも戦時中培った人脈や情報網を活かし、軍から温泉経営に関する種々の便宜を供与され、戦争直後にいち早く温泉経営に乗り出していたのである（高媛「戦争の副産物としての湯崗子温泉」）。

湯崗子と熊岳城の二温泉は大連・長春間を走る満鉄本線の沿線に、五龍背温泉は安東・奉天間を走る満鉄支線の安奉線の沿線にあり、いずれもアルカリ性の温泉である。「湯崗子は文明的の設備に、熊岳城は自然的な砂湯に、五龍背は閑静な風光に」それぞれ特色がある（南満洲鉄道株式会社『満洲写真帖』）。設備やサービスの面においては、湯崗子は「ブルジョア階級」向きで最もよく整っており、五龍背はその次位で、熊岳城は「他の温泉に比べて極めて民衆的で安価に入湯が出来る」といわれている（南満洲鉄道株式会社『南満洲鉄道旅行案内』）。

熊岳城の砂湯(絵葉書)

熊岳城温泉

熊岳城温泉の最寄り駅・熊岳城駅は、満鉄本線の大連駅と奉天駅のほぼ中間に位置している。温泉は駅より南東約二キロにある熊岳河の河原にある。浅い河床の至るところから温泉が湧き出ているのが奇観といわれ、砂原を掘ってそのまま天然の砂風呂を作ることができる。青空の下で河風に肌を晒《さら》しながら、周囲の山々や楊柳《やなぎ》の林を遠く眺めるなど、別府の海浜砂湯とも一味違う、野趣に満ちた牧歌的な情緒さえ伴うものである。

温泉の存在自体はすでに遼・金の昔から世に知られていたが、浴場や温泉宿などの施設が建設されることはなかった。明治二七(一八九四)年から二八年の日清戦争中に、日本軍は初めてこの温泉を発見し、傷病兵の療養施設として活用したという。日清戦争後、ロシア人の商人が清国から貸借権を得て温泉経営に着手したものの、日露戦争に

形田幾次郎と妻ツネ（『満洲八景 熊岳城温泉』1929年）

よって中断してしまった。日露戦争中に日本軍はここを傷病兵の転地療養所に充《あ》て、簡易なバラック式の浴場を開いたが、戦争後、当地に駐屯していた守備隊長が浴槽三個を設け、「同楽温泉」と名付けたという（南満洲鉄道株式会社『南満洲鉄道案内』）。

ところで、日露戦争が終結に向かう明治三八（一九〇五）年七月、形田幾次郎という体格のよい男が熊岳城にやってきた。福岡県遠賀《おんが》郡戸畑《とばた》町出身で戸畑郵便局長の職にあった形田は、日露戦争が開戦して間もなく、第一軍野戦隊第一二師団架橋縦列の酒保付として従軍出征した。満洲各地を転々としているうちにたまたま立ち寄った熊岳城で、形田は温泉が湧き出ることを知り、その有望性に着目する。

日露戦争後、形田は熊岳城一帯を管轄する瓦房店《がぼうてん》の軍政官・阿久津秀夫に請願し、明治三九（一九〇六）年二月から一〇年間の期限付きで熊岳河畔にある清国の関帝廟二棟と、その附近にある二万五〇〇〇坪の荒蕪地の貸下を受けることになった。明治三九年一〇月、形田は関帝廟を修繕して料理屋兼温泉旅館「温泉ホテル」を開業し、翌年正月、郷里にいる当時三六歳の妻ツネを呼び寄せ、夫婦二人三脚で旅館業を営んだ（形田ツネ編『満洲八景 熊岳城温泉』、米野豊実編『満洲草分物語』）。

その後まもなく、温泉ホテルのライバルとなるもう一軒の温泉旅館「湯本屋」が開業した。温泉ホテルと湯本屋は看板こそ旅館であるが、当初は両方とも料理屋の方に力を入れていた。なにしろ、温泉は駅から遠いことに加え設備も貧相なため、旅館業だけでは経営の維持が困難であった。そこで、両旅館はともに酌婦（売春婦）を置く料理屋を兼業し、「白首《しろくび》の魔力に依つて」客を呼び寄せる商法を取ることにした。その戦略が功を奏し、熊岳城温泉は「金のある遊冶郎《ゆうやろう》が、温泉へ遊び旁々《かたがた》醜業婦と戯れる場所」や「白昼公然、春画を展《ひろ》げたやうな温泉」と喧伝されるほど、なかなか繁昌していた（『満洲日日新聞』一九〇八年七月一〇日、一九〇九年三月三一日、一九〇九年四月一日）。

ところが、明治四一（一九〇八）年秋、温泉ホテルと湯本屋はともに「酌婦本位」から「旅館本位」へと経営方針を転換した。温泉ホテルは一〇月、料理屋と旅館部門を分離するため、四〇坪の平屋建ての専業旅館を新築する。同じ頃、湯本屋も抱えていた酌婦を全員解雇し、旅館業に専念するようになった（『満洲日日新聞』一九〇九年四月一日、『満洲八景 熊岳城温泉』）。湯本屋は四、五年後に事業に失敗したが、温泉ホテルは、料理屋の女を絶対に旅館部門の仕事に立ち入らせないなど幾多の苦心を重ね、ついに大正二（一九一三）年、旅館部門の経営が好転した段階で料理屋を完全に廃止した（『満洲新報』一九一三年四月二六日、『満洲草分物語』）。

では、温泉ホテルと湯本屋はなぜ、好調だった料理屋路線を捨て、純粋な旅館業経営に踏み切ることになったのだろうか。そこには満鉄が果たした決定的な役割があった。

軽便鉄道敷設の背景

三温泉のうち、湯崗子と五龍背が満鉄の最寄り駅に程近い場所に位置するのと比べ、熊岳城温泉は駅の停車場から二キロほど離れた、やや不便なところにある。おまけに、停車場と温泉ホテル間の道は全く未舗装の悪路で、わずかに馬車が畑の上を行き来する程度のものであった。馬車の客は両手を幌《ほろ》に掛けて懸命に支えないと頭を打ってしまうほど揺れがひどく、温泉にたどり着くまでがまず一苦労であった。かつて日露戦争中に、日本軍は傷病兵のために停車場と温泉場間に軽便鉄道を敷設したが、満鉄へ引継がれると同時に軽便鉄道も引揚げてしまい、ただその跡だけが残っていた（『満洲日日新聞』一九〇八年七月一四日）。

明治四一（一九〇八）年、温泉ホテルの主人・形田は、駅と温泉との往来を便利にするために、軽便鉄道敷設の援助を満鉄に願い出た。先年の四月に営業を開始した満鉄は、鉄道の運輸のみならず、鉄道附属地の土木、建築、教育、衛生といった地方行政も一手に収め、公園や遊園地などの公共施設の造設にも力を入れている。満鉄沿線の主要附属地において地方行政を管轄する満鉄出張所（のちに「経理係」、「地方事務所」と名称変更）が設置されるが、熊岳城の行政を管轄したのは瓦房店出張所である。

瓦房店出張所長の横田多喜助は、明治四一年四月に就任早々、熊岳城を数回視察し、「是非とも熊岳城温泉を唯一の保養地にしたい、転地療養地にしたい」という思いから、温泉の環境整備に熱心に動いた（『満洲日日新聞』一九〇八年六月二七日、一九〇九年四月一日）。横田による働きかけが奏功したか、明治四一年に満鉄は、「在満邦人の増加に伴ひ静遊地の欲求時代の生ずべきを洞察し」、次のような条件で形田と契約を交わすに至った（南満洲鉄道株式会社総裁室地方部残務整理委員会『満鉄附属地経営沿革全史』中巻）。

一　熊岳城停車場と温泉場間二哩《マイル》に軽便鉄道を敷設し、その材料は会社より無償にて形田幾次郎に貸与し、形田幾次郎は自己の費用を以て之を敷設し営業すべきこと。
二　同時に形田幾次郎は停車場と温泉場間に私設電話を架設すること。
三　形田幾次郎は温泉場に料理店と区別したる清浄な旅館を新築すること。

この契約内容からは、満鉄が軽便鉄道の資材を無償で貸与する条件の一つとして、形田に「料理店と区別したる清浄な旅館」の新築を条件としたことが読み取れる。その目的はほかでもなく、「色餓鬼の寄る温泉」とは一線を画す、一般在満邦人のための公共的な「清遊地」を確保するためであろう。言い換えれば、満鉄は純粋な保養地としての温泉地づくりの一環として、個人経営の温泉ホテルに軽便鉄道の資材を援助したのである。

こうした満鉄の強い意向を受け、温泉ホテルは徐々に「酌婦本位」からの脱皮を図り、老若男女が利用する健全な旅館経営へと舵を切っていった。

温泉ホテル行きのトロッコ（絵葉書）

軽便鉄道の沿革

明治四一（一九〇八）年九月に誕生した熊岳城温泉の軽便鉄道は、その風貌から仕組みまで、日本内地の軽便鉄道とはまるで趣を異にしている。写真のとおり、レールの上に乗っているトロッコは、四人が向かい合って座れるだけの簡易な板枠の箱状のものである。さらに驚くことに、軽便鉄道を動かすのは石炭ではなく、中国人の人夫二人の手押しである。そのスピードは意外と速く、駅から温泉までの二キロを約一五分で走り切ることができる。熊岳城の軽便鉄道は、鉄道と人力とが組み合わさった乗物といってよいかもしれない。

軽便鉄道が敷設された翌明治四二（一九〇九）年九月、夏目漱石は学生時代からの親友・中村是公《よしこと》（満鉄二代目総裁）に招かれ満洲にやってきた。道中、熊岳城に立ち寄った漱石は、手押しトロッコの乗車経験を次のように記している。

トロは頑丈な細長い涼み台に、鉄の車をつけたものと

> 思へば差支《さしつかへ》ない。軌道《レール》の上を転がす所を、余所《よそ》から見てゐると、甚《はなは》だ滑《なめ》らかで軽快に走るが、実地に乗れば、胃に響ける程《ほど》揺れる。押すものは無論支那人である。勢《いきほ》ひよく二三十間突いて置いて、ひよいと腰を掛ける。汗臭い浅黄色の股引が背広の裾に触《さは》るので気味の悪い事がある。すると、速力の鈍つた頃を見計らつて、又《また》素足の儘《まま》飛び下りて、肩と手を一所にして、うん〳〵押す。押さなければ可《い》いと思ふ位、車が早く廻るので、乗つてる人の臓器は少《すくな》からず振盪《しんとう》する。余は此《この》トロに運搬されたため、悪い胃を著《いちじ》るしく悪くした。車の上では始終ゼムを含んで早く目的地へ著《つ》けば好《い》いと思つてゐた。勢ひよく駆けられゝば、駆けられる程猶《なお》辛かつた。夫《それ》でも台からぶら下げた足を折らなかつたのが、まだ仕合せである。実際酒に酔つて腰を掛けた儘脛《すね》を折《お》つぺしよつた人があるさうだ。
>
> （夏目金之助『満韓ところ〴〵』）

持病の胃潰瘍を患っている漱石にとって、手押しトロッコは揺れが激しく、乗心地は何とも辛いものであった。そもそもこの軽便鉄道は、満鉄が日本陸軍の野戦鉄道提理部から受け継いだ資材をそのまま利用したものであり、破損箇所が多く、乗物としての安全性は十分に確保されていなかったのである。

漱石はその後、奉天から安奉線に乗って安東に着き、さらに朝鮮を経由して帰国の途につくが、この安奉線は日露戦争中に日本陸軍が軍事輸送用に急設した軌間七六二ミリの軽便鉄道であった。

漱石の旅の約三ヶ月前から、満鉄は安奉軽便線の広軌改築に着手し、明治四四（一九一一）年一一月に竣工させる。翌四五年四月、かねてから熊岳城軽便鉄道の危険性を憂慮していた満鉄は、改築工事後不要となった安奉軽便線の線路を転用し、約四六〇〇〇円を投じて熊岳城に軌間七六二ミリの軽便鉄道を新たに敷設した。同年五月、新軽便鉄道は敷設工事の完成とともに、その経営権は形田個人から満鉄に移管されることになる（『満鉄附属地経営沿革全史』中巻）。

さらに、大正九（一九二〇）年一一月、軽便鉄道は従来の手押式から驢馬《ろば》曳き式へと変わった。これを機に、乗車時間は一五分から一〇分に短縮し、そのかわりに、片道一人一〇銭であった乗車賃が二〇銭と倍に上がることになった（温泉ホテル『熊岳城温泉　入湯の栞』）。翌年七月七日からは、それまでまちまちだった発着時刻を、一日一四回往復の定時運行に切り替えるなど、さまざまな施策を行い、軽便鉄道の運行体制を一新した（『南満洲鉄道株式会社社報』四三一六、一九二一年七月二九日）。

この頃温泉ホテルが発行したリーフレット『熊岳城温泉　入湯の栞』は、「満鉄会社ノ経営ニシテ全世界唯一ノ驢馬鉄道ナルガ為メ話ノ種ニ是非一度試乗スル価値アリ」と、わざわざ「全世界唯一」と銘打って驢馬鉄道のことを宣伝している。実際、驢馬がレールの上を引いて走る珍しい光景は、日本人旅行者には強烈な印象を与えていたようである。大正一二（一九二三）年四月から六月にかけて、温泉通として知られる田山花袋は、旅先の満洲でも温泉めぐりを堪能した。設備の面では湯崗子が勝るが、単に風景の面からいえば湯崗子よりも熊岳城の方がよいと花袋は言う。「熊岳城で下りて、あのアカシヤの花の咲いてゐる長い道を、あの軽快な驢馬の軌道に乗つて行くさまは何とも言

修学旅行の生徒を乗せた驢馬曳きの軽便鉄道（『記念写真帖』岡山県女子師範学校、1926年10月）

はれなかつた。丁度それは夜が明け離れたばかりの時で、あたりの山々がほの明るい空気の中に微《かす》かにあらはれ出して来てゐるさまは、何とも言はれない感じを私に誘つた」と、一四年前の漱石とは対照的な乗車体験を綴っている（『東京朝日新聞』一九二三年六月二二日）。

また、大正一五（一九二六）年一〇月、満洲修学旅行で熊岳城駅に降り立った岡山県女子師範学校の生徒は、思わず驚きの声を上げている。「軽便鉄道と言つても小さな壊れさうな箱を、レールに従つて驢馬が、一生懸命に走つて行くほんとうに滑稽な乗物である。日本の北海道にも、岡山県の作州《さくしゅう》にも恐らくこんな乗物は見られないであらう」（岡山県女子師範学校校友会『校友会誌』三）。のちに記念写真帖にも収められた乗車の様子からは、驢馬曳きトロッコがどれほど乙女たちの瞳を楽しませたかがうかがえる。

翌年五月、細《ほそ》木《き》原《ばら》青《せい》起《き》も漫画家の仲間数人とともに満洲旅行の途中、熊岳城温泉を訪れた。「馬は愛すべき驢馬であるが、容赦なき馭者《ぎょしゃ》の笞《むち》はこれを疾風の如くに走らして痛ましい、柳絮《りゅうじょ》は夜目《よめ》に雪と散り、淋しき詩情をそゝつて、天外孤客《てんがいこきやく》の感があつた」と綴ったことから、細木原もまた、哀愁漂う驢馬の姿や柳絮舞う景色に旅愁を掻き立てられた一人であったことがわかる（池部鈞ほか『漫画の満洲』）。

表①　熊岳城軽便鉄道の乗客数および収入金額、支出金額、収支差額の推移

年	乗客数（人）	収入金額（円）	支出金額（円）	収支差額（円）
1912	10,150	679.65	1,018.87	▲339.22
1913	14,313	965.30*1	1,410.23	▲444.93
1914	10,968	842.80	1,159.14	▲316.34
1915	8,332	643.10	911.07*2	▲267.97
1916	10,880	1,230.10	1,135.19	94.91
1917	14,961	876.50	1,379.79	▲503.29
1918	12,425	834.50	787.09	47.41
1919	7,160	1,864.00	2,548.16	▲684.16
1920	13,254	2,588.37	4,145.72	▲1,557.35
1921	20,801	2,906.30	3,226.70	▲320.40
1922	21,319	2,842.40	3,269.39	▲426.99
1923	24,110	3,094.20	3,564.34	▲470.14
1924	26,440	3,268.40	3,290.50	▲22.10
1925	17,201	2,206.90	4,525.81	▲2,318.91
合計	212,314	24,842.52	32,372.00	▲7,529.48

＊1：原文は「963.30」であるが、誤植と考えられるため訂正した
＊2：同じく原文は「917.07」

※『瓦房店 松樹 熊岳城附属地沿革史』（瓦房店地方事務所、1926年）より作成

熊岳城温泉聚落（絵葉書）

軽便鉄道の経営状況

もはや熊岳城名物となった軽便鉄道であるが、その経営状況はどうだったのであろうか。それを知る手がかりは、満鉄が大正一五（一九二六）年にまとめた資料『瓦房店 松樹 熊岳城附属地沿革史』にある。そこには、軽便鉄道が満鉄の直営に移った明治四五（一九一二）年から大正一四（一九二五）年まで、計一四年間の乗客数と収支金額が明記されている（表①）。

乗客数の推移を見てみると、少ない年には七〇〇〇人、多い年には二万六〇〇〇人、平均して年間一万五〇〇〇人余りが軽便鉄道を利用したことがわかる。また、「乗客数」欄と「収入金額」欄を照らし合わせてみると、収入金額は必ずしも単純に乗客数の増減と比例していない。これは一体どういうことであろうか。理由として、田山花袋のような満鉄の招待客、もしくは「温泉聚落《しゅうらく》」に集まる学童といった、無料あるいは割引で利用した乗客が存在したことが推測される。

温泉聚落とは、満鉄が保健上の見地から、沿線附属地の小学生のうち、海水浴に適しない虚弱児童のために、大正七（一九一八）年以来毎年の夏休みに開設した温泉学校のことである。三大温泉のうち唯一、熊岳城が選ばれたのは、熊岳河の水深が浅く、温泉浴、砂湯、河遊びのいずれにも適するうえ、周囲に秀麗な山間風景が広がり、児童の身心の修養に絶好の土地であったからだと思われる。初年度と次年度こそそれぞれ二六名と六九名であったが、以降評判を呼び、毎年一〇〇名以上の児童を収容するようになった（『満鉄附属地経営沿革全史』中巻）。希望者の急増を受け、大正八年には満鉄の出資により、温泉ホテルは一五〇人が泊まれる温泉聚落用の施設をも建設した（『満洲八景 熊岳城温泉』）。児童の賑やかな声が響き渡る温泉聚落は、熊岳城の夏の到来を告げる風物詩として広く親しまれていた。

一方、軽便鉄道の累年の収支差額を追っていくと、一四ヶ年中一二ヶ年が赤字で、黒字となった二つの年も幾許《いくばく》かの収益しか得ていないことで、全体的に経営状況はさほど芳しくなかったことが明白である。裏を返せば、満鉄は長年に亘って採算を度外視し、軽便鉄道を支援し続けてきた。細かく見ると、大正九（一九二〇）年一一月、手押しから驢馬曳きに変わったタイミングで乗車賃は一〇銭から二〇銭に引き上げられたこともあり、翌大正一〇年の収入金額は三〇〇円余り増え、赤字額も前年の約五分の一まで減少している。しかし、四年後には再び収支バランスが崩れ、過去最大の二三〇〇余円の損失を出してしまった。

昭和二（一九二七）年九月、馬車や自動車など競合する交通機関の台頭により、軽便鉄道の不振が一層深刻化したことを受け、ついに満鉄は熊岳城軽便鉄道の運行廃止を決断した（『満鉄附属地経営沿革全史』中巻）。その後温泉ホテルは、温泉気分を掻き立てる乗物ということで軽便鉄道を満鉄から借り受け、ホテル直営で運行を継続することとなった（『満洲日報』一九二七年一一月六日）。しかし、それも長くは続かなかったようだ。

昭和四（一九二九）年八月、同じく満鉄の招待で満洲を訪れた小説家・加藤武雄は、熊岳城駅からは馬車に乗って温泉ホテルに向かったと証言している。「前にはトロが通つてゐたと見え、道の片側の雑草の中にさびた軌道が埋もれてゐる。――あとで、漱石の『満韓ところどころ』を読むと、夜深くトロに乗つてこの道を走つた事が書いてあつた」（加藤武雄「満洲温泉小記」）。既にこの頃、軽便鉄道の姿は旅行者の視界から消え、わずか錆びたレールにその面影が残っていた。

昭和一〇（一九三五）年九月に至り、満鉄は温泉客の輸送混雑を緩和すべく、新たに駅・温泉場間を走る乗合バスを導入する。一日三往復の定期運行のほか、五人以上の団体客に対しては臨時運行のサービスも行う。乗車賃は片道一人一〇銭と驢馬鉄道の半額となり、所要時間は七、八分で、わずか二、三分であるが驢馬鉄道より速くなった（『南満洲鉄道株式会社社報』八五〇三、一九三五年九月八日、同八五〇八、一九三五年九月一四日）。

公共施設としての温泉地づくり

熊岳城温泉にとどまらず、満鉄は満洲における温泉地の発展のために種々の計画を進め、公共施

表② 温泉行割引往復乗車券利用客数の推移（1927～1936年度）

年 度	個人客数（人）	団体客数（人）	合 計（人）
1927	65,315	――	65,315
1928	65,427	8,305	73,732
1929	77,730	9,060	86,790
1930	83,456	12,384	95,840
1931	56,306	7,618	63,924
1932	53,304	6,684	59,988
1933	84,320	11,826	96,146
1934	84,536	20,006	104,542
1935	82,681	27,186	109,867
1936	82,622	34,032	116,654

※『鉄道統計年報 第1編 旅客、貨物、旅館』（南満洲鉄道株式会社、昭和6～9年度、11年度）より作成

設としての温泉地づくりに力を尽くしてきた。

　満鉄が大連で営業を開始したのは明治四〇（一九〇七）年四月のことであるが、早くもその七ヶ月後の一一月には、温泉浴客向けに往復運賃五割引の「温泉行割引往復乗車券」を発売しはじめた。当初は湯崗子、五龍背の二温泉のみが対象であったが、二年後の四二年六月には熊岳城温泉も追加した（『南満洲鉄道株式会社社報』一八一、一九〇七年一〇月三〇日、同六六六、一九〇九年六月九日）。その後、右の三温泉を目的地とする割引往復乗車券の適応等級や割引率などについて、幾度か改正が行われた。たとえば、大正七（一九一八）年より、一等から三等まで各等ともに個人客は三割引、五〇人以上の団体客は五割引と改められた。大正一〇年には一等が除外され、割引対象等級は二等と三等に限ることとした。大正一四年に至っては、家族連れや少人数団体の便利を図るべく、団体割引は従来の五〇人以上から五人以上へと人数制限は大幅に緩和されることになった（『南満洲鉄道株式会社社報』三三七八、一九一八年六月二五日、同四一四一、一九二〇年一二月二九日、同五四六八、一九二五年六月一八日）。

　表②は昭和二年（一九二七）度から一一年度にかけての温泉行割引往復乗車券利用客数の推移で

ある。満洲事変の影響で一時的に減少した昭和六年度とその翌七年度を除き、浴客の全体数は漸増する傾向にある。とりわけ満洲国建国（昭和七年）以降、団体客は毎年五〇〇〇人から八〇〇〇人のスピードで急増していることがわかる。もっとも、これは三温泉を合わせた統計であり、各温泉別の利用者数までは明らかでない。少なくともこの統計からは、温泉行割引往復乗車券が重宝がられ、それを利用した浴客が相当数に上っていたことは読み取れるであろう。

魅力的な割引制度を提供する一方、満鉄は各温泉地の環境整備にも力を入れてきた。熊岳城温泉に限っていえば、前述した軌間七六二ミリの新軽便鉄道を敷設する前後、満鉄は明治四四（一九一一）年から大正元（一九一二）年にかけて、工事費一五〇〇円を費やし、駅から温泉場に通じる幅一五メートル、延長二・四キロに及ぶ温泉道路をも合わせて築造した。かつて漱石が目にしていた「広漠な畠」が、楊柳やポプラ、アカシアの緑深き並木道へと変わり、のちに田山花袋や細木原青起の文章にも登場したように、温泉道路は熊岳城を訪れる人の心を最初に和ませるものとなった。さらに、昭和八年から一一年にかけて、満鉄は温泉道路にコールタール舗装を行い、大規模な修繕工事を施している。

温泉道路に続き、満鉄は熊岳城の温泉公園の造営にも着手した。大正二（一九一三）年、温泉地を含む一画を温泉公園に選定し、年々樹木の植込みを施し続けた。大正一三年度には、四阿《あずまや》二ヶ所や運動具、ベンチ、テニスコートを新設し、翌一四年度には経費二三八〇余円を投じ、鉄製ベンチ、ブランコ、四阿の増設や、散歩道路、水浴場一ヶ所の新設など、名実ともに温泉公園としての面目を整えるようになった。

温泉道路や温泉公園に加え、満鉄は温泉施設の充実にも多大な努力を払っている。大正時代に入ると、温泉ホテルのライバルだった湯本屋も事業に失敗し、熊岳城の温泉宿は温泉ホテルの一軒だけとなった。その温泉ホテルに対して、満鉄は先に言及した軽便鉄道の資材提供のほかに、建築資金や建物の貸付けを行いその経営を支え、大正四（一九一五）年に形田幾次郎が病死し、二代目形田寛が引き継いだ後においても助成し続けていた。

満鉄の資金援助のもと、温泉ホテルは大正元年に約一万円の予算で旅館を新築し、同一三年八月には、建築費約五万五〇〇〇円を要する二階建ての新館に加え、約三〇〇〇円をかけて自炊客向けの家屋をも竣成した。昭和一四（一九三九）年現在、温泉ホテルは旅館客室三三室、自炊家屋七棟三二室を擁するほか、内湯や娯楽室、読書室などを完備する立派な旅館となった。ほかに大正六年には、満鉄は会社の工事として中流階級以上の浴客向けの暖房付き家族浴場を完成し、運転費用のかかる機関室を除き、家族浴場の建物を温泉ホテルに貸付した。

一方、日帰り客や砂湯を楽しむ浴客のために、満鉄は巨費を投じてさまざまな公共的な温泉施設を整備している。まず、明治四四（一九一一）年に約一万円を投じ、河岸に建坪三一坪の共同浴場を新築し、公費経営とした。続いて大正一〇（一九二一）年には、日中共存共栄を提唱した当時の満鉄社長・早川千吉郎の意向で工費二五〇〇円を費やし、建坪一八坪の中国人専用共同浴場一棟を建設した。さらに、冬でも砂湯が楽しめるように、満鉄は昭和六年に一万六〇〇〇余円を投じ、ガラス

表③　『大連新聞』公選「満洲八景」（1929年）

順位	景勝地名	得票数	所在地	日本人人口（人）
1	鎮江山	353,327	安東	16,527
2	星ケ浦	322,226	大連	80,879
3	龍首山	295,913	鉄嶺	3,830
4	熊岳城温泉	291,584	熊岳城	498
5	老虎灘	291,132	大連	80,879
6	白玉山	289,682	旅順	10,183
7	松花江	275,452	吉林	1,225
8	釣魚台	272,503	橋頭	600

※「順位」「景勝地名」「得票数」「所在地」は1929年4月11日『大連新聞』による
※「日本人人口」は1928年3月現在の在住人口（『南満洲鉄道旅行案内』南満洲鉄道株式会社、1929年より作成）

張りのイタリアン式の屋内砂湯浴場を設け、その経営を温泉ホテルに委任した。ほかに満鉄は戸外浴場や大衆向け無料休憩所なども設けている（『満鉄附属地経営沿革全史』中巻）。

こうして庶民的な温泉施設などが急速に整備された熊岳城は、満洲屈指の温泉地として評判を呼ぶようになった。その人気の高さは、満洲の邦字新聞『大連新聞』が昭和四（一九二九）年に主催した「満洲八景」公選の投票結果にも如実に現れている。読者の投票数によって順位が決まる八景では、熊岳城温泉が三温泉中唯一入選し、堂々の第四位にランクインした。大勢の日本人居住者を擁し、投票運動が展開されやすい大連や安東などと比べ、熊岳城在住の日本人は八景のうちで最も少なく、わずか四九八人に過ぎない（表③）。それをもって二九万を超える投票を積みあげられたことは、熊岳城温泉が地元以外の在満邦人からも評価されていたことを示唆していよう。

満洲における温泉経営の特色

大正七（一九一八）年秋から冬にかけて、満鉄理事を務める従兄・国澤新兵衛の誘いで満洲にやってきた歌人の大町桂月《おおまちけいげつ》が、三大温泉に浴する機会があった。のちに、彼は次のように感嘆の声を漏らしている。「温泉はもとよりありたるが、温泉宿は日本人が創《はじ》めたる也。満洲人の在る処には風呂なし。日本人の在る処には、必ず風呂あり。風呂よりも温泉の方が遥に気持よし。三温泉は満洲にある日本人に取りての極楽浄土也《ごくらくじょうど》」（大町桂月『満鮮遊記』）。満洲では温泉の由来は相当久しいにしても、温泉宿を開き、温泉場としての体系を整えたのは、日露戦争後に移り住んだ日本人である。

一方、興味深いことに、同じく日本人が築き上げた温泉地であっても、満洲の三大温泉の経営方針は、当時の日本内地や台湾、朝鮮のそれとは大いに異なるものであった。日本内地や台湾、朝鮮の温泉地では、温泉宿が立ち並ぶ温泉街が形作られ、遊廓や芸妓置屋などの娯楽施設も附設されることが多いのに対して、満洲の各温泉地では基本的に一軒の温泉宿、あるいは一つの温泉会社が独占的に経営し、「淫蕩的な或は廃頽的な気分が無い」純粋な湯治場として成り立っていた（高安慎一「満洲の温泉を語る」）。このような温泉地が形成できたのは、交通機関や周辺環境の整備を一手に担い、温泉宿の経営を献身的に支えた満鉄の存在が大きい。

熊岳城の例にもあるように、温泉ホテルは明治三九（一九〇六）年の創業当時、関帝廟を改造した安普請の建物しか持たず、集客のために売春婦を置く料理屋を併設したことでようやく繁昌を招いた。しかし、間もなく同四一年に満鉄から軽便鉄道の資材提供の交換条件として専業旅館を新築し、経営の重心を料理屋から旅館業に転換することになった。明治四五年、満鉄は軽便鉄道を新たに敷設し、赤字覚悟で昭和二（一九二七）年まで経営し続けた。その後、温泉ホテルの事業拡大に応じ、満鉄は資金または建物の貸付けといった便宜を図ったことは既述のとおりである。

熊岳城温泉に限らず、湯崗子と五龍背の二温泉に対しても、満鉄はさまざまな形で助成してきた。湯崗子温泉に関しては、満鉄は大正九（一九二〇）年に資本金二〇〇万円の湯崗子温泉株式会社を設立し、その株式の半数を引き受けるほかに経営資金の貸付けも行っている。五龍背に関しては、大正八年度には二万六〇〇〇円を保養館の新設などに、同一一年度には五万四〇〇〇余円を電気設備の充実にそれぞれ投じていた。そして昭和六（一九三一）年四月、ついに五龍背温泉は個人経営から満鉄の直営に移行することになった。

ではなぜ、満鉄は巨費を投じてまで、各温泉宿への援助を惜しまなかったのであろうか。大正一二（一九二三）年に発行された満鉄鉄道部旅客課の機関誌には、その意図が明確に示されている。「内地に比較して、清遊地の尠《すくな》い満蒙の地にあつては、保養のために、温泉場を経営保護するは必要のことである」（満鉄鉄道部旅客課平原編輯部『平原』五）。つまり、荒涼たる満洲に住む日本人にとって温泉は心の糧《かて》となる貴重な清遊地だ、という認識のもと、満鉄は一般在満邦人の慰安を第一に考えるべく、温泉宿に手厚い支援を行うと同時に、温泉地の浄化へと善導したのである。一方、満鉄の庇護を得ることで、満洲の温泉宿は日本内地や台湾、朝鮮の温泉のように激しい競争に晒《さら》されることはなかった。それだけに、援助者あるいは大株主の満鉄の意向に反し、遊興施設を作ってまで繁栄を図る必要を認めなかった、ということがいえるかもしれない。
熊岳城温泉や軽便鉄道が辿ってきた歴史にも象徴されるとおり、日本の温泉文化が、そのまま満洲に移植されていたわけではないのである。

◉参考文献

池部鈞・服部亮英・細木原青起・牛島一水・小林克己・北澤楽天・水島爾保布・宮尾しげを『漫画の満洲』大阪屋号書店、一九二七年
大町桂月『満鮮遊記』大阪屋号書店、一九一九年
岡山県女子師範学校校友会『校友会誌』三、一九二六年一二月
温泉ホテル『熊岳城温泉 入湯の栞』発行年不明（一九二四～一九二七年と推定）
形田ツネ編『満洲八景 熊岳城温泉』熊岳城温泉ホテル、一九二九年
加藤武雄「満洲温泉小記」『文学時代』二―八、新潮社、一九三〇年八月
高媛「戦争の副産物としての湯崗子温泉」復刻版『湯崗子温泉株式会社二十年史』（千葉千代吉編、湯崗子温泉株式会社、一九四一年）ゆまに書房、二〇一六年
高安慎一「満洲の温泉を語る」『観光東亜』九―一、東亜旅行社満洲支部、一九四二年一月
夏目金之助『満韓ところ〴〵』春陽堂、一九一五年（一九一七年第一〇版）
満鉄鉄道部旅客課平原編輯部『平原』五、一九二三年一一月
南満洲鉄道株式会社『満洲写真帖』一九二七年

南満洲鉄道株式会社『南満洲鉄道案内』一九〇九年
南満洲鉄道株式会社『南満洲鉄道旅行案内』一九二九年
南満洲鉄道株式会社総裁室地方部残務整理委員会『満鉄附属地経営沿革全史』中巻、南満洲鉄道株式会社、一九三九年
米野豊実編『満洲草分物語』満洲日日新聞社、一九三七年

コラム⑪

北海道の殖民軌道

今井啓輔

殖民軌道は主に馬を使い、台車（トロッコ）を牽《ひ》いて人や物を運ぶ、北海道だけで見られた、開拓民の足となり使命を終えた簡便な軌道である。延べ約七四〇キロ建設され、最盛期の昭和一五（一九四〇）年には約四七〇キロが存在した。まともな交通手段が無かった時代に開拓に果たした役割は大きい。しかし、運行の状況や運行に携わった人々に関する記録は殆ど残っていない。ここ一〇年、二〇回程渡道し、殖民軌道に関し多くの人々に聞き取った話の一部を紹介したい。

北海道でも道南、道央は比較的早く開けたが、道東、道北の開拓地は火山灰地や泥炭地が多く、建設された道路は砂利を入れずに単に盛土したり、刈分しただけものだった。冬季には凍結し、春先の雪解け時期には泥濘状態となり、交通が極めて困難で、開拓の障害ともなっていた。そこで内務省北海道庁は道東、道北を中心にレールによる輸送機関「殖民軌道」を計画し、大正一三（一九二四）年に厚床《あっとこ》～中標津《なかしべつ》間約四九キロが開通、その後次々と敷設された。

殖民軌道は軌間（レールの幅）が七六二ミリで国鉄などの一〇六七ミリに比べ狭く、また動力は馬の簡便なものだった。地方鉄道法や軌道法に準拠した鉄道、軌道ではなく、土地改良法に準じて整備された土地改良のための軌道で道路扱いに近かった。前もって時間を決めていても馬の事で時間通り走れず、信号が無いため、途中で出会うと荷の軽い片方を線

鶴居村の自走客車（昭和40年8月、下幌呂）

路から外した。線路の保守が悪いのでバッタ（脱線）し、その都度棒でこじ上げ台車を線路に戻す際に線路が広がり、またバッタの繰り返しだった。

各線毎に運行組合が設置され、利用者は料金を払い台車を借用し自分の馬で動かした。開拓が進み輸送量が大きい路線は道庁直営とし、ガソリン機関車が導入された。特に輸送量が多かった厚床～標津、標茶《しべちゃ》～中標津間は国鉄標津線が建設され、軌道は廃止された。撤去されたレール、車両を転用し、より内陸の開拓地へ軌道を伸ばした。

戦後の内務省解体により農林省所管となり、簡易軌道と呼ばれるようになった。新設、改良は国（北海道開発局）、維持、補修は国庫負担により北海道が、そして実際の管理運営は地元自治体に委託された。

人々は近くに軌道があっても乗せてもらえる適当な時間の便が無い場合は線路を歩いた。泥だらけの道路よりは歩きやすく、短絡している場合が多かった。今のように各家庭に車があり、スクールバスが走る時代が来るとは考えられなかった。義務教育の小中学校は、通学出来る範囲に設置されていたが、高等学校は校舎のある周辺か、交通の便の良い地域からしか通学できず、寄宿舎に入るか下宿せざるを得なかった。自走客車と呼ばれるディーゼルカーが走り出した路線では、自宅から通学出来るようになり、喜ばれた。下宿した生徒は月に一度とか二度自宅に帰れれば良い方で、一学期に一度の生徒も多かった。入学卒業の際には、身の回りの生活用品の他、布団も一緒に軌道に乗せ運んだ。

先生方も大変だった。転勤異動時期の春先は特に道路事情が悪く、一～二ヶ月赴任が遅れることも多く、どの学校でも父兄が総出で引っ越しを手伝った。

戦後、農作物の生産から酪農に転換したところが多かったが、毎日生産される牛乳の輸送が大変で、一軒当りせいぜい牛乳輸送缶二～三本を集乳所まで運ぶのが一苦労だった。近隣の農家同士が輪番制をとり、普段は馬車と軌道で、雪の季節には橇《そり》で、まとめて庭先から集乳所に届けた。牛乳生産農家が多くなり、生産量が多くなると、専業の輸送者が現れた。農家は道路あるいは線路の横に缶を載せる台を作り、業者は毎日定期的に経路に沿って集荷した。

一番厄介なのが除雪だった。馬の時代には積雪のある期間は運休、動かなかったというより動けなかった。生活物資や牛乳の輸送、郵便逓送《ていそう》は馬橇に頼った。人は、火鉢を膝に載せ湯たんぽを抱き、毛布や角巻をかぶって橇に乗った。牛乳を運べないときは、輸送缶を雪に埋め、吹雪の収まるのを待った。

交通途絶の恐れがあるため、雪が積もる前に、米や燃料などの生活物資を越年（オツネン）物資として、農協の倉庫に運び込み備えた。

機関車になっても、真狩《まつかり》村の真狩線、歌登町《うたのぼり》（現枝幸《えさし》町）の志美宇丹《しびうたん》線、美深《びふか》町の仁宇布《にうぶ》線では雪は手に負えないので運休した。

歌登町の歌登線では、吹雪の日は職員三人が朝三時に起きて、凹《へこ》んでいる転車台の中の雪を掻き出し、エンジンをかけ、車庫から機関車を出し歌登市街を五時に出発。除雪しながら進み、一六キロ先の国鉄天北線に接続する小頓別《しょうとんべつ》へ一一時頃到着。一休みし、ここでも転車台の中の雪を掻き出し、方向転換し出発。来る時に除雪した線路はまた雪に埋まっていて、歌登に着きもう一度転車台の中の雪を掻き出し、車庫に入れると夜の一一時。一般の列車は運休。翌日また積もっているので同じ作業。いくら若いとはいえ、三日連続で作業をすると、車庫で座り込んでしまった。

冬動く各線には末期にロータリー式の除雪車が導入され、かなり省力化された。しかし、人の背より高く積もると歯が立たず人力に頼った。沿線では、各家に割り当てられた人が出て「雪ハネ」をした。市街地では人夫賃を払って除雪してもらった。

鶴居《つるい》村の軌道では、役場の職員は冬になると、軌道の「雪ハネ」に動員された。大雪が予想されると夜通し除雪作業をした。雪に突っ込み、動けなくなり、他の運転士に応援を頼んだり、乗客には近くの会館（公民館、集会所）や民家に泊まってもらったこともあった。雪が固まりバッタも多かった。

歌登町のロータリー式除雪車（昭和40年8月、歌登）

別海《べっかい》村（現・別海町）の軌道では、雪の上に登ったら、電線まで届いた。その位積もった。中学生まで動員し「三段ハネ」をしてもらい、除雪車を動かした。高校の入学試験日の朝、沿線の上風蓮《かみふうれん》中学校の校長先生は受験生に、雪に備え一人一本のシャベルを持って行くよう指導した。国鉄標津線の接続する奥行臼《おくゆきうす》に無事着くと、シャベルは軌道事務所に預け、標津線の汽車に乗り受験会場に向かった。

冬の間止まっていた各線では、春が近づくと一日でも早く開通させようと沿線の人は「雪ハネ」に黙々と励んだ。開通すると閉じ込められていた婦人連中は先ず、一冬中我慢していた市街のパーマネント屋に行った。帰りに春鰊《はるにしん》を買ってきた。春になったと一番感じる時だった。

人々だけでなく農作物、そして年々生産が増加していた牛乳の輸送などに重要な役割を果たしたが、整備されていく道路に役目を譲り、昭和四〇年代には道内六ヶ所で運行されるだけとなり、昭和四七（一九七二）年の浜中町営軌道の廃止をもって道内から全て姿を消した。

コラム⑫

観戦鉄道

高媛

日露戦争は僕の幼時の最大事件であったが、記憶には何も残っていない。（中略）おぼろげながら観戦鉄道が戦争関係のもので、かろうじて覚えている唯一のものらしい。

昭和天皇の長弟・秩父宮が「思い出の明治」と題して述懐した一節である（秩父宮雍仁親王『皇族に生まれて――秩父宮随筆集』渡辺出版、二〇〇五年）。日露戦争が終結した翌明治三九（一九〇六）年一一月八日午後二時、当時四歳だった秩父宮は、一つ上の兄（のちの昭和天皇）や三つ下の弟（のちの高松宮）とともに、皇居からほど近い日比谷公園を訪れた。お目当ては、半年程前の四月二九日から日比谷公園正門（現・日比谷門）外の空地に新設された「観戦鉄道」という人気アトラクションである。

観戦鉄道とは、首山堡《しゅざんぽう》から奉天《ほうてん》までの満洲での日露戦争のハイライトシーンが描かれた巨大な動くパノラマの絵を、列車の車窓より観覧する趣向のものである。原画は全長約三二七メートル、面積は四九五九平方メートルにも及び、洋風美術団体・白馬会の洋画家・安藤仲太郎《ちゅうたろう》を主任として、白馬会会員の青年画家たちが揮毫《きごう》したものである。

白馬会の創立者で東京美術学校教授の黒田清輝《せいき》や久米桂一郎が相談役を務めたほか、東京市の実業家で菓子商人の長井長左衛門も計画に尽力している。また、絵の内容が戦争の実状と食い違いのないよう、東京日日新聞の従軍記者・黒田甲子郎の実地踏査を忠実に再現するだけでなく、満洲軍総参謀長・児玉源太郎大将や実戦経験を持つ二、三名の将校の意見も加味したという。こうして、画家、実業家、新聞記者、軍人など、さまざまな分野の著名人の力を結集した観戦鉄道は、明治三八（一九〇五）年一一月に起工し、翌年四月二三日まで約五ヶ月間をかけて完成を迎えた。

さて、これほど大がかりな戦争画の展示空間と列車の走行スペースを確保するには、相当広大な敷地が必要であると容易に想像されるが、実際のところ、観戦鉄道が催されたのは、有楽町三丁目三番地にある東京市街鉄道株式会社ビルの脇に新築された、さほど広くないペンキ塗りの建物のなかである。館内では一〇〇人乗の二等客車が用意されているが、列車は走ることなく、パノラマの絵の方が列車の進行に応じて「走馬灯の如く廻転する」ことで、観客はあたかも列車に乗っている錯覚を伴いながら、激戦の模様を「眼前に見る如く」堪能していく仕掛けとなっている（『読売新聞』一九〇六年四月二八日）。運転時間は三〇分間、乗車賃は二〇銭である。

開館四日前の四月二五日に、観戦鉄道の完成式が挙行され、招待された各新聞社の記者らは一足先にその試運転に乗車した。翌二六日の『時事新報』を皮切りに、二七日の『東京朝日新聞』『東京日日新聞』『国民新聞』『報知新聞』『都新聞』『中央新聞』『人民新聞』、二八日の『読売新聞』などが相次いで観戦鉄道について報道し、「従来のパノラマと少しく趣を異にし」た「目新しき観覧物」だと、こぞって驚嘆の声を上げている。

ここで観戦鉄道の比較対象とされた「パノラマ」とは、円形の建築物の中央に設置された高い観覧台から三六〇度に広がるパノラマの絵を一望できる見世物である。一八世紀末のイギリスで誕生し、一九世紀のヨーロッパやアメリカで一世を風靡したパノラマだが、日本に初登場したのは、明治二三（一八九〇）年の五月である。その後、日清・日露両戦役を追い風に、戦争という画題を得たパノラマは、戦勝ムードを盛り上げる時節柄《じせつがら》の娯楽として人気を集めた。

では、明治三九（一九〇六）年当時の日本人の目には、パノラマよりも斬新な観戦鉄道の魅力はどのように映っていたのだろうか。ここで、観戦鉄道の試運転に乗車した『国民新聞』の記者に館内を案内してもらおう。

外で切符を買てイザ館内へ入らふとすると、入口が停車場の改札口になつて居て、改札帽を横に冠《かむ》つた西洋人が一々切符へ鋏《はさみ》を入れる。西洋人を切符切りに雇込んだのは中々《なかなか》の妙案だ。是《こ》れで先《ま》づ見物の胆《きも》を奪つて仕舞《しま》ふと。内部は停車場の待合室で新橋なぞよりズツト上等な革椅子が備へてある。其処《そこ》へ助役の制服制帽を著《つ》けた男が出て来て「発車には未《ま》だ間《ま》がありますから、暫時《ざんじ》御待下さい」と云ふ。言《い》はるゝまゝに椅子へ腰をかけてると、本物の支那人が首から箱をかけて支那菓子を売りに来る。何様《なにさま》考へて見ても日本内地の停車場のやうには思へない。（中略）見物は車掌の案内により順次に車内へ繰り込む事になる。繰り込んで見ると愈《いよいよ》驚く。開《あ》いてる方の右の窓には睫《まつげ》に近く首山堡あり、高粱《きび》が繁つて楊樹が突立つて、身は何時《いつ》の間《ま》にか満洲へ来て居る。見物が一同著《ちゃく》席《せき》したのを見て、車掌がピリ〳〵と笛を吹くと、汽車がガタ〳〵と動き出す。同時に窓外《そうがい》の景色は後《あと》へ〳〵と下《さが》つて行く。車の揺れ加減から景色の動き具合から直《じ》き眼の前の土手の飛ぶ有様《ありさま》など、全くモウ急行列車で満洲の野《や》を横《よこぎ》つて居るのである。景色は戦後の首山堡から初《はじま》つて、遼陽《りようよう》の大戦となり、衛生隊の作業となり、太子河《たいしが》を渡つて段々山の中へ入ると、日が暮れて黒木軍揚城塞《ようじようさい》の激戦となり、転じて姫路師団三塊石山《さんかいせきざん》の大夜襲となり、軈《やが》て又夜が明けると、沙河《さが》の会戦で河は氷で張り詰めて居る。是れを渡ると愈《いよいよ》奉天戦争で、満目皆白《まんもくみなしろ》き間《あいだ》に、彼我《ひが》入り乱れての大混戦、其《そ》れが済むと乃木軍の追撃、露兵の大潰乱《だいかいらん》で、此処《ここ》で又笛が鳴つて汽車が止まり、見物は先様《せんさま》入れ変りとなる。

（『国民新聞』一九〇六年四月二七日）

この記述からも分かるように、観戦鉄道はパノラマとは二つの点において大きな違いがみられる。一点目は、絵は静止したままのパノラマとは対照的に、観戦鉄道での絵は機械の力で絶えず動いていることである。この「動く絵」を見るという視覚体験は、言うまでもなく、一九世紀末に誕生した活動写真の観賞体験と共通している。そのためか、当時の複数の新聞記事では観戦鉄道のことを「最新式活動パノラマ」や「パノラマ、ムーヴェ」と呼び、明治三九（一九〇六）年末に刊行された『東京便覧』（津田利八郎、明治協会）でも「恰《あたか》も活動写真とパノラマとを折衷したる如く」と紹介している。

観戦鉄道の開館広告（『東京朝日新聞』1906年4月30日）

二点目は、立ち止まって絵を眺めるパノラマに対し、観戦鉄道では鉄道旅行の臨場感を最大限に追求し、擬似的な移動感覚を存分に満喫させていることである。改札口、待合室、プラットホーム、西洋人の切符切り、中国人の菓子売り、これら一連の演出によって、観客は一瞬にして遠く満洲にある某駅に迷い込んだ感覚に襲われることになる。さらに、絵の回転によって得られる列車の進行感を強化するために、客車そのものも「十馬力の瓦斯《ガス》発動機」の力で振動させる工夫が凝らされ、よりいっそう本物に近い乗心地をもたらしている。

　言ってみれば、観戦鉄道の醍醐味は、活動パノラマを見る観客としての体験と、疾走する列車に身を置く乗客さながらの体験という、「観客」と「乗客」の二重の動的な身体感覚を一気に得られることにあるのではないだろうか。

　そもそも、観戦鉄道は明治三三（一九〇〇）年のパリ万博で万国寝台会社（ワゴン・リー社）が披露した“Trans-Siberian Railway Panorama”（シベリア横

「観戦鉄道線路略図　従首山堡　至奉天」（明治39年5月15日、坂本鍬太郎発行）。観戦鉄道開館から16日後に発行されたものだが、本コラムで取り上げた観戦鉄道との関連は不明

断鉄道のパノラマ）から着想を得ているといわれる。このパノラマはモスクワ・北京間の鉄道沿線の風景画を寝台列車の車窓から眺める擬似遊覧旅行である。それに対し、単なる風光明媚《ふうこうめいび》な景色ではなく、日露戦争ゆかりの名所をめぐる観戦鉄道は、戦争の臨場感を体験させるとともに戦勝気分を昂揚《こうよう》させる、いわば架空の戦跡旅行といえる。

　観戦鉄道が始まって三ヶ月ほど過ぎた明治三九年七月、東京大阪両朝日新聞の主催による満韓巡遊旅行や、全国の中等学校以上の学生と教職員および全国の小学校教員などを対象とする陸軍省・文部省共催の満洲合同修学旅行が大々的に催され、満洲旅行は「一世の流行」となった。これら実際の旅行に先駆けて人気を博した観戦鉄道は、ある意味で、身近なところから国民の満洲旅行への憧れを駆り立てることに一役買ったといえるのではないだろうか。

第六章

寺社詣でとケーブルカー

三輪主彦

大正一〇（一九二一）年、徳川家の当主義親《よしちか》が東南アジアの視察に出かけた。香港でケーブルカーに乗った印象を『じゃがたら紀行』につづっている。

小さい箱のような電車を一条の鋼縄《こうじょう》で引き上げる。もし切れたら到底助からぬ。一人五千円の保険がついているがそれが百万円でも、いい気持ではありません。

香港のケーブルカーはピークトラムと呼ばれ、現在も人気の乗り物である。恐怖を感じるほどの急傾斜をロープに引っ張られ登っていくが、徳川さんほど怖がる人はいない。それは、現代の技術を信じきっているからだろう。日本のケーブルカーはピークトラムほどの傾斜はないが、高尾山に登る最後の坂はかなり急である。しかし、ロープが切れたらどうなるかと不安になる人はいない。

現代の科学技術優先の社会において、乗っていて恐怖や不安を感じるのは飛行機ぐらいで、新幹線が高速で突っ走っても、超高層ビルのエレベーターがすごい勢いで登っても、恐怖を感じることはない。恐怖不安の要素は、科学技術というブラックボックスの中にとじこめているからだ。

最新の高速エレベーターでも、のそのそと登っているケーブルカーでも、運行の原理は同じである。昔の人が水をくみ上げていた釣瓶《つるべ》と同じ原理で、片方が上がれば片方が下がるのである。エレベーターを吊るしているロープは、乗っている人には見えない。もしロープが切れたら、などという不安を持つ人はほとんどいない。

ロープで引っ張られているケーブルカーは、現代の速く快適な乗り物からみれば、遅くて不安が見える不便な乗り物である。ケーブルカーは、昭和の戦争の時に「不要不急」のレッテルを張られ、金属回収令によってレール等も供出させられた。しかし、終戦間近の法令だったため、供出されなかったケーブルカーは、細々ではあるが日本各地の山の斜面を今も黙々と登っている。日本のケーブルカーの多くは、霊山への参詣の利便のために創設された。当初は多くの乗客があったが、昭和の戦争後、信仰は薄れ、霊山へのお参りは観光の一要素となってきた。今のケーブルカーの利用は、ほとんどが観光客である。しかし、まだ参詣や生活の一部として利用している人も少なくない。

最初のケーブルカーが生まれてから、一〇〇年が過ぎた。これまでの歴史を振り返り、ケーブルカーの未来も考えたい。科学技術一辺倒の中に隠れている古い技術の魅力を、再発見できるかもしれない。

山脈を越えるケーブルカー計画

明治四〇年代、生駒山脈の暗峠《くらがりとうげ》を「鋼綱釣瓶方式《こうもうつるべ》」のケーブルカーで越える計画が、大阪電気軌道という会社で作られていた。当時、大阪と古都奈良を結ぶ国有鉄道は、両県を境する生駒山脈を大きく北に迂回するルートをとっていた。掲載した地図を見ればわかるように、大阪と奈良を最短で結ぶには生駒山脈を横断しなければならない。

最短ルートは二通りが考えられた。一つは、昔からの街道である暗峠をケーブルカーで越えるルート、もう一つは、生駒山脈の下をトンネルでぬけるルートである。この二つともに政府からの認可が下りた。

暗峠には、奈良街道（国道三〇八号線）が通るが、狭く急傾斜の石畳路で、今でも大型車は通ることができない。歩くことさえ厳しい急坂で、「酷道《こくどう》」として知られている。元禄七（一六九四）年、松尾芭蕉は、わざわざ重陽《ちようよう》の節句にあわせてこの峠をこえて住吉《すみよし》神社に向かった。

「菊の香に　くらがり登る　節句かな」

句碑が峠下にたっている。健脚芭蕉の身にもこの急坂は応えたのだろう。住吉神社での句会を欠席した直後に、芭蕉は旅の空で亡くなった。

大阪電気鉄道は、この大変な急坂をケーブルカーで越えようとしたのだ。トンネルを掘る技術も確立しておらず、平地の鉄道も、まだ一、二両でのろのろ走っていた時代である。ケーブルカーを山越えの交通手段として検討したとしても、不思議ではない。

しかし、大阪電気軌道は、後の時代を予測し、ケーブルカーでは大量輸送はできない、平地線との接続はできない、暗峠の急坂は危険が多いという理由で計画を断念した。今となっては実行されなくて正解だったが、そのような計画が検討された事実は記憶しておきたい。

そして、明治四四（一九一一）年、大阪電気軌道はより困難な生駒トンネル掘削へ踏み切った。

生駒山脈周辺図

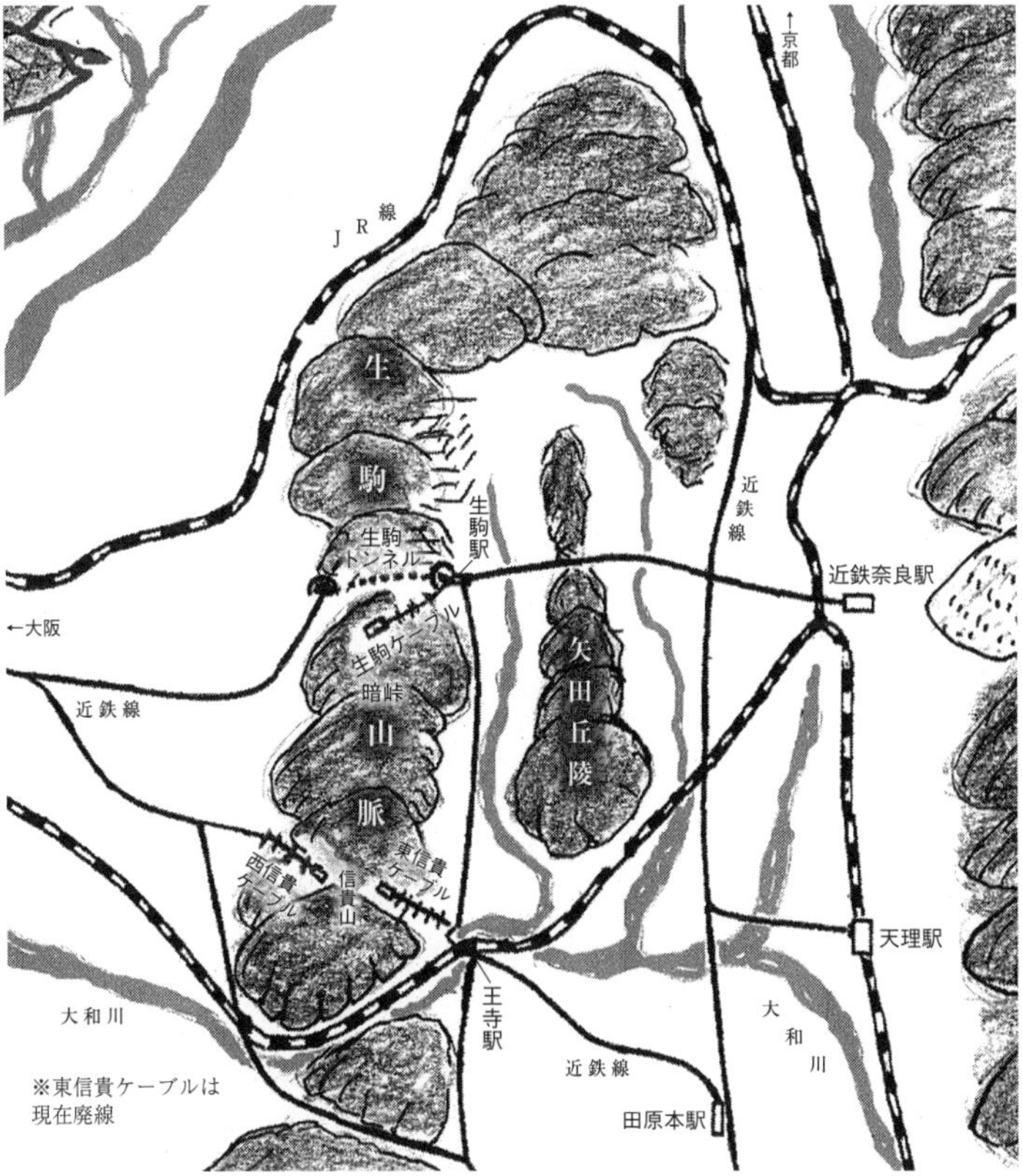

大阪と奈良の間は、生駒山脈が障壁になっているため、JR線は北に迂回するが、近鉄線は「生駒トンネル」を通り直行している。
「生駒ケーブル」は、後述する日本初のケーブルカーで、計画だけで終わった暗峠のケーブルカーとは別である。

※イラストは筆者による。以下、特記しないイラストはすべて同じ

様々な困難に直面し、犠牲者も多かったが、生駒トンネルは三年後の大正三（一九一四）年に開通した。開通後しばらくは、建設費の支払いや社員の給料遅延などで経営危機に陥った。しかし、大阪奈良間の距離は格段に縮まり、大阪電気軌道の地位は一気に向上した。大阪電気軌道は、のちに近畿日本鉄道になる。

生駒山脈を暗峠からさらに南に下ると信貴山《しぎさん》があり、朝護孫子寺《ちょうごそんしじ》という聖徳太子ゆかりの寺にでる。大阪側からケーブルカーで高安山《たかやすやま》に登り、山上電気鉄道で信貴山朝護孫子寺に詣でるルートが計画された。明治末、この鉄道を建設するための「起業目論見書」が作られた。

信貴山登山者は近年著しく増加し、これに伴い毘沙門堂《びしゃもんどう》近傍は長足の発展をなした。毎年増加する参詣者と相まって本地方の発展のために、完全なる交通機関の敷設は一般人の渇望するところである。関西線柏原を起点とし信貴山毘沙門堂近傍に至る区間に電気軌道を敷設し、公共の利役を推進せんとするものなり。

この目論見書どおり、信貴山電気鉄道により、山上電気鉄道とケーブルカーが昭和五（一九三〇）年に開通した。その後大阪電気軌道に委託され、信貴山急行鋼索線（信急ケーブル）となった。戦時にも信急ケーブルは生活に必要とされたが、不要不急となった山上電気鉄道と合わせ実質的には休止した。戦後、山上の鉄道は再開することなく廃止になり、線路跡は生駒信貴スカイラインの一部となり、バスが鉄道の代行をしている。信急ケーブルの方は、昭和三二（一九五七）年に近畿日本鉄道のケーブルカーとして再開した。

信急ケーブルよりも前に、信貴山の東側の奈良県側から信貴生駒電気鉄道がケーブルカーを運行していた。同じく朝護孫子寺へ参詣するためのケーブルカーである。しかし、昭和五（一九三〇）年の信急ケーブルの出現によって、朝護孫子寺へ参拝するルートは大阪側からが有利になり、信貴生駒電鉄の経営は苦しくなり、近畿日本鉄道に吸収された。昭和三九（一九六四）年、東京オリンピックの年のことである。

大阪側の信急ケーブルも奈良側のケーブルも、ともに近畿日本鉄道の経営になり、それぞれ西信貴ケーブル、東信貴ケーブルと名前を変えた。

近畿日本鉄道グループのケーブルカーの車両には、生駒宝山寺線の一番二番から順に番号がつけられている。生駒ケーブルには、複線の宝山寺線と山上線という計三つの線路があり、それぞれ二車両が走っているため、一番から六番までの番号がつけられている。七番八番は、西信貴ケーブルの「ずいうん」号と「しょううん」号につけられた。そして、九番一〇番は、東信貴ケーブルの車両につけられた。それぞれ愛称があったらしいが、東信貴ケーブルの車両については資料が見つからない。番号で呼んでいたのかもしれない。通し番号は近畿日本鉄道グループの一体化の象徴であった。

東信貴ケーブルは、残念ながら昭和五八（一九八三）年に廃止になった。現在線路跡は、近鉄生駒線の信貴山下駅の前からまっすぐの道路となり、西和清陵《せいわせいりょう》高校まで伸びている。その先はハイキングコースとなり、最後の急坂を上がると昔の信貴山駅に出る。駅舎跡は、奈良交通のバス停として昔の面影を残している。

日本のケーブルカー事始め

日本で最初に建設されたケーブルカーは、生駒トンネルの奈良側の出口にできた生駒駅から宝山寺にあがる生駒鋼索鉄道である。これは前述したように、計画だけで終わった暗峠ケーブルカーとは別物である。

今から約一〇〇年前の大正三（一九一四）年、生駒鋼索電気軽便という会社に鋼索《こうさく》鉄道（ケーブルカー）建設の認可が下りた。宝山寺の聖天《しょうてん》さまへの参詣の便宜のためである。生駒鋼索電気軽便は生駒鋼索鉄道と社名変更し、四年後の大正七年八月二九日に営業を開始した。日本のケーブルカーは、生駒山宝山寺という場所で始まったのである。

「そのころ我が国のどこにも登山鉄道はなく、海外における文献を集め勉強を始め、身の程も知らず実施設計に手を染めたので、今も当時を顧みて冷や汗のでる思いがする」。その事業を計画した役員は、社史（『大阪電気軌道株式会社三十年史』）の中でこう述べている。

じつは、生駒ケーブルが開通する前の明治四〇（一九〇七）年に、京都蹴上《けあげ》の琵琶湖疏水《びわこそすい》に巨大なケーブルを使った鉄道が、すでに運行を開始していた。琵琶湖疏水と落差六三メートルの船溜まりの間を、荷物船を台車に載せて上げ下ろしするものである。二つの台車は太い鋼索（ケーブル）でつながれており、上部船溜まりにある大きな滑車《かっしゃ》にケーブルを巻き付け、片方の台車が下りると反対側の台車が上がってくるようになっている。ケーブルカーの仕組みとまったく同じであるが、蹴上の場合はインクライン（荷物用のケーブルカー）と呼んでいる。ダム工事用に作られたケーブルカーがのちに観光客を乗せているものもあるが、それらもケーブルカーとは呼ばず、インクラインという。鉄道事業法に工事用ケーブルカーは入っていないが、工事が終わった後に人を乗せるようになったインクラインを、ケーブルカーの仲間に入れてもよいと筆者は考えている。

生駒ケーブルの建設時、蹴上のインクラインの技術が取り入れられたかどうか、よくわからない。京都と生駒は近いこともあり、何らかの影響があったことは考えられる。現在、このインクラインの線路や滑車は、明治の土木遺産として展示されている。

大正七（一九一八）年に生駒ケーブルが開通した後、各地に続々とケーブルカーが作られた。紆余曲折があって、現在運行中なのは掲載した一覧表の二四ケーブルだけである。この二四ケーブルは、鉄道事業法にのっとってお客を乗せて運行しているケーブルカーで、正式な名称は今でも鋼索鉄道である。通常は「生駒ケーブル」「筑波山ケーブルカー」などと愛称で呼ばれるが、「カー」の有無などまちまちで、統一的ではない。本章では、公式ホームページを参考に、各会社の呼び名で示している。

表の「乗客」の欄は平成二八（二〇一六）年のもの、「比率」とあるのは平成二四年との比較であ

現在運行中の日本のケーブルカー

路線愛称	創設目的	事業者名	開設年	再開設年	軌間(mm)	全長(m)	最大勾配(%)	高低差(m)	乗客(千人)	比率(%)
生駒ケーブル 宝山寺線	宝山寺 生駒聖天	近畿日本鉄道	1918	1953	1,067	948	227	146	385	86
生駒ケーブル 山上線	遊園地	近畿日本鉄道	1929	1945	1,067	1,124	333	322		
箱根登山ケーブルカー	箱根観光	箱根登山鉄道	1921	1950	983	1,240	200	214	1,393	99
筑波山ケーブルカー	筑波山神社	筑波観光鉄道	1925	1954	1,067	1,634	358	495	432	105
叡山ケーブル	比叡山延暦寺	京福電気鉄道	1925	1946	1,067	1,458	530	561	164	91
妙見の森ケーブル	能勢妙見堂	能勢電鉄	1925	1960	1,435	666	424	229	110	126
摩耶ケーブル	摩耶山天上寺	神戸すまいまちづくり公社	1925	1955	1,067	964	547	312	160	137
石清水八幡宮参道ケーブル	石清水八幡宮	京阪電気鉄道	1926	1955	1,067	411	206	82	353	100
高尾山ケーブルカー	高尾山薬王院	高尾登山電鉄	1927	1949	1,067	1,020	608	271	1385	98
坂本ケーブル	比叡山延暦寺	比叡山鉄道	1927	1946	1,067	2,025	333	484	238	117
天橋立ケーブル	成相寺	丹後海陸交通	1927	1951	1,067	391	461	115	549	98
ラクテンチケーブル	遊園地内	ラクテンチ	1929	1950	1,067	253	558	122	94	43
西信貴ケーブル	朝護孫子寺	近畿日本鉄道	1930	1957	1,067	1,263	480	354	55	90
高野山ケーブル	金剛峯寺	南海電気鉄道	1930	→	1,067	864	563	329	904	147
大山ケーブルカー	阿夫利神社	大山観光電鉄	1931	1965	1,067	786	477	278	440	104
八栗ケーブル	八栗寺	四国ケーブル	1931	1964	1,067	684	288	167	248	111
六甲ケーブル	神戸市街眺望	六甲山観光	1932	1945	1,067	1,764	498	493	494	112
御岳山ケーブルカー	御岳神社	御岳登山鉄道	1935	1951	1,049	1,107	470	424	457	91
立山ケーブルカー	立山雄山神社	立山黒部貫光	1954	——	1,067	1,366	560	487	678	100
十国峠ケーブルカー	十国峠風景	伊豆箱根鉄道	1956	——	1,435	317	408	101	180	76
鞍馬寺ケーブル	鞍馬寺多宝塔	鞍馬寺	1957	——	800	207	499	89	229	78
皿倉山ケーブルカー	洞海湾風景	皿倉登山鉄道	1957	——	1,067	1,191	528	441	199	106
黒部ケーブルカー	山岳地下交通	立山黒部貫光	1969	——	1,067	828	587	373	704	107
青函トンネル体験坑	海底トンネル探訪	青函トンネル記念館	1988	——	914	778	250	-140	44	68

※「開設年」順に並べた（複数の線がある生駒ケーブルのみ例外）
※「創設目的」の網掛けは、霊山参詣に由来するもの
※「軌間」の網掛けは、狭軌ではないもの
※「乗客」は、国土省「鉄道統計年報 平成28（2016）年」による
※「比率」は、平成24（2012）年に対する平成28（2016）年の乗客数の比率

る。一〇〇％は乗降客横ばい、一〇〇％を切れば乗客が減っていることになる。生駒ケーブルは当初年間三〇〇万人が乗降したという記録があるが、現在乗客最多の高尾山ケーブルカーでも、それには遠く及ばない。

青函トンネル体験坑は、本州の端の竜飛《たっぴ》岬にある青函トンネルの見学用である。工事用なのでインクラインと呼ぶのが正しいが、鉄道事業者が運営しているのでケーブルカーに分類されている。一両だけの巻き上げ方式で、他のケーブルカーとは異なる。

ケーブルカーの仕組みと特徴

登山電車ができたので　だれでも登れる（中略）
行こう行こう火の山へ　フニクリ　フニクラ　フニクリ　フニクラー

この調子のいい歌が日本で広まったのは一九五〇年代、その後「鬼のパンツ」という替え歌として子どもたちの大人気の歌になった。

「フニクリフニクラ」というのは、イタリアの登山ケーブルカーの愛称だった。一八八〇（明治一三）年、イタリアのヴェスビオ火山に登山鉄道が作られた。この鉄道は、二つの車両をケーブルでつないで上下させる釣瓶式のケーブルカーだった。観光用に作られたが、人気が低く乗客は増えな

各国・地域の鋼索鉄道と索道の呼び方

地域	鋼索鉄道	索道
日本	ケーブルカー	ロープウェー
ヨーロッパ	フニクラー	ケーブルカー
アメリカ	ケーブルカー	ロープウェー
香港	ピークトラム	ケーブルカー

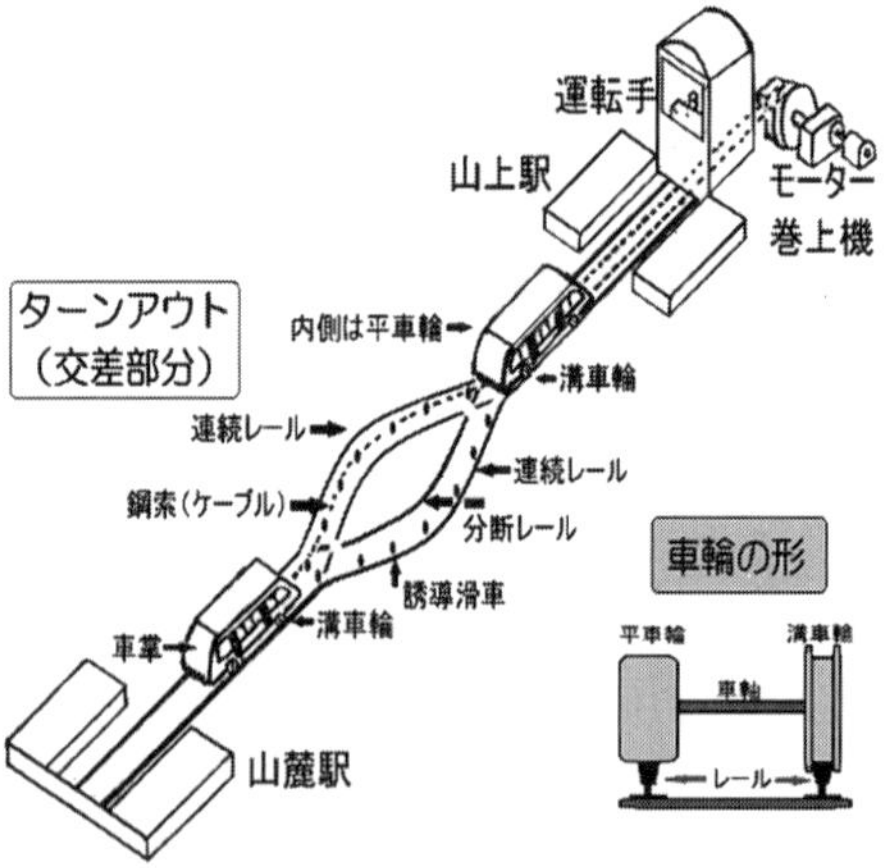

交走式（釣瓶式）ケーブルカーの仕組み

かった。

　そこで会社はコマーシャルソングを作って宣伝に努め、功を奏して多くの乗客が集まるようになった。しかし、残念なことに、一九四四年のヴェスビオ火山の大噴火によって、登山電車フニクラーレは火山灰の下に埋もれてしまった。

　ヨーロッパの鋼索鉄道は、「ケーブルカー」ではなく「フニクラー」と呼ばれる。「ケーブルカー」という呼び名は、ロープウェーに使われている。日本ではロープウェーは索道《さくどう》といい、鉄道とは区別している。いろいろ呼び名があるようだが、筆者の知るかぎりでは表のようになる。

　鋼索鉄道というのは、鋼索すなわちケーブルによって引っ張られている鉄道であり、索道はケーブル（ロープ）にぶら下がって動くものである。

　鋼索鉄道には交走式と循環式がある。

　交走式は、釣瓶式ともいわれる。井戸の水をくむのに釣瓶を使った。片側の桶を井戸の底に落とし、水を入れる。ロープを引いて持ち上げると、反対側の桶が井戸の底に落ちて水がいっぱいになる。これを繰り返すのが釣瓶井戸である。

日本のケーブルカーは、このシステムと同じで、片方が上がると片方が下がるという動きを繰り返す。最近のエレベーターには内部の機構が見えるものがあるが、カゴ（客を乗せる箱）が上がるとケーブルにつながったおもりが下がっていくのがわかる。エレベーターも釣瓶と同じ原理で動いていることも知っておきたい。

ケーブルカーもエレベーターも、滑車を組み合わせることでさらに小さな力で上げ下げできる。交走式（釣瓶式）ケーブルカーは、エネルギー消費の少ない省エネな乗り物である。

もう一つは、循環式ケーブルカーである。有名なのはサンフランシスコの観光の目玉になっているケーブルカーであるが、これはあまり省エネではない。線路の間に掘られた溝の中にケーブルが張られており、それが時速一五キロの速度で常に動いている。ケーブルカーの車両に乗った運転手（グリップマン）が、車体前方のグリップ（握り棒）で動いているケーブルをつかんで出発、離して停止をする。スムーズな運転には、熟練の技が必要だ。強くつかむと急発進し、乗客は倒れてしまう。半クラッチのように滑らせながらグリップしないといけない。停まるときには、ケーブルを離して、徐々にブレーキをかければ予定の位置に停止できる。

サンフランシスコの中心街に長大なケーブルが張り巡らされており、強大なモーターで常にケーブルを循環させている。相当なエネルギーがかかりそうだし、運転も難しそうだ。

交走式ケーブルカーの交差部分（八栗ケーブル）

自動車の時代になり、ケーブルカーは邪魔者扱いされたが、サンフランシスコの名物であったため、市民からも存続の意見が多く出た。経費がかかり、運転手養成の手間もかかるが、観光の目玉として残すことになった。大規模な循環型ケーブルカーは、サンフランシスコにあるだけで他にはない。

ケーブルカーのもう一つの特徴は、交差地点の構造である。

写真は八栗ケーブルに乗った時、車両前方の窓から進行方向を写したのものである。今自分が乗っている車両が、登っているか降っているか判断できるだろうか。

ケーブルで引っ張られているから「登っている」が正解だ。このあと自分の車両は右側の線路に入って、左側の線路をおりてくる車両とすれ違う。間違えて自分の車両が左の線路に入ることはないか心配になるが、ケーブルが誘導してくれるので正面衝突することはない。

平地の鉄道のように、線路を転轍機《てんてつき》で動かすようにはなっていない。交差部分の線路は固定されたままである。いったいどのように車両は左右に分かれるのだろう。

子どもたちがケーブルカーの前面に陣取り、侃々諤々《かんかんがくがく》意見を飛ばしあっている光景をよく見る。大人は「まあそんなものだろう！」と気にもかけないが、子どもたちにとっては大変な技術に見えるのだ。近年は、様々な技術がブラックボックスに入り、子どもたちは見ることも触ることもできない。新幹線の線路の構造など速すぎて見ることもできないが、ケーブルカーの速度ならじっくりと見学ができる。

日本のケーブルカーには運転手が乗っているように見えるが、実は運転手は山上の運転室にいて二両の車両を同時に操作している。車両に乗っているのは、緊急時に対応するための車掌である。車両が右に行くか左に行くかは運転手の役目ではなく、誘導滑車がケーブルを制御しているのである。誘導滑車のおかげで、ケーブルカーは曲線状のルートを行くことができる。

この写真の八栗ケーブルは交差地点で膨らんでいるが、全体ではほぼ直線のルートをとっている。しかし、関東の筑波山ケーブルカーは、誘導滑車によってほぼ九〇度の角度でまがることができる。曲線のルートを通る技術は当時としては高水準で、筑波山ケーブルカーの路線の一部は、昭和初期の土木遺産として認定されている。

もし誘導滑車が外れたとしても、交差点でケーブルカーは左右に分かれるので正面衝突はしない。この仕組みは、車輪の左右の構造が異なっているケーブルカーならではのものである。今乗っている車両の右車輪は溝車輪になっており、両側からしっかりとレールをつかんでいる。そのために必ず、右側の継ぎ目のないレールの上を進んでいくことができる。

もう一方の左車輪も溝構造になっていると、交差部を乗り越えることができない。そのため左は幅の広い平車輪になっている。平車輪は線路の上に載っているだけなので、線路に隙間があっても広い面積があるので乗り越えていくことができる。写真ではレールの一部が光って白く見えているが、この部分を滑って通過していくから摩擦で光っているのである。

すれ違う車両の車輪は、まったく反対の構造になっている。線路が可動しない分岐部を乗り越えることができるので、単線でも正面衝突しないで交差ができる。この構造を発明したのはスイス人のアプトで、アプト式スイッチという。昔、軽井沢に上る信越本線の碓氷峠にアプト式レールというのがあった。あれを発明したのも、アプトさんである。


ケーブルカーの線路幅（ゲージ）は、ほとんど一〇六七ミリの狭軌である。

ケーブルカーは他の鉄道の線路と乗り入れをすることはないので、独自の線路幅をとることが可能である。しかし、一覧表を見ればほとんどが一〇六七ミリで、ＪＲ線と同じ線路幅になっている。日本で二番目に開業した箱根登山ケーブルは、線路、車両、巻き上げ機すべてをスイスから輸入したので、この規格からはずれている。妙見の森ケーブルと箱根十国峠ケーブルカーも例外で、一四三五ミリ（標準軌）で新幹線の軌間と同じである。

実は十国峠ケーブルカーは、上下二路線あった妙見の森（旧妙見）ケーブルの上部分を移築したものである。もともと能勢妙見堂《のせみょうけんどう》参詣のために能勢電鉄と妙見ケーブルが作られた。妙見さまへの参詣は盛んで、ケーブルカーが妙見堂入口まで登っていた。戦争中、不要不急線となり休止していた妙見ケーブルには、戦後復活する余力がなかった。急遽《きゅうきょ》手を差し伸べたのが、川西市のニュータウンの造成を進めていた関東の私鉄グループだった。

能勢電鉄はもともと阪急電鉄系列の会社だったので、軌間は阪急電鉄と同じ一四三五ミリであった。ケーブルカーの軌間はいかようにも選べたが、やはり阪急電鉄の軌間に配慮して、妙見ケーブルも一四三五ミリにした。そのため、箱根十国峠に移築されたケーブルカーも、一四三五ミリのままになっている。

もう一つ線路幅が異なるケーブルカーがある。東京近郊の御岳山《みたけさん》ケーブルカーの軌間はもともと一〇六七ミリだったが、今は一八ミリ狭い一〇四九ミリである。これは、平成三（一九九一）年、それまで使っていた小型レールを標準レールに変えたことが原因である。軌間はレールの内側を測る。レールが太くなったため、その分軌間が狭くなったということだ。普通の鉄道で線路の幅を変えたら、当然車軸の幅も変えなければ脱線してしまう。しかし、ケーブルカーの大発明の一つであるアプト式スイッチのおかげで、車輪を変える必要はなかった。ケーブルカーの片方の車輪は幅の広い平車輪で、線路の上にのっているだけである。数センチの線路幅の違いなど、問題にはならないのである。

ケーブルカーと寺社詣で

日本最初のケーブルカーは、宝山寺の生駒聖天への参詣のために作られた。近畿日本鉄道の生駒駅のそばにあった宝山寺の一の鳥居前に乗り場が作られ、それまで駕籠《かご》で上がった人たちは最新の鉄道に乗ったのである。それが象徴的に見てとれる写真を掲載した。まだ路肩は養生の芝が育っていないので、開通直後の風景であろう。旧来のお参りの人もいたようだが、珍しいもの見たさの観光客も大勢押しかけたために、翌年は三〇〇万人もの人が乗ったという。ちょっとオーバーだと思うが、実際に単線ではまかなえず複線にして対応しなければならなかった。日本のケーブルカーの中で複線のものは、生駒ケーブル宝山寺線だけである。さらに生駒山上に遊園地が作られ、山上線も増設された。

開通して間もない生駒ケーブル

生駒ケーブルは、戦争中軍隊に接収された。生駒山頂から大阪の町が見渡せるので、軍はここに監視施設を作ったからだ。戦争が終わった後、直ちにケーブルカーが再開されたのは、生駒ケーブルが不要不急線にならなかったからである。ケーブルカーが三路線も集まる場所は、日本中探しても他にはない。

日本では、はるか昔から熊野詣など霊山信仰が盛んで、江戸時代になると庶民も様々な霊場に参詣するようになった。江戸では、富士講《ふじこう》など多くの講が作られた。三〇〇〇メートルの高度があり、火を噴く富士山に行くのはかなりの覚悟が必要だったが、榛名山《はるなさん》、大山《おおやま》への参詣は比較的容易だった。近代になると、大都市近郊の霊山にはケーブルカーが架けられ、多くの講中《こうじゅう》(講の構成員)が団体登山をした。

歌川広重「東海道五十三次細見図会 程ケ谷」(部分)

▼大山ケーブルカー

東京隅田川にかかる両国橋のたもとに、大山講の水垢離《みずごり》場の碑がある。両国橋から大山の麓まで、直線でも七〇キロはある。掲載した浮世絵にあるように、大きな木太刀《きだち》を担いで行き、麓からは急峻な登山道をたどり、一二五二メートルの頂上にある石尊大権現《せきそんだいごんげん》に太刀を納めた。帰りに江ノ島に寄ったりして、四日から五日で往復したという。

江戸の各地から大山に向かう大山詣では大人気で、「大山道」はいくつもあった。渋谷を通る青山通りから厚木街道を経て、伊勢原に向かう道も大山道の一つである。木太刀など持たない空身であったが、筆者は二日がかりで大山の麓にたどり着くのがやっとだった。江戸時代の人の歩行能力がいかに優れていたかを実感した。

江戸時代、大山の麓には多くの宿坊があり、御師《おし》が関東各地の講に参拝を呼び掛けて歩いた。今も御師の集落が、ケーブルカー駅の周囲に軒を連ねている。明治時代になって参拝先が大山寺《おおやまじ》から阿夫利《あふり》神社に換わったことで、御師は先導師《せんどうし》と名前を変えた。東京近郊の御岳山でも、山上の神社前に御師の家が並ぶ。一般的には先導師という呼び方はしないので、大山だけのことなのかもしれない。

大山ケーブルカーは、昭和六（一九三一）年に開通した。江戸の人に比べ歩行能力が大きく落ちた庶民は、文明の利器を大いに利用して参詣した。阿夫利神社にお参りしている白装束の大山講の人たちに聞いてみたら、歩いて登ってきたと答えてくれた。今でも熱心な参拝者は山道を歩いているようだ。歩行能力が落ちた庶民と書いたが、講中の歩行能力は落ちていないと訂正する。大山ケーブルカーは平成二七（二〇一五）年、新型車両を導入して多くの人の利用を期待している。

▼御岳山ケーブルカー

御岳《みたけ》という名前は各所にある。尊い山という意味だろう。東京の西に青梅《おうめ》線が走っており、御嶽《みたけ》という名の駅がある。今は鄙《ひな》びた場所だが、歴史は古い。麓の家々の入口には、写真のような護符が貼ってある。狼の絵とともに、「大口真神」と書いてある。あまり聞いたことがない神さまであるが、関東一円の人々の信仰は深い。
海抜九二九メートルの御岳山《みたけさん》の上に御岳神社があり、参道には食事土産物屋が九軒、宿坊が二四軒、四〇世帯一二九人が暮らす街がある。高野山とは桁違いだが、ここも山上宗教都市である。明治以降の御岳神社の祭神は櫛真智命《くしまちのみこと》であるが、多くの人は境内社の大口真神《おおくちまがみ》の信仰を持っている。それで家々には、大口真神の眷属《けんぞく》であるオオカミのお札が貼ってあるというわけである。

明治の宗教改革で、小さな神社が統合されて一社になった。大口真神社も統合された一つである。さらに、御岳神社境内には太占《ふとまに》祭（古代の祭祀）を行う小さな場所もある。太占祭は珍しい行事だそうで、ここには建物は何もなく、しめ縄が張ってあるだけだ。しかし、これが神社の原型かもしれない。日本人の宗教を考える上では重要である。表向きの祭神だけからは、人々の信心を測ることはできない。

作家の浅田次郎は、一九代続く御師の家に育った。著書『神坐す山の物語』は、御師の家の伯母から聞いた怪談のような話をまとめた短編集である。このような話の中に庶民の信仰の原点がある。

大口真神の護符

筆者がいつも寄る紅葉屋《もみじや》は、参道の一角にある。令和二（二〇二〇）年に開業九〇周年記念イベントをやるそうだ。御岳ケーブルカーの創業と同じころにできた。紅葉屋の主人は、子どものころはケーブルカーを使って麓の学校に通ったという。現在でもこのケーブルカーは生活の足である。

開業九〇周年イベントのサブタイトルは、「東京のマチュピチュ、天空都市御岳山」である。東京のマチュピチュに登るケーブルカーは、近年リニューアルして活況を呈している。SNS（ソーシャル・ネットワーキング・サービス）による口コミ観光の時代、新しいネーミングは観光客集めに重要である。

▼高尾山ケーブルカー
東京のマチュピチュよりも人気が高いのは、御岳山ケーブルカーと同じ京王電鉄系列の高尾山ケーブルである。こちらは、休日には一時間待ちということもしばしばある。歩いたほうがはるかに早いが、行列が好きな若者はおとなしく並んでいる。高尾山上には修験の寺社があり、天狗がシンボルになっている。一時期ビートルズの誰かが来て聖地とされ賑わったことがあるが、今はミシュランの旅行ガイドでトップランクの観光地というお墨付きをもらい、年間三〇〇万人が集まるようになった。その半分ぐらいは、ケーブルカーを利用する。

新宿から京王線高尾山口駅まで、乗り換えなしで来ることができる。駅のすぐ近くにケーブル駅があるので利用しやすいが、昭和四二（一九六七）年までは国鉄の浅川駅（現・JR高尾駅）から歩くしかなかった。

ケーブル終点から薬王院までは遠いので、ケーブルカーに乗るよりも修験者の道を歩く方が楽だった。今でもこの道は、ほら貝を持った修験者が上り下りしている。

高尾山に来る人に声をかけてみると、ほぼ二割が外国人だ。彼らの興味は、神秘的な力にあるらしい。聖地巡礼が世界でも人気の旅だが、天狗のような得体のしれない魔物に興味が向くのだろう。彼らの情報源はみなＳＮＳである。ＳＮＳを制する者が、観光を制するという時代になっているようだ。

夏場は、ケーブルで登って上の駅にあるビヤガーデンで暮れゆく街を眺めて、降りてきて駅中の温泉につかって帰るという、参詣と関係ない人たちも多い。霊山とともに発展したケーブルカーであるが、参詣とは関係ない使い方になってきている。

▼妙見の森ケーブル

関西に目を向けると、大阪と兵庫の県境にある妙見の森ケーブルがおもしろい。妙見信仰は、北極星を神格化した妙見菩薩《みょうけんぼさつ》に対するもので、妙見山の上に妙見堂があり、そこに通じる上下二路線のケーブルカーがあった。現在は、山麓の黒川駅からのケーブルカーと、上部ケーブルカーの線路跡に作られたリフトを乗り継いで、杉林の中を抜け鳥居をくぐって妙見堂に向かう。さらに登ると展望台があり、星型ガラス張りの信徒会館が屹立《きつりつ》している。境内の古く立派なお堂と信徒会館のモダンさとが対照的である。お堂は、見るからにご利益ありそうな姿である。

能勢妙見堂《のせみょうけんどう》は、地元の能勢氏がながく守り続けてきたものである。山深い場所だが、ここにケー

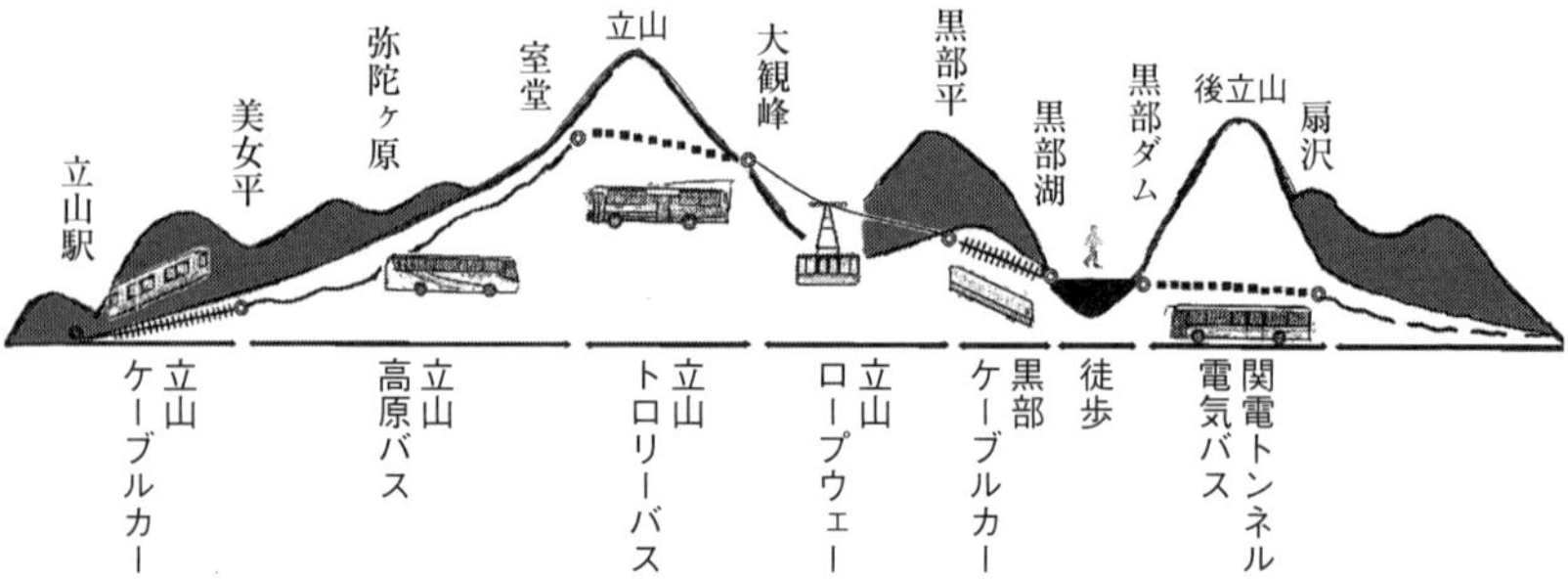

北アルプスを貫く交通路（長野県～富山県）。立山・黒部の両ケーブルカーが交通路の中核をなしている

ブルカーが作られたのは、それだけ信者の参詣が多かったということだろう。信徒会館の立派さを見ると、今も多くの信仰があるようだ。しかし、上下二線のうち、上の路線が箱根十国峠ケーブルカーに移設され、中途半端な参詣路になったため、黒川駅からのケーブルカー利用者は少なくなっている。残してほしいケーブルカーであるが、何か起爆剤がないと不要不急になりそうで心配である。

▼立山ケーブルカー

立山ケーブルカーは、昭和二九（一九五四）年に富山県側から立山山頂の雄山《おやま》神社参詣と室堂《むろどう》観光のために作られたものの、立山信仰は徐々に衰退し、厳しい環境の中ということもあり、観光客の利用も少なかった。しかし、平成一七（二〇〇五）年、立山ケーブルカーは立山黒部《たてやまくろべ》貫光《かんこう》に吸収され、立山黒部アルペンルートに組み込まれてから息を吹き返し、立山黒部観光の中核路線になった。室堂への機材運搬に利用するため、貨車と客車の二両連結の珍しいケーブルカーである。

ケーブル駅は千寿ケ原という名前だったが、信仰から観光へと目的が変わった現在、平凡な立山駅に名前を変えた。立山室堂は富山県側からしか訪れることはできなかったが、長野県大町から黒四ダム、地下ケーブルカー、ロープウェー、地下トンネルを経る立山黒部アルペンルートによって、長野県側からも簡単に入れるようになった。

立山ケーブルカーの先は広大な弥陀ヶ原《みだがはら》高原であるが、この場所は専用バスしか走ることはできない。豪雪地帯なので、一一月から四月までは道路は閉鎖される。四月末の連休には、巨大な雪の壁を切り開いて道路が開通し、「雪の大谷」と呼ばれる回廊が出現する。大勢の人がケーブルカーと専用バスを乗り継いで、バスの屋根よりもはるかに高い雪の壁の見学にやってくる。ケーブルカーの運行期間は七ヶ月間しかないが、乗降客は通年営業のケーブルカーにひけをとらない。

立山ケーブルカーは、霊山参詣目的から完全に観光目的に変化したケーブルカーである。日本アルプスという大障壁に大きな穴をあけて、東日本と西日本がつながる交通路ができた意義は大変大きい。ケーブルカーがその中核になっているのも、うれしいことだ。

▼高野山ケーブル

九度山《くどやま》は、高野山への登山口の一つである。九度山慈尊院《じそんいん》には、第一八〇番の町石《ちょういし》がある。あと一七九の町石道標をたどれば、高野山金剛峯寺《こんごうぶじ》に到達できる。一町は一〇九メートル、ほぼ二〇キロの山道である。高野山の弘法大師は、この道を歩いて、母のいる慈尊院へ月に九度も訪れた。九度山というのは、そこから出た名前だ。

筆者もこの道を歩いたが、月に九度どころか一年に一度でも大変な難行だ。九度山駅を通る南海電車の登山電車、さらに極楽橋から高野山へつながるケーブルカーのありがたさが身に染みる。現在高野山ケーブルは、世界遺産の高野山へのメインルートで、大勢の観光客を運んでいる。南海電車の利用者はみなケーブルカーに乗るので、二両編成定員二六一名で運行されている。さらに、平成三一（二〇一九）年三月からは、車両はスイス製のしゃれたデザインに変わった。ホームページには、高野山の僧と並んだケーブルカーの写真が掲載されている。高野山とケーブルカーが、密接にかかわっている証だろう。戦争末期にほとんどのケーブルカーは不要不急線となったが、高野山ケーブルは生活に必要とみなされ、その指定を免れた。現在の世界遺産だのみの観光が終わっても、残ることのできるケーブルカーだろう。

ケーブルカーと展望台

日本のケーブルカーは霊山に参詣するために作られたという歴史を持つ。しかし昭和の戦争以降、観光の要素が多様化し、風景を見るために新しくケーブルカーやロープウェーが作られるようになった。霊山参拝もお参りはちょっとだけで、観光がメインになっている。

▼六甲ケーブルと摩耶ケーブル

「一〇〇万ドルの夜景」というのは、六甲山《ろっこうさん》の上からみた神戸の街の夜景のことだ。一説によると電力会社の社員が神戸の光の波を見て、電灯料金は三・六億円ぐらいだと試算した言葉だそうだ。当時は一ドルが三六〇円だから、一〇〇万ドルになったらしい。昔はよく旅行会社のパンフレットに、香港のミリオンダラー（一〇〇万ドル）の夜景というのがあった。日本から輸出された和製英語であることは確かだ。ところで、神戸では近年は一桁上がって、「一〇〇〇万ドルの夜景」というらしい。

市街から六甲山には、二系統のケーブルカーが上がっている。一つは神戸大学の上から上がる六甲ケーブルで、展望車付きの二両編成で運行している。ケーブルの延長は一七六四メートルで、日本では第二位、高度差は四九三メートルで僅差の第三位という大型ケーブル路線である。

二つの車両はともに展望車つきで、「レトロ」と「クラシック」と名付けられている。昭和四三（一九六八）年に、皇太子だった現上皇夫妻が展望車に乗車された。ケーブル終点の六甲山上駅は昭和初期に建てられた建物で、近代化産業遺産として大事に利用されている。山上駅に天覧台がある。昭和五六年の昭和天皇の訪問によって名付けられた。しかし、昭和天皇はケーブルカーではなく車で来られたそうだ。

天覧台からの眺めは抜群で、遠く関西空港、大阪の街まで見渡せる。ここでのんびりと過ごすのは、幸せを感じる。以前は、六甲山上駅から六甲山頂駅経由のロープウェーで有馬温泉に向かうことができた。現在は、山上駅から山頂駅までの区間は休止中で、バス便が代行している。神戸市街から有馬温泉までは地下鉄が通じているので、わざわざ山越えをする人はいないのかもしれない。

六甲ケーブルは、六甲山の断層崖に刻まれた谷間を曲がりくねって走るために、しばしば災害に襲われている。昭和一三（一九三八）年の阪神大水害では、途中にあった清水駅と山麓駅が土石流に飲み込まれた。山麓の六甲ケーブル駅舎も山上の重厚な建物と同じだったが、土石流で流され、後に山小屋風に再建された。

さらに平成七（一九九五）年の阪神淡路大震災、平成二五年の台風一八号で壊滅的被害を受けた。しかし、神戸の人たちの願いで復興し、運行を続けている。

もう一方は摩耶《まや》ケーブルである。もともとは摩耶山天上寺への参詣のために作られた。摩耶山というのは、釈迦の母である摩耶夫人を祀ることからの名前である。摩耶夫人を本尊とする寺は日本で唯一で、大いににぎわった。しかし、天上寺は昭和五一（一九七六）年に放火火災で消滅した。近くにあった遊園地などを訪れる人もなくなり、ケーブルカーの乗客も激減した。

さらに、阪神淡路大震災などで、六甲ケーブル同様壊滅的被害を受けた。しかし、このケーブルカーも市民の熱意で復活を遂げ、「まやビューライン」としてケーブルカー、ロープウェーが一体化した。ケーブルカー終点の虹の駅からロープウェーで星の駅まで行き、さらに移築復興した摩耶山天上寺に行くことができるようになった。星の駅にある掬星台《きくせいだい》は、一〇〇〇万ドルの夜景が眺められる展望台として有名である。

筆者と一緒に登った「まやビューライン」の乗客は、ほとんどが年間乗車パスを持っていた。ケーブルカー、ロープウェーを自分たちが支えているのだという心持が伝わってきた。地元と行政の応援があれば、しばらくの間は存続できる。しかし、住民の協力が薄れてくると経営は苦しくなる。地元民の愛着が一番大事なのだろう。

▼皿倉山ケーブルカー

神戸の夜景は、北海道の函館山、長崎の稲佐山とともに日本三大夜景と言われたが、近年民間団体によって日本新三大夜景が選定された。奈良の若草山、山梨の笛吹川フルーツ公園、そして北九州の皿倉山《さらくらやま》だそうだ。

皿倉山ケーブルカーは、四月から一〇月までは夜間二二時、冬場も二〇時まで運行しており、洞《どう》海湾《かいわん》岸の夜景を見ることができる。洞海湾は明治時代の官営八幡《やはた》製鉄の創業の地で、以来日本の重工業を担ってきた。一時期は環境汚染で死の海と化していたが、今は設備が改善され青い海が復活している。近年は、「工場夜景」が観光ガイドブックなどでも紹介され注目を集めているが、洞海湾の夜景写真もよく目にする。工場地帯も活況を呈しており、昼間の景色も工場夜景も、ともに美しく輝くようになっている。

皿倉山ケーブルカーは、戦後の昭和三二（一九五七）年に、八幡製鉄、西日本鉄道、八幡市が共同出資して作られた。北九州博覧祭2001の開催に合わせて、開業以来初めて車両更新が行われた。それまでは日立製作所製の車両であったが、スイスCWA社製のスマートな車両に変更された。

創業時は、帆柱《ほばしら》ケーブルと呼ばれた。しかし、帆柱山に登っていないのにおかしいという市民の意見が出て、平成二七（二〇一五）年に皿倉山ケーブルカーに改名した。

今は北九州市一〇〇％出資の会社になっている。企業は手を引いたが、市民の努力で残ったケーブルカーである。地元の宝であるよい風景を自分で見たい、観光客にも見せたいという想いは、費用対効果を優先する企業にはあまり通じなかった。皿倉山の山上駅から、スロープカーと呼ばれる新しい形式のモノレールカーも走っている。山上は恋人たちの聖地といわれ、夜遅くまでたたずむ人たちがいる。

▼天橋立ケーブル

日本人は、三大夜景とか百名山とかの数字の権威づけに弱い。西国三十三所とか四国八十八霊場などと言われると、「そぞろ神」がとりついて「心を狂はせ」て出かけてしまう。

日本三景の天橋立には、雪舟《せっしゅう》も訪れている。西暦一五〇〇年、八〇歳になる雪舟は天橋立に来て俯瞰図を描いている（国宝「天橋立図」）。長く伸びる砂州は、俯瞰してみるのが一番いいと考えたのだろう。しかし、この構図を見るにはヘリコプターにでも乗るしかない。実物と想像とを交えた見事な作品である。雪舟の視点とはちょっと異なるが、それに近い体験ができるのが、天橋立の北端にある傘松《かさまつ》公園からの眺めである。ケーブルカーで一〇〇メートルほど登ると、砂州の全貌がみえてくる。このケーブルカーは、もとは西国二八番成相寺《なりあいじ》への参詣用だった。今はバス道があるので、もっぱら天橋立を俯瞰する展望台に登る手段である。展望台では、ほとんどの人が股のぞきをする。股のぞきをすると、天橋立が天に昇る龍のように見える。視点を変えることで新たな展望が開ける。まさに雪舟禅師が「天橋立図」で教えてくれた景色である。

このケーブルカーは、籠《この》神社の境内から出る。籠神社は元伊勢《もといせ》と呼ばれ、鎮座しておられた伊勢の神さまはここから伊勢にお移りになったとのことだ。

▼坂本ケーブルと叡山ケーブル

比叡山には、琵琶湖側と京都八瀬《やせ》の両側からケーブルカーが上がっている。両方をつないで、琵琶湖から八瀬に下る山越えルートを作ることができる。

琵琶湖側の坂本ケーブルは、現存するケーブルカーの中で一番長く、二キロ以上もある。比叡山上には延暦寺関係の建物が数多くあるが、麓の坂本は石工穴太衆《あのうしゅう》の作った見事な石垣の町で、日枝《ひえ》神社や延暦寺の末寺があり、山上との往来は頻繁であった。坂本ケーブルには、観光客に交じって僧侶を見かけることも多かった。冬期は雪深く、京都側からの交通はすべて途絶える。その時期に延暦寺に行く手段は、坂本ケーブルだけになる。山上都市延暦寺にとっては、なくてはならない交通手段である。

京都八瀬側からは、叡山ケーブルが登っている。京阪電鉄の叡山線の八瀬駅とほとんど直結している。一九二〇年代に作られたもので、当時はケーブルカー自体が観光の対象だった。高度差は日本最高で、京都市街の景色が大変によい。

昭和の絵師として有名な吉田初三郎の観光絵図に、このケーブルカーをモデルにしたものがある。当時は珍しい乗り物だったのだろう。掲載したのは、それを筆者が模写したイラストである。

しかし、延暦寺に行くには、終点からロープウェーとバスを乗り継がなければならない。延暦寺参詣、観光には坂本ケーブルの方が便利である。叡山ケーブルはもっぱら比叡山ハイキングに使われているが、上手にルートを選べば、京都から比叡山越えで琵琶湖に出るケーブルカー利用の観光コースを作ることができる。

吉田初三郎の観光ポスターの模写。ケーブルカーが観光の目玉だったことがよくわかる

▼屋島ケーブル跡と八栗ケーブル

屋島は、瀬戸内海の風景を見る展望台としては最高の場所だろう。標高三〇〇メートルほどの溶岩台地で、眼下には壇ノ浦の古戦場など歴史的な史跡も多い。台地の上には、四国霊場の八五番屋

島寺がある。屋島には観光要素がすべて詰まっている。ここに登る屋島ケーブルは、かつて年間三〇〇万人を運ぶほどの活況を呈していた。

しかし、昭和三六（一九六一）年、屋島ドライブウエイ（現・屋島スカイライン）が開通すると、観光はバスがメインとなった。車を使うと目的地までの時間短縮ができる。するとより多くの観光ができるようになり、一ヶ所の見学時間がどんどん減った。観光形態が変化したのである。日帰り客ばかりの屋島山上では、ホテルや旅館は営業できなくなった。

現在、ことでん（高松琴平電気鉄道）の屋島駅からまっすぐな道の先に、屋島の南峰に登るケーブル線路が見える。活況を呈したケーブルカーは、平成一七（二〇〇五）年に廃線となった。

平成二九（二〇一七）年、屋島ケーブル跡を訪れた時、下の駅に降ろされてボロボロになった義経《よしつね》号と辨慶《べんけい》号の車両の窓を覗いている若者たちに出会った。いったい何をしているのか尋ねたら、「廃墟ツアーです」と日本語で答えてくれた。マレーシアから来た学生たちだった。彼らの持つ日本の廃墟ガイドを見せてもらいながら、山上の廃墟ホテル、ケーブル廃駅などを見て回った。廃墟が観光資源になるとは思わなかったが、長崎の軍艦島《ぐんかんじま》廃墟が人気観光地になる時代だからありうることだ。

廃墟が観光地になるという不思議な思いにかられながら屋島の崖を下り、壇ノ浦を経て五剣山《ごけんざん》八《や》栗寺《くりじ》に向かった。八栗寺の鳥居の脇に、八栗《やくり》ケーブルの乗り場がある。こんな近くに二つのケーブルカーが共存していたのだ。こちらは、初代の新幹線に似せた形のケーブルカーが走っている。当時は最新式であったが、新幹線はもう何代も代替わりしている。しかし、今ではレトロな車両として運行している。お遍路シーズンになると少しは混むだろうが、平日はのんびりと山腹にあるお寺に運んでくれる。八栗寺は寺であるが、ケーブルを降りたところにも鳥居があり、昔の神仏習合の名残が感じられる。

ケーブルカーは、寺社参拝を名目に創業した。日本初の生駒ケーブルも生駒聖天への参拝のためであったが、ここ八栗ケーブルも八栗聖天へ参拝のために作られたものである。さらにここ八栗寺は、弘法大師ゆかりの寺で四国八五番霊場にもなっている。聖天参拝者の他に大師堂に参る遍路者も多くが利用した。しかし、他に観光要素がなかったので観光道路は作られなかった。それが幸いして、今もケーブルカーの運行が続いている。

廃線になった屋島ケーブルと、営業を続ける八栗ケーブル。この二つの違いは、ケーブルカーの未来を考える上で大きなヒントになるだろう。

ケーブルカーの未来はどうなるか

外国のケーブルカーについては詳しくないが、二〇一六年にベルゲンで乗ったケーブルカーが忘れられない。ベルゲンという町はノルウェー第二の都市で、人口は約三〇万人、観光客は年間一五〇万人ほどである。その町にすばらしいケーブルカーがあり、常に混雑しているのを見て、日本のケーブルカーとなにが違うのか考えた。

港の繁華街のすぐ脇に乗り場がある。運賃は一一ドルで高いが、それに余る景色がある。標高三二〇メートルの山頂駅を降りると広場があり、眼下にベルゲンの町が一望できる。たしかにすばらしい眺めだが、神戸の六甲山、北九州の皿倉山からの景色も引けはとらない。もしかすると夜景は、日本の方がきらびやかかもしれない。神戸も北九州も人口や観光客はベルゲンの数倍もあるのに、なぜ日本のケーブルカーの乗客は増えないのだろう。

その原因の一つは、繁華街から遠いことだろう。バスやタクシーを使うことは面倒だ。ベルゲンのように歩いて五分というのは有利である。

しかしそれだけではない感がある。日本人の観光への価値観、これが大きく関係するのではないか。ベルゲンの山上駅の広場では、コンサートが開かれたりする。客はゆっくりそれを楽しんでいる。さらにそこから足を延ばすハイキングの家族連れもくる。日本人観光客は、「すばらしい眺めだ、はい！　次のすばらしいところへ」とすぐに移動してしまう。通り過ぎて行くだけでは、写真を眺めたのと同じ。その風景の中に浸《ひた》らないと本当のすばらしさは見えない。観光においても、物事をじっくり深く掘り下げるという態度が必要ではないだろうか。

もう一つ外国の例を挙げておく。YouTubeで映像を見ただけなので、実体験ではない。イメージだけだが、ケーブルカーの未来に対するヒントにはなるかと思う。

ドイツのネロベルグ山には、一八〇〇年代から稼働しているケーブルカーがある。その動力は「重力」のみである。車両の下には大きな水タンクがついている。上駅の車両に水が注がれ満タンに

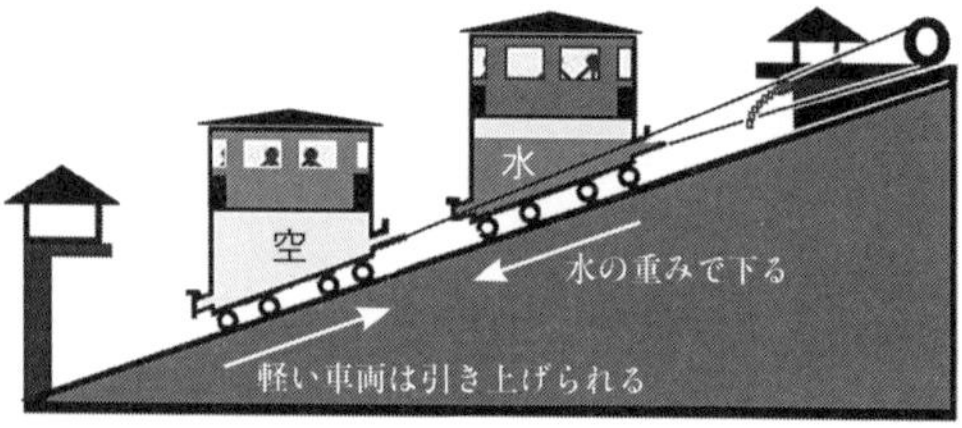

水力ケーブルカーの仕組み

馬路村の水力インクライン（中村茂生提供）

なると車両は重くなり、ブレーキを外すと自然に下り始める。ケーブルに引っ張られて、下の車両は自然に登っていく。下に降りた車両は、排水して水タンクを空にする。これを繰り返せば、動力はなにも用いずに運行し続けることができる。環境問題を重視する昨今の社会では、サステイナブル（持続可能）な乗り物としてもてはやされ、観光客も喜ぶことだろう。

じつは、日本にも水力ケーブルカーが動いている。高知県の馬路《うまじ》村には、森林鉄道の跡に九人乗りの水力インクライン（工事用ケーブルカー）が作られた。山の奥の交通不便なところにあるが、見学の人はかなりある。環境重視の社会において、この先進性を取り入れれば、ケーブルカーの将来に一条の光が見えてくる。

もう少し具体的な私見を述べておこう。現在神奈川県の宮ケ瀬ダムで運行しているインクライン、これを見た時に水力ケーブルカーと似ていること発見した。車体の下には、水タンクにできるような空間がある。宮ケ瀬インクラインは電力で動くケーブルカーだが、高い位置に水が余るほどあるのだから、水力ケーブルカーに変身させてはどうか。

時代遅れの過去の乗り物と思われているケーブルカーだが、本当は環境にやさしく、さらに自然エネルギーで動くサステイナブルな乗り物である。この点を強調するような、新しい観光を期待したい。

◉参考文献

卯田卓矢「観光地としての都市近郊霊山の形成と展開プロセス」『旅の文化研究所研究報告』二四号、二〇一五年
大阪電気軌道株式会社『大阪電気軌道株式会社三十年史』大阪電気軌道、一九四〇年
近畿日本鉄道株式会社『近畿日本鉄道100年のあゆみ――1910～2010』近畿日本鉄道、二〇一〇年
徳川義親『じゃがたら紀行』中公文庫、一九八〇年
「鹿島の軌跡　第14回　生駒鋼索線（生駒ケーブル）」鹿島建設株式会社ホームページ、二〇〇七年（https://www.kajima.co.jp/gallery/kiseki/kiseki14/index-j.html）
『信貴山鋼索鉄道建設論見書』大阪府庁文書（大正九年～一二年、鉄道軌道）
『筑波山ケーブルカー　選奨理由書』公益法人土木学会選奨委員会、二〇一五年
「鉄道統計年報平成二八年　運輸成績表」国土交通省、二〇一六年

コラム⑬　路面電車　黒田尚嗣

坂本龍馬を愛する筆者がたびたび訪れた南国土佐の高知には、鉄道ファンが注目する「とさでん交通」が走っており、この路面電車には次の三つの日本一がある。

一つ目は、明治三七（一九〇四）年に開業し、現存する路面電車の中で一番長い歴史がある。

二つ目は、二五・三キロと路面電車の軌道路線営業キロの長さでは日本一である。

三つ目は、清和学園前〜一条橋間の六三メートルという、電車で最も短い停留所区間がある。

とさでん交通は高知市内の「はりまや橋」を中心に、西のいの町「伊野」とを結ぶ伊野線、東の南国《なんこく》市「後免町《ごめんまち》」とを結ぶ後免線、北の高知駅前までの駅前線、南の桟橋通五丁目とを結ぶ桟橋線の四路線があり、開通以来一一〇余年の日本最長寿を誇る路面電車である。現在、タブレット交換を行う路線は珍しいが、伊野線の朝倉電停と八代行違い停留場では、まだタブレットが活躍している。そして、はりまや橋の交差点には、どの方向にでも自由に行き来ができ、かつ互いの線路とクロスする有名な「ダイヤモンド・クロッシング」もあり、鉄道ファンの注目度も高い場所である。

とさでん交通のような路面電車は、日本では昔から「ちんちん電車」と呼ばれ、筆者が幼少の頃には無軌条電車の「トロリーバス」と共に、主要都市で公共交通機関の花形として活躍していた。

そもそも世界で最初の電車営業運転は、一八八一（明治一四）年のドイツのベルリンにおける路面電車であった。蒸気機関車による列車は、市街地を走ると煤煙公害などが問題となったことから、市街地の交通においては馬車を発展させた馬車鉄道が使われるようになった。しかし、この馬車鉄道も馬の糞尿始末等の衛生面での問題があって、電動機利用の電気機関車が発明されると、馬車鉄道の代替として路面電車が生まれたのである。

路面電車最短停留所区間を走るとさでん交通

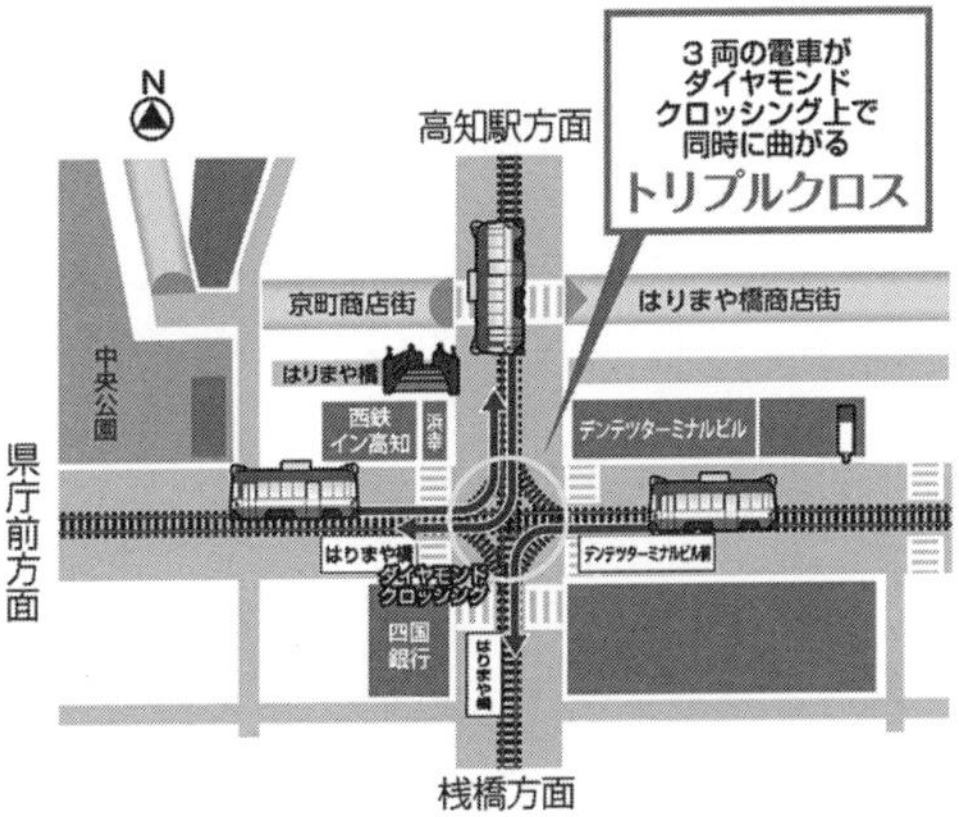

直角平面交差ダイヤモンド・クロッシング（とさでん交通のホームページより）

日本においても、明治一五（一八八二）年開業の東京馬車鉄道をはじめとして、日本各地に馬車鉄道が敷設されたが、日本の場合は糞尿の問題よりも馬を道具とみなせない国民性から、次第に路面電車が普及していったと考えられる。

日本における電車デビューは、明治二三（一八九〇）年、上野公園で内国勧業博覧会（略称「内国博」）が催された際、東京電燈が公園内に四五〇メートルの軌道を敷いて、電車二両を公開運転したのが最初である。そして、日本初の路面電車が走ったのは、明治二八（一八九五）年二月一日、現在の京都駅付近から伏見区役所付近までの区間であった。なぜ京都だったのかといえば、明治天皇が奠都《てんと》により東京に移り、その周りにいた公家《くげ》をはじめとした多くの関係者も京都を離れたため、京都では歴史ある都を寂《さび》れさせないための産業振興策として、路面電車に目をつけたからであった。開通から二ヶ月後、京都で開催された内国博に来た多くの人が利用したことによって、この路面電車は一定の地位を築いた。

しかし、路面電車自体が国内初の試みで、当初は運行に関する規則もなく、単線のために逆方向から来た電車で動けなくなるなど、多くのトラブルがあった。運行開始から半年が過ぎてようやく規則が作られ、現在の信号機のような役割の「信号人」、昼は赤旗、夜は提灯《ちょうちん》を持って路面電車の前を走り、電車が来ることを歩行者に伝えて事故を防ぐ「告知人」（前走り）など、事故防止のための対策がいくつか立てられた。しかし、当然ながら歩行者の事故は減っても、告知人が轢《ひ》かれてしまうという事故が多発した。そこで、告知人ではなく路面電車から注意喚起の合図を送ることにした。具体的には、運転席の足元についているゴング（ベル）を鳴らして合図を送った。これが路面電車を「チンチン電車」と呼ぶようになったいきさつである。

路面電車とは、一般的には主に都市の市街地およびその近郊の道路上あるいは同一平面上に敷設された路面鉄道を走る車両を利用した交通機関の総称である。普通電車との違いは、機械的な構造もさることながら、乗り降りに関する仕組みにあり、すなわち、路面にレールを敷いているため、駅が小規模で済み、乗客は道路上の安全地帯に設置された駅（停留所）や歩道から直接車両に乗降できる点が大きな特徴となっている。

この路面電車は明治から大正、昭和四〇（一九六五）年頃までは隆盛を誇るも、モータリゼーションの台頭で、次第に街の交通を阻害するものとして疎《うと》まれる存在となった。そしてさらに地下鉄ができると都市交通の主役の座も奪われ、二〇世紀後半には路面電車は大都市からはほとんど姿を消してしまったのである。

一方で、それほど大量輸送を必要としなかった地方都市などでは、地下鉄を建設するほどの交通需要には至らなかったため、路面電車が生き残り、現代までその役割を果たし続けている。都心でも最近では、再開発や新規の地域開発において路面電車の優位性が見直され始めている。なぜなら路面電車はバスに比べて定時運行ができ、地下鉄よりも建設費が抑えられるからで、さらに路面から乗降できるバリアフリーの観点からも再評価されるようになった。

新しく導入される路面電車は、旧来のものと区別する意味で、次世代型路面電車「ＬＲＴ（ライト・レール・トランジット）」「ライトレール」などと呼ばれ、従来の路面電車にはなかった低床省エネ型の車両が導入されている。このように最新型の車両が導入されるようになると、逆に古い車両が観光の目玉として街の宣伝にもなる。サンフランシスコのケーブルカーのように、路面電車を観光目的として歴史的スポットと繋いだり、何かしらテーマを持って走らせれば、観光客にとって必要な存在になることだろう。また、京都のような観光客の多い町では、路面電車を復活させ、通勤用のバス路線と別に走らせることで、混雑緩和が期待でき、観光地における住民の精神衛生上も好ましいのではないだろうか。

コラム⑭

東京モノレール

成瀬純一

昭和三〇年代半ばから四〇年代、日本は高度経済成長期を迎えていた。昭和元禄といわれたこの時代の雰囲気は、「巨人・大鵬・卵焼き」という言葉がよく表現している。

筆者は幼少期の一九七〇年代を埼玉県で過ごしたが、そこかしこに高度経済成長の足跡を感じることができた。東京オリンピック前後に日本が生み出した速いもの・高いもの・かっこいいもの、つまり「新幹線・東京タワー・東京モノレール」には、子供ながらに国の威信と誇りを感じ、憧れをもっていた。

モノレールという鉄道の仕組みは案外古く、一八二一年にイギリスで、この仕組みの特許が取得された。一八二四年にロンドンのデプトフォード造船所に敷設されたものが、完成品として世界初のモノレールといわれる。

モノレールの語意は、mono（単一の）+ rail（軌道）、つまり単軌鉄道のことで、支柱により高所に支持された一本のレール桁によって車両を走行させる。その方式には、主に懸垂《けんすい》式と跨座《こざ》式の二種類がある。

懸垂式は、一点支持でレールの真下に車体を配置するランゲン式モノレールが定番である。現役最古のモノレールとされるドイツのヴッパータール空中鉄道が有名である。

一方で、跨座式は、レールに跨り三点支持するものが多く、一八七六年にアメリカのフィラデルフィアで開催された「建国一〇〇年博覧会」で発表されたリロイ・ストーン式モノレールや、一八八二年に開発されたラルティーグ式モノレール、一九五九年にカルフォルニアのディズニーランドで実用が始まるアルヴェーグ式モノレールなどがある。

東京オリンピックを目前にした昭和三九（一九六四）年九月一七日、未整備であった羽田空港と首都東京を結ぶ空港アクセスの問題を解決する切り札として、東京モノレールは開業した。

東京モノレールは跨座式で、アルヴェーグ式が採用された。日立製作所によってドイツから導入されたコンクリート製の軌道上を、ゴムタイヤで走行する。アルヴェーグ式はモノレールの中でも経済性と運用性に優れた仕組みといわれている。柱と桁の組合せで造られるシンプルな軌道は、他の鉄道と比べて建設期間が短く、用地や資材も少なくすむので、建設費が安い。

昭和四四（一九六九）年に投入された500形車両は、車体の大型化が可能なボギー車をモノレールでは世界で初めて採用し、輸送力の大幅アップを実現した。

ゴムタイヤとボギー車の組み合わせによって、東京モノレー

東京モノレール（photoAC 提供）

ヴッパータール空中鉄道

ルは高い運行能力を備えている。六〇パーミルという急勾配（一キロで六〇メートルのぼる勾配。ＪＲの最急勾配は飯田線の四〇パーミル）に対応しながら、最高速度時速八〇キロでの運行が可能である。

現在、東京モノレール羽田空港線の営業区間は一七・八キロ、ここを空港快速は一八分、区間快速が二一分、普通が二四分で走破する。駅での停車時間を含めた速度である評定速度はそれぞれ、時速五六・五キロ、五〇・九キロ、四四・五キロとなる。特急料金不要の列車としては、ＪＲ・私鉄各社と比べて遜色ない。

平日一日の運転本数は五三五本で、ピークの時間帯は、一時間に片道で一万四四〇〇人、終日で三一万三〇〇〇人の輸送力がある。乗客数は、平成九（一九九七）年に一〇億人を達成、開業五三年目の平成二九（二〇一七）年に二〇億人を達成している。実に多くの人が利用しているのである。

令和三（二〇二一）年には、二回目の東京オリンピックが予定されている。また二〇二九年を目途に、羽田空港を既存のＪＲ路線に繋ぐ、羽田空港アクセス線構想も発表された。東京モノレールがデビューして半世紀あまりが過ぎた今、再び首都東京の空港アクセスが大きな変換点を迎えようとしているのである。

あとがき

旅の文化研究所では、平成五（一九九三）年の開所以来、さまざまな切り口から国内外の「旅の文化」をとらえる特定研究プロジェクトを設定し、調査研究活動の要としてきた。とりわけ国内を対象とした研究では、落語や名所図会など、これまで研究対象としては正面から取り上げられることのなかった題材をあえて選び、「旅」という人間の根源的な活動に迫る試みを続けてきた。そうした流れの中で、平成二八（二〇一六）年度からは、かつて全国各地に存在していた軽便鉄道をテーマに、特定研究「軽便鉄道の記憶」プロジェクトを開始した。本書はその四年にわたる研究成果をまとめたものである。

鉄道をテーマに掲げながら、メンバーには一人として鉄道研究を専門とする者はいない。目指したのは、鉄道とともにあった暮らしの息遣いの掘り起こしである。そのため、それぞれの得意分野に軸足を置きつつ、軽便鉄道という未知の事物に対峙して意見を交わしあった。この四年間で通算一七回の研究会を重ね、時々に、鉄道のプロ、旅行のプロからも知見をいただいた。やがて議論は軽便鉄道の枠を超え、森林鉄道、ケーブルカーと、消えゆく山の暮らしの照射にまで広がった。その過程で、「小さな鉄道」という主題がおのずと浮かび上がってきたのである。

軽便鉄道の間近で暮らしてきた人たちに会うため、フィールドワークにも出かけた。生活路線として現存する三重県の四日市あすなろう鉄道と三岐鉄道北勢線の沿線では、家々の庭先をかすめながら走る鉄道が、この土地の風景そのものとなっていた。一二年前に廃線となった宮城県のくりはら田園鉄道は、文化財としての新たな価値を与えられ、地域の歴史の語り部として姿を残していた。いずれの場所にも、鉄道をわが身の一部であるかのように愛《いと》おしむ人たちがいて、その思いを熱く語り聞かせてくれた。往時の小さな鉄道は、かけがえのない最先端の近代技術であり、暮らしを支える大きな存在だった。

この研究プロジェクトの総括にとりかかった令和二年の春先から、新型コロナウイルスという思いがけない災厄に、世界中が覆われた。

距離をあけ、息を殺し、素手で触れることが厭《いと》われ、「新しい日常」という名のもとに皆が進んでそれを実行した。

奇《く》しくも、本書が描いているのは、人と人との接触の記憶である。向かい合う膝と膝がくっつき、窓のすぐ外に家の軒先が並び、家々の晩のおかずの匂いが車内に満ちる。それは、手が届く距離を日常としてきた暮らしの記憶でもある。コロナ後の社会が向かう先は予想もつかないが、こうして活字に残したことで、本書にも今後、歴史の証言者としての役割が課されることになるのかもしれない。

本プロジェクトの実施にあたっては、近鉄グループホールディングス株式会社に多大なるご支援を賜った。また、東海道日永郷土資料館、四郷郷土資料館、軽便鉄道博物館、くりでんミュージアムなど、たびたび足を運んだ先々をはじめ、メンバー各自がそれぞれの調査先で多くの方にお世話になった。

出版に際しては、七月社の西村篤さんに研究会の初回からご同席いただき、価値観や問題意識を共にするなかで編集を進めていただいた。また、旅の文化研究所の中里照代事務局長にも、研究会の運営から出版に至るまで、きめ細やかな気遣いをしていただいた。

なお、本書をもって、旅の文化研究所の特定研究プロジェクトに関する成果報告は最終となる。開所から二七年間、各プロジェクトを支えてくださった皆さますべてに、心からのお礼を申し上げたい。

令和二年一〇月吉日

特定研究「軽便鉄道の記憶」プロジェクト代表　山本志乃

生活の真ん中を線路が通り、家々の軒をかすめるように列車が走った（昭和32年、魚梁瀬森林鉄道奈半利川線・島駅）（高知市立高知市民図書館所蔵寺田正写真文庫）

三輪主彦（みわ かずひこ）
1944年、大分県大分市生まれ。元都立高校教諭、地平線会議世話人。自然環境、地理雑学。
『ちょっとそこまで走り旅』（創文企画、2015年）、『地球と宇宙の小事典』（共著、岩波ジュニア新書、1997年）

＊　＊　＊

原 恭（はら やすし）
1961年、広島県広島市生まれ。三重交通グループホールディングス株式会社代表取締役社長。

成瀬純一（なるせ じゅんいち）
1964年、神奈川県横浜市生まれ。クラブツーリズム株式会社テーマ旅行部課長、神社史研究会理事・東京支部長。

黒田尚嗣（くろだ なおつぐ）
1956年、三重県名張市生まれ。クラブツーリズム株式会社テーマ旅行部顧問。
『平成芭蕉のテーマ旅「奥の深い細道」』（パブフル、2018年）、「こんな旅がしたい」「世界遺産のミカタ」（『旅行読売』連載、2018年4月～）

坂下光洋（さかした みつひろ）
1968年、東京都世田谷区生まれ。名桜大学非常勤講師。
『羽地内海うむしるむん図鑑――羽地内海の多様な生きものと人々の暮らし』（共著、羽地内海の自然を守り育む会、2008年）、『身近な生き物とふれあう――漢那ダム自然観察ガイド』（共著、沖縄総合事務局北部ダム統合管理事務所、2002年）

今井啓輔（いまい けいすけ）
1942年、大阪府布施市（現・東大阪市）生まれ。鉄研三田会会員。
『私が見た特殊狭軌鉄道』第1～4巻（レイルロード、2011～2015年）、『私が見た木曽森林鉄道』（レイルロード、2013年）

◎執筆者略歴

神崎宣武（かんざき　のりたけ）
1944年、岡山県美星町生まれ。旅の文化研究所所長、岡山県宇佐八幡神社宮司。民俗学。
『社をもたない神々』（角川選書、2019年）、『大和屋物語――大阪ミナミの花街民俗史』（岩波書店、2015年）

髙木大祐（たかぎ　だいすけ）
1977年、埼玉県草加市生まれ。我孫子市杉村楚人冠記念館学芸員、成城大学文芸学部非常勤講師。民俗学。
『動植物供養と現世利益の信仰論』（慶友社、2014年）、「漁業信仰と稲荷信仰――三重県南部の事例から」（『朱』第61号、2018年3月）

山本志乃（やまもと　しの）
1965年、鳥取県鳥取市生まれ。神奈川大学国際日本学部教授。民俗学。
『「市」に立つ――定期市の民俗誌』（創元社、2019年）、『行商列車――〈カンカン部隊〉を追いかけて』（創元社、2015年）

中村茂生（なかむら　しげお）
1964年、高知県高知市生まれ。NPO法人地域文化計画理事。人類学。
『ブラジル移民の父　水野龍――“舞楽而留”への旅』（共編著、佐川町立青山文庫、2019年）、『平成24年度魚梁瀬森林鉄道遺産支線調査業務報告書』（共編著、中芸地区森林鉄道遺産を保存・活用する会、2013年）

松田睦彦（まつだ　むつひこ）
1977年、神奈川県横浜市生まれ。国立歴史民俗博物館准教授。民俗学。
『人の移動の民俗学――タビ〈旅〉から見る生業と故郷』（慶友社、2010年）、『柳田國男と考古学――なぜ柳田は考古資料を収集したのか』（共編著、新泉社、2016年）

高　媛（こう　えん）
1972年、中国北京市生まれ。駒澤大学グローバル・メディア・スタディーズ学部教授。歴史社会学。
「満洲国時代の旅行文化の一断面――『旅行満洲』を読む」（『「旅行満洲」解説・総目次・索引』不二出版、2019年）、「満鉄の観光映画――『内鮮満周遊の旅　満洲篇』（1937年）を中心に」（『旅の文化研究所研究報告』第28号、2018年12月）

「小《ちい》さな鉄道《てつどう》」の記憶《きおく》
——軽便鉄道《けいべんてつどう》・森林鉄道《しんりんてつどう》・ケーブルカーと人《ひと》びと

2020年11月16日　初版第1刷発行
2021年 3 月31日　初版第2刷発行

編　者……………………旅の文化研究所
発行者……………………西村 篤
発行所……………………株式会社七月社
〒182-0015 東京都調布市八雲台2-24-6
電話・FAX 042-455-1385
印　刷……………………株式会社厚徳社
製　本……………………榎本製本株式会社

Printed in Japan ISBN 978-4-909544-11-7 C0065